DAS GROSSE GU KOCHBUCH

SO SCHMECKT ES KINDERN

DAS GROSSE GU KOCHBUCH

SO SCHMECKT ES KINDERN

Dagmar von Cramm
Fotos: Jörn Rynio

8

Warum Essen und Trinken so wichtig sind

38

Kindergartenkinder

96

Schulkinder

144

Kochen für viele

164

Gesünder kochen

172

Zum Nachschlagen

BLEIBEN SIE AM BALL

Mit dem dritten Lebensjahr Ihres Kindes beginnt eine wunderbare Zeit: Ihre Gemeinsamkeiten wachsen, Sie können viel zusammen unternehmen und entdecken. Noch sind die Eltern die Größten – eine wichtige Chance, Ihrem Kind die Welt zu erklären, es auf den Weg zu bringen.

Dazu gehört ganz besonders die Ernährungserziehung. Denn jetzt prägt sich das Essverhalten. Ihr Kind lernt Lebensmittel kennen – und es mag, was es isst. Es gewöhnt sich an feste Mahlzeiten und Tischmanieren. Es übt den Umgang mit Messer und Gabel.

Dabei sollte es nicht bleiben: Hilfe in der Küche ist die beste Voraussetzung, selber kochen zu lernen und unabhängig zu werden vom großen Angebot der Fertigprodukte. Das trainiert seine Sinne, seine Motorik – und außerdem kann man sich herrlich dabei unterhalten. Deshalb finden Sie Rezepte für alle vier Jahreszeiten, die Ihr Kind selber machen kann. So lernt es eine Menge über die Saison von Obst und Gemüse. Schmeckspiele und die wichtigsten Grundlagen der gesunden Kinderernährung versorgen Sie mit den nötigen Informationen.

Der Hauptteil des Buches besteht aus Rezepten für Vorschulphase und Schulzeit. Weil alle Mahlzeiten wichtig sind, finden Sie jeweils Rezepte für Frühstück, Mittag- und Abendessen mit vielen Tipps aus der Praxis. Die Rezepte sind mal für die ganze Familie, mal für Mutter und Kind oder fürs Kind allein entwickelt.

Auch ans Sonntagsessen habe ich gedacht! Kochen für Kindergeburtstage und -gruppen, aber auch fürs Familienfest runden die Rezeptsammlung ab. Denn wer für viele kocht, muss einiges beachten. Zum Schluss finden Sie Informationen über neue Lebensmittel und besonders schonende Garmethoden für die gesunde, schadstoffarme Küche.

Mit diesem Buch möchte ich Ihnen nicht nur helfen, den turbulenten Alltag besser zu bewältigen und Ihre Familie bestens zu versorgen, sondern Freude am Kochen, Schmecken und Genießen zu entwickeln – gemeinsam mit der ganzen Familie. Denn das ist eine gute Grundlage für ein gesundes Leben.

Das wünscht Ihnen *Ihre Dagmar v. Cramm*

Eine gesunde Ernährung legt den Grundstein für die gute Entwicklung Ihres Kindes. Die aktuellsten Infos sind hier zusammengefasst. Das betrifft sowohl die Nährstoffe als auch das Essverhalten: Regelmäßige Mahlzeiten, Vielfalt der Gerichte und möglichst ursprüngliche Zutaten helfen, auch im Überfluss Maß

zu halten und trotzdem nicht zu kurz zu kommen. Selber pflücken, riechen, schnippeln, kochen ist der Schlüssel zum Schmecken und regt alle Sinne an – am besten im Einklang mit den Jahreszeiten und Festen.

Essen & genießen

gemeinsam erlernen bereichert die Beziehung zwischen Eltern und Kind. Anregungen für die ersten Esspeditionen gibt's für jede Saison: viel Spaß!

Warum Essen und Trinken jetzt so wichtig sind

→ **Ein Fundament legen** Was wir gerne bzw. nicht gerne essen – Vorlieben und Abneigungen – prägt sich in der Kindheit. Im Alter zwischen drei und etwa zehn Jahren werden die Weichen für unser Ernährungsverhalten gestellt. Geben Sie Ihrem Kind jetzt mit, was es für ein Leben im Schlaraffenland der unbegrenzten Möglichkeiten braucht. Später sinkt der Einfluss des Elternhauses – die Clique wird wichtiger. Doch die Basis ist dann gelegt.

→ **Bausteine fürs Leben** Während des Wachstums braucht der Körper besonders viele Nährstoffe. Der Kalziumvorrat fürs Leben wird bis zum 20. Lebensjahr eingelagert – danach beginnt der Abbau. Ausreichend Eiweiß ermöglicht den Zellaufbau. Mindestens ebenso wichtig ist eine gesunde Darmflora – deshalb spielen Ballaststoffe so eine Riesenrolle. Dies alles ist mit einer vollwertigen Ernährung zu erreichen – ganz ohne Zusatzstoffe!

→ **Der gesunde Geschmack** Kinder sind konservativ. Aber wenn sie von klein auf ein großes Spektrum an natürlichen Lebensmitteln, Gerichten, Getränken kennenlernen, bildet sich ihr Geschmacksvermögen, sie werden zu Kennern. Umgekehrt können Fertigprodukte und Aromen auf Industriekost eichen. Das ist kurzfristig bequem – macht aber langfristig abhängig.

→ **Hunger und Sättigung** Eine halbe Stunde vor dem Essen Hunger zu haben, ist keine Katastrophe – im Gegenteil. Hunger muss auch nicht umgehend mit Fütterung beantwortet werden, sondern ist als Signal für die nächste Mahlzeit zu sehen. Wichtiger ist es zu merken, wann man satt ist. Und zu lernen, dann auch aufzuhören zu essen. Eltern müssen da umlernen und auch einmal Nein sagen.

→ **Einen Rhythmus finden** Studien zufolge gibt es natürliche Rhythmen nicht nur fürs Schlafen, sondern auch fürs Essen. Etwa alle fünf Stunden bekommt der Mensch Hunger. Kinder brauchen dazwischen jeweils eine Zwischenmahlzeit, weil sie noch nicht so viel auf einmal essen können. Je zuverlässiger die Zeiten eingehalten werden, desto besser für die Gesundheit.

→ **Gute Gewohnheiten schaffen** Wer vor dem Essen immer etwas Salat oder Knabbergemüse gegessen hat, wer Vollkornbrot und Milch gewohnt ist, wer nachmittags Obst bekommt, wer nicht gewöhnt ist, ständig zu naschen, sondern gemeinsame Mahlzeiten lieben gelernt hat, der ist gut gerüstet gegen die scheinbar verlockenden Angebote der Fast-Food-Gesellschaft.

Eltern tragen die Verantwortung!

Niemand wird ein Kind ohne warme Jacke in die Kälte schicken. Aber es uneingeschränkt den Verlockungen des Supermarkts, des gefüllten Kühl- und Küchenschranks auszusetzen, gilt als liberal. Ein Kind ist damit aber überfordert – sein Urinstinkt sagt ihm: Nimm, was Du kriegen kannst. Doch genau das führt heute zu Gewichtsproblemen schon in frühen Jahren.

→ Zumindest bis zum Ende der Grundschulzeit bestimmen Eltern die Spielregeln.

→ Natürlich sollten Sie die begründen. Aber rechnen Sie nicht damit, dass dies allein Ihr Kind überzeugt.

→ Sie sollten die Regeln auch durchsetzen. Aber vermeiden Sie Machtkämpfe: Eine Mischung aus Konsequenz, Bestechung und Ablenkung ist okay.

→ Essen als Belohnung führt später zum Kummerspeck. Das behaupten jedenfalls Verhaltensforscher.

Esspedition Küche

→ Laut der aktuellen Quelle-Studie ist die Küche zum zweitliebsten Raum der Deutschen aufgestiegen. Hier wird gekocht, gegessen, gearbeitet, gelesen – und telefoniert! TV und PC bleiben draußen. Mit anderen Worten: Die Küche ist das Kommunikationszentrum der Familie.

→ Nachdem die Männer zunehmend die Küche erobern, sollten endlich auch Kinder dort eine aktive Rolle spielen. Hilfe im Haushalt durch Jugendliche hat in den letzten 10 Jahren laut Ernährungsbericht 2004 dramatisch abgenommen. Das ist bedenklich!

→ Richten Sie für Ihr Kindergartenkind eine »Kochecke« ein, in seiner Arbeitshöhe, wo es selbstständig aktiv werden kann – zunächst mit Spielsachen. Das kann auch der Kaufladen sein oder ein Kindertisch mit ausrangierten Schalen und Löffeln.

→ Vorschulkinder können schon richtig mitkochen. Vieles lässt sich am Tisch vorbereiten – für den Herd brauchen Sie einen stabilen Tritthocker. Und etwas Geduld. Besonders wichtig ist das richtige Handwerkszeug: Stumpfe Messer sind nämlich gefährlicher als scharfe, kindgerechte.

FÜR UNSER KIND DAS BESTE

Kinder mögen es in der Regel bequem – wie wir Erwachsenen auch. Sie kauen und beißen nicht gerne, schneiden und pulen lieber nicht, aber sie lieben es bunt, als Fingerfood einfach zu essen, mit dem »Schlabber-Schlürf-Effekt«. Sie mögen es glatt, klar erkennbar und pur. Ihr Perfektionismus bringt Eltern häufig zur Verzweiflung: Die kleinste Macke am Apfel führt zur völligen Ablehnung – wenn das Schnitzel anders aussieht als üblich, wird es ebenfalls verworfen. Aber sie beobachten ja noch, haben eine andere Perspektive auf die Dinge und müssen sich unsere Selbstverständlichkeit erst erarbeiten und eressen. Verstehen Sie deshalb die Empfehlungen auf dieser Seite als Zielvorgabe. Sie betrachtet die vier wichtigsten Nährstoffgruppen – Kohlenhydrate, Eiweiß, Fett und Flüssigkeit – von ihrem Ernährungswert her. Die Dreiecke rechts veranschaulichen diese Wertskala.

Getränke

Trinken ist gerade für Kinder wichtig. Das bedeutet: etwa **6 Portionen pro Tag.** Denn Flüssigkeit ist ja auch in Obst und Gemüse, in Suppen und Saucen enthalten. Lassen Sie sich also nicht verrückt machen durch überhöhte Empfehlungen der Getränkeindustrie. Der ideale Durstlöscher ist Wasser. Das kann schlicht Leitungswasser sein – am besten schmeckt es gut gekühlt. Oder Mineralwasser – das enthält mehr Mineralstoffe. Verzichten Sie auf die weichen Einwegflaschen der Discounter: Sie enthalten Acetaldehyd, das ins Wasser übergeht und den Geschmack verändert. Die stabileren Pfandflaschen der Markenhersteller sind dagegen gehärtet und sicher. Leitungswasser aus dem Sprudler und Tafelwasser haben die gleiche ernährungsphysiologische Qualität! Einmal Saft oder Saftschorle am Tag ist okay – vor allem, wenn Ihr Kind eher zu dünn ist. Dann aber bitte Direktsaft oder Smoothie ohne Zusätze kaufen und nicht Nektar, Fruchtsaftgetränk oder Limonade. Und Milchprodukte? Sie zählen eher zu den eiweißreichen Lebensmitteln. Ausnahme: Naturmolke ohne Zucker ist so kalorienarm, dass sie ohne Limits getrunken werden kann. Allerdings schmeckt sie Kindern meist zu sauer.

Kohlenhydratreiche Lebensmittel

Sie sind die Basis der Kinderernährung – trotz aller Diät-Diskussion. Doch gerade bei Kohlenhydraten ist die Form entscheidend. Kohlenhydrate werden von Pflanzen unter Sonneneinwirkung gebildet. Entsprechend sind sie Hauptbestandteil von jedem Getreide, allen Nüssen und Samen, Obst und Gemüse. Sie enthalten die wichtigen Ballaststoffe, die für eine gesunde Darmflora und damit für die Immunabwehr sorgen. Sie liefern alle wasserlöslichen Vitamine, viele Mineralstoffe und vor allem Bioaktivstoffe, mit denen sich die Pflanze schützt. Wir Menschen sind teilweise auf diese Stoffe angewiesen oder profitieren von ihnen. Und was tun wir? Wir versuchen, so viel wie möglich dieser Substanzen zu entfernen. Übrig bleiben weißes Mehl, Zucker, geschälte, pürierte und gekochte Zutaten, die wieder künstlich angereichert werden. Das hat natürlich Gründe: Alles, was nicht mehr gekaut werden muss, isst sich leichter, lässt sich länger lagern, ist schneller zuzubereiten. Mit Aromen und Farbstoffen wird nachgebessert – aber nicht zu unserem Besten. Versuchen Sie, in Ihrer Küche deshalb so viel Vollkorn wie möglich zu verarbeiten. Bevorzugen Sie Vollkornbrot, Vollkornnudeln und Vollkorngetreide, bemühen Sie sich, Gemüse frisch zuzubereiten und auch roh zu servieren. Aber nicht dogmatisch, sondern mit Liebe und Raffinesse – dieses Buch liefert Ihnen die Rezepte dazu. Auf Dauer werden gesunde Vorlieben entstehen und eine Kennerschaft, die Ihrem Kind in seiner Zukunft helfen werden, das Richtige zu essen. **5 Portionen satt machende Kohlenhydrate** wie Brot, Kartoffeln, Nudeln, Reis und **4 Portionen Obst und Gemüse** tun Kindern gut. Doch wenn ein Kind übergewichtig ist, sollte eine Sattmacher-Portion durch Gemüse ersetzt werden! Dann heißt es 3 Portionen Gemüse, 2 Portionen Obst und nur 4 Portionen Sattmacher.

Eiweißreiche Lebensmittel

Milchprodukte, Fleisch, Geflügel, Wurst und Fisch liefern besonders viel Eiweiß und stammen alle aus tierischen Quellen. Sie spielen außerdem eine wichtige Rolle für die Versorgung mit Mineralstoffen und Vitaminen.

Wenn Ihr Kind zu mollig ist, dann bevorzugen Sie bei Milch, Joghurt etc. einen Fettgehalt von 1,5 %. Viel entscheidender ist aber, dass diese Produkte nicht stark gezuckert sind. Mit anderen Worten: Mischen Sie sie selber mit Obst, Honig, Dicksäften oder Trockenfrüchten. Denn gerade die süßen »gesunden« Snacks sind wahrlich Mastfutter! Bei Käse auf Schmelzkäse verzichten und mit guten, milden Sorten Weich- und Schnittkäse beginnen. Es muss ja nicht 50 % Fett i. Tr. sein – aber extrem fettreduzierte Sorten sind nicht die beste Geschmacksschule! Lieber wie die Franzosen auf die Butter zum Käse verzichten und das Brot pur dazu brechen. 3 Portionen Milchprodukte am Tag sind perfekt! Geflügel und Fleisch pur sind unproblematisch – hier können Sie sehen, ob ein Stück zu fett ist und das Fett nach dem Garen abschneiden. Wurst und Aufschnitt sind in vielerlei Hinsicht kritisch: Sie enthalten neben unsichtbaren Fetten Nitritpökelsalz und sind insgesamt nicht so gesund. Kinder essen Aufschnitt aber oft gerne – versuchen Sie, Wurst so oft wie möglich durch pflanzliche Aufstriche oder Käse zu ersetzen.

Bleibt Fisch, über dessen Fett nur Gutes zu sagen ist: Es enthält viele Omega-3-Fettsäuren, die wichtig für die Gehirnentwicklung sind und außerdem die Fließeigenschaften des Blutes verbessern. Außerdem ist Fisch gerade für Kinder wunderbar leicht zu essen, so lange er nicht zu viele Gräten hat. Selbst das Fischstäbchen ist rehabilitiert! Eine Portion Fisch, Geflügel oder Fleisch reichen vollkommen aus.

Natürlich enthalten auch pflanzliche Lebensmittel wie Vollkorn, Kartoffeln, Nüsse und Samen hochwertiges Eiweiß – aber nicht so viel. Wer wenig tierisches Eiweiß isst oder vegetarisch lebt, für den sind diese pflanzlichen Eiweiße besonders wichtig.

Fette

Die gesündesten Fette stammen vom Fisch – nicht umsonst bekamen Kinder früher im Winter Lebertran! Die nächste Sorte gesunder Fette sind pflanzliche Öle aus Ölsaaten, Nüssen und Oliven. Spitze ist Rapsöl, dann folgen Walnuss-, Oliven- und Sojaöl. Kochen Sie mit diesen guten Fetten, bereiten Sie damit Salate zu. Aufs Brot lassen sich die pflanzlichen Fette nur in Form von Margarine streichen – doch in Maßen ist Butter auch okay. Bedenken Sie: Die meisten Fette sind in Milchprodukten und Aufschnitt »versteckt« – aber auch in Schokolade und Süßigkeiten! Schädlich sind vor allem Transfettsäuren. Achten Sie auf die entsprechende Zutat – nämlich gehärtete Fette – auf der Verpackung von Gebäck, Fertiggerichten und Süßigkeiten: Diese könnten Transfettsäuren enthalten.

DIE VIER SEITEN DER LEBENSMITTELPYRAMIDE

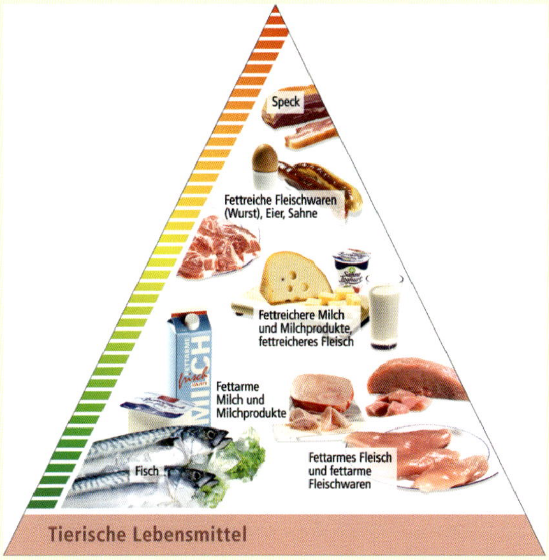

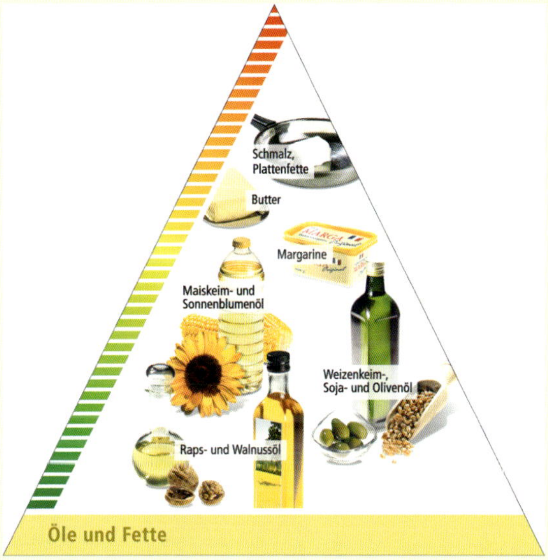

Pflanzliche Lebensmittel enthalten vor allem Kohlenhydrate. Bevorzugen Sie Obst, Gemüse und Blattsalate aus der grünen Basis, gefolgt von Vollkornprodukten und Kartoffeln. Zu Weißmehlprodukten sowie zu Süßem in jeglicher Form nur in Maßen greifen, weil sie arm an wertvollen Substanzen sind.

Tierische Lebensmittel enthalten vor allem Eiweiß. Besonders wertvoll sind Fisch und magere Fleischsorten, die nur wenig Fett enthalten. Generell gilt: je höher der Fettgehalt der tierischen Lebensmittel, umso höher steigen sie in die negative Spitze. 1,5 % Fett bei Milch und Milchprodukten sowie 40 % Fett i. Tr. (Fett in Trockenmasse) bei Käse sind ideal.

Wasser, egal in welcher Form, ob mit oder ohne Sprudel, ist der ideale Durstlöscher. Auch geeignet sind ungesüßte Früchtetees. Beides liefert keine Kalorien, aber reichlich Mineralstoffe und Spurenelemente. Je mehr Kalorien Getränke enthalten, desto weniger sollte man davon trinken.

Pflanzliche Öle mit einem hohen Gehalt an mehrfach ungesättigten Fettsäuren sind hier in der Basis zu finden – sie können vor Arteriosklerose schützen. Auch der Vitamin-E-Gehalt ist wichtig: je höher, desto besser. Butter, Schmalz und Plattenfette enthalten mehr gesättigte Fettsäuren und sind deshalb ganz oben in der Pyramide angesiedelt.

Die Lebensmittel sind in der Pyramide entsprechend ihrer ernährungsphysiologischen Qualität eingestuft: von grün nach rot nimmt diese immer weiter ab.

Viel Eisen im Sesam auf und im Brot wird durch den Vitamin-C-König Paprikaschote doppelt so gut verwertet. Sesam am besten vorher anrösten.
Karotin ist am besten aus gegarten Möhren verfügbar – aber nur in Gegenwart von etwas Fett wie hier in den Mandeln und der Butter, in der sie gedünstet werden.

Gemeinsam sind sie stark: Alle Nährstoffe beeinflussen sich gegenseitig in ihrer Verwertung. In einer Art Auslese ergänzen sich in vielen traditionellen Gerichten die Nährstoffe geradezu ideal. Deshalb bringt es nichts, durch Tabletten einen Nährstoff allein zu erhöhen: Das stört nur das natürliche Gleichgewicht.

Diese Nährstoffe sind besonders wichtig

→ Vitamine A-C-E stärken die Abwehr Sie zählen zu den wirkungsvollsten Antioxidanzien und fangen freie Radikale ab. So stärken sie unser Immunsystem, unsere Gefäße und die Haut. Vitamin-C-Quellen: Kohl, Zitrusfrüchte, Beeren, Paprikaschoten, Kiwis; Vitamin-A-Quellen: Fleisch, Käse, Fisch. Beta-Karotin-Quellen: gelbe Früchte und gelbe Gemüse; Vitamin-E-Quellen: Nüsse, Samen, Öle, Avocado.

→ B-Vitamine für gesundes Wachstum Die meisten B-Vitamine sind Bestandteile von Enzymen, sie regeln Auf- und Abbau von Eiweiß und Fett und sorgen für einen ausgeglichenen Energiehaushalt. Und sie schützen unsere Haut. Sie sind entscheidend für gesundes Wachstum, eine funktionierende Schilddrüse und ein intaktes Nervensystem. Sie fördern Wachheit und Konzentration. Quellen: Vollkorn, Fleisch, Milch & Milchprodukte, Gemüse.

→ Vitamin D, K und Kalzium für Knochen und Zähne Kalzium ist der Baustoff für Knochen und Zähne – das Depot wird in den ersten 20 Lebensjahren gebildet. Um ihn einzulagern und die Knochen stabil zu machen, braucht es Vitamin D. Wir nehmen nur die Vorstufe mit der Nahrung auf. Unser Körper baut es erst zu Vitamin D um, wenn wir ausreichend Sonne getankt haben. Noch ein Argument, warum Kinder viel an die frische Luft sollten! Kalziumquellen: Milch und Milchprodukte, Samen und Nüsse, grünes Blattgemüse. Vitamin-D-Quellen: Milch, Fisch und Meeresfrüchte. Heute weiß man, dass Vitamin K ebenfalls wichtig für stabile Knochen ist. Vitamin-K-Quellen: grüne Gemüse wie Spinat und Brokkoli.

→ Folsäure fürs Wachstum Folsäure ist nicht nur wichtig für die Embryo-Entwicklung, sie sorgt auch weiterhin für gesundes Wachstum. Die Versorgung ist oft knapp, weil Folsäure hitzeempfindlich ist. Quellen: rohes Obst und Gemüse. Empfehlenswert: mit Folsäure angereichertes Jodsalz.

→ Magnesium für kleine Sportler Magnesium aktiviert rund 300 Enzyme, die den Eiweiß- und Energiestoffwechsel steuern. Es stärkt das Immunsystem, ist am Aufbau von Knochen und Zähnen beteiligt, an Muskelkontraktion und Reizübertragung. Quellen: grünes Gemüse, Vollkorn, Hülsenfrüchte und Nüsse.

→ Eisen für gute Durchblutung Rund 75 % des körpereigenen Eisens befindet sich im Blut. Als Kern der roten Blutkörperchen transportiert Eisen Sauerstoff aus den Lungen in Muskeln, Organe und Gehirn. Es macht einige B-Vitamine erst verfügbar. Eisen aus tierischen Lebensmitteln wie Fleisch, Leber(wurst), Herz, Blutwurst und Schalentieren ist besser verfügbar als aus pflanzlichen wie grünem Blattgemüse, Kräutern, Vollkorn, Pilzen und Hülsenfrüchten.

→ Jod für gesundes Wachstum Jod ist wichtig für eine gesunde Entwicklung und die Gehirnfunktion. Jod reguliert die Körperwärme und stimuliert den Kreislauf. Die ehemals schlechte Jodversorgung in Deutschland hat sich verbessert. Grund ist die Verwendung von jodiertem Salz. Trotzdem gilt: regelmäßig Seefisch essen.

→ Fluor für feste Zähne Fluor ist ein wesentlicher Bestandteil von Zähnen und Knochen. Durch Zufuhr kleiner Mengen kann der Zahnschmelz gehärtet und Karies vorgebeugt werden. Fluor-Quellen: Trink- und Mineralwasser, fluoridiertes Salz, Fisch, Fleisch, Getreide.

→ Zink, Kupfer, Selen: Schutz und Entgiftung Alle drei schützen unsere Zellen als wirksame Antioxidanzien vor schädlichen Umwelteinflüssen. Zusätzlich entgiften sie, da sie Schwermetalle binden und aus dem Körper befördern können. Gute Quellen: Fisch, Fleisch, Vollkorn, Nüsse, Hülsenfrüchte; Zink auch in Milch.

→ Ballaststoffe schützen Als Quell- und Faserstoffe bilden sie das Gerüst von Obst, Gemüse, Getreide und Hülsenfrüchten. Sie regulieren unseren Blutzuckerspiegel, bringen Schwung in die Verdauung, transportieren Abfallprodukte aus dem Körper und verhindern damit, dass Gifte überhaupt entstehen. Quellen: Vollkornbrot, Vollkornnudeln, Vollkornreis, Müsli, Obst, Hülsenfrüchte, Kohl, Kartoffeln und Rohkost. Kinder essen laut Kiggs-Studie zu wenig Ballaststoffe!

→ Bioaktivstoffe fördern die Gesundheit Wissenschaftler entdeckten, dass eine Reihe von sekundären Pflanzenstoffen bioaktiv wirken: Sie schützen unsere Zellen vor freien Radikalen, die durch Stress, Ozon, Smog und UV-Strahlen entstehen. Sie stärken Immunsystem, Herz und Gefäße, stabilisieren den Stoffwechsel und senken das Risiko, an Krebs zu erkranken.

Wenn mein Kind etwas nicht verträgt

Etwa 17 Prozent aller Kinder leiden nach Auskunft der Eltern an Allergien: Heuschnupfen, Asthma und Ekzem. Letzteres nimmt mit dem Alter ab, die anderen leider zu. Fast alle Lebensmittelunverträglichkeiten der ersten Jahre verlieren sich bis zum Schulalter. Deshalb ist es sinnvoll, nach einem halben Jahr Zurückhaltung das Lebensmittel versuchsweise wieder einzuführen. Denn es wäre schade, wertvolle Grundnahrungsmittel wie Fisch, Milch oder Ei ganz vom Speisezettel zu streichen. Dann wird das Kind auch im weiteren Leben eingeschränkt essen – und das ohne Grund. Wägen Sie also ab, wie viel Einschränkung sein muss. Eine Sensibilisierung ist übrigens kein Beweis für eine Unverträglichkeit, wie das gerade von alternativen Heilern oft behauptet wird. Die Unverträglichkeit gegen Gluten (Zöliakie) in Weizen, Roggen, Hafer und Gerste erfordert, ein Leben lang darauf zu verzichten.

→ **Kuhmilch** Wenn durch einen Laktasemangel nur der Milchzucker nicht vertragen wird, versuchen Sie es mit laktosefreier Milch, Joghurt, Quark und gereiftem Käse. Ein wenig Milchzucker kann nämlich die Bildung von Laktase anregen. Wird Kuhmilcheiweiß nicht vertragen, können Sie es mit Ziegen- oder Schafmilchprodukten versuchen. Oder auch mit Soja.

→ **Soja** Durch häufigen Genuss von Soja haben die Unverträglichkeiten dagegen zugenommen. Wir wissen bis heute nicht, welche Folgen täglicher Verzehr von Soja hat. Der Cholesterinspiegel wird jedenfalls gesenkt. Achten Sie darauf, dass die Sojaprodukte mit Kalzium angereichert sind.

→ **Weizen** wird gerne durch Dinkel, den »Urweizen«, ersetzt. Dagegen ist nichts einzuwenden, doch auch Dinkel enthält Gluten – bei Zöliakie also keine Alternative. Wenn Sie das Gefühl haben, Ihr Kind verträgt es besser, ersetzen Sie den Weizen ruhig durch Dinkel.

→ **Zucker** ist ein reizarmes, weil hoch gereinigtes Lebensmittel. Er wird aber mit Pilzbildung im Darm und Hyperaktivität in Verbindung gebracht. Dieser Verdacht konnte bisher wissenschaftlich nicht bestätigt werden. Trotzdem empfiehlt die WHO, den Zuckerkonsum auf 10 Prozent der Tagesenergiezufuhr zu beschränken, weil er arm an wertvollen Inhaltsstoffen ist.

Die Kiggs-Studie

Wie Kinder in Deutschland wirklich essen, was sie wiegen, wie gesund sie sind – das wusste bisher keiner genau. Doch von 2004 bis 2006 wurden 17 641 Kinder und Jugendliche von 0 bis 17 Jahren in einer repräsentativen Befragung vom Robert-Koch-Institut untersucht. Die Studie bestätigte viele Vermutungen. Tatsächlich leiden viele Kinder unter Allergien und Übergewicht, essen zu wenig Obst und Gemüse oder Vollkornbrot, trinken zu viele süße Getränke und zu wenig Milch, naschen zu viele Süßigkeiten und Knabberzeug und essen zu viel Wurst – Tendenz steigend. Eine große Rolle spielt dabei das Vorbild der Eltern.

KiGGS

Studie zur Gesundheit von Kindern und Jugendlichen in Deutschland

Übergewicht hat viele Gründe

→ **Das durchschnittliche Gewicht** von Kindern und Jugendlichen in Deutschland ist gestiegen: Knapp 10 Prozent der 3- bis 7-Jährigen und 10 Prozent der 7- bis 10-Jährigen sind zu dick! Die Kiggs-Studie hat dafür viele Risikofaktoren ausgemacht. Hier die wichtigsten:

→ **Elterliches Übergewicht** Dafür ist nur zu einem kleinen Teil die Genetik verantwortlich. Es ist eher der ungesunde Lebensstil, den Eltern ihren Kindern zwangsläufig weitergeben.

→ **Wenig Schlaf** Je weniger Kinder schlafen, desto eher sind sie übergewichtig. Das gilt auch für Erwachsene. Verantwortlich dafür sind wahrscheinlich Hormone (Seite 15).

→ **Wenig körperliche Aktivität** Wer dick ist, mag sich nicht mehr gerne bewegen: viel zu anstrengend. Und wer sich wenig bewegt, braucht weniger Kalorien bzw. nimmt schneller zu.

→ **Lange Zeit vor Computer oder Fernsehen** Klar: Wer Medien konsumiert, bewegt sich nicht und kann dabei sogar noch snacken und trinken.

→ **Zu kalorienreiche Ernährung** Wer mehr isst, als er verbraucht, nimmt zu. Verantwortlich dafür sind eine falsche Lebensmittelauswahl und ein fehlender Essrhythmus.

→ **Psychische Faktoren** Kummerspeck, Frustessen, Liebesersatz – das sind ein paar Seiten der Probleme, die geradewegs zu Übergewicht führen.

Die drei R: Rhythmus, Rituale, Regeln

Kinder brauchen einen zuverlässigen Rahmen, in dem sie sich orientieren, Geborgenheit erfahren und sich entwickeln können. Nur aus dieser stabilen Basis heraus entwickeln sie Unabhängigkeit und Stärke. Die gemeinsamen Mahlzeiten spielen eine wichtige Rolle bei der Strukturierung des Tagesablaufes. Sie entsprechen auch dem biologischen Rhythmus unseres Körpers und tun nicht nur den Kindern, sondern auch den Eltern gut. Frühstück, Mittag- und Abendessen sollten Inseln der Gemeinsamkeit im oft unruhigen Tagesgeschehen sein. Dabei spielt es aber keine Rolle, ob eine Mahlzeit außerhalb des Elternhauses eingenommen wird: Auf die Regelmäßigkeit kommt's an! Damit die Mahlzeit wirklich entspannend wirkt, sind bestimmte Rituale und Regeln wichtig – wie z. B. ein Knabberteller, bis das Essen fertig ist.

Tischlein deck dich

Essen in einer Familie hat immer bestimmte Regeln. Meist entstehen sie unbewusst. Doch gerade in der frühen Kindheit, wenn väterliche und mütterliche Tradition aufeinandertreffen, können Sie wohlüberlegt die Regeln festsetzen. Aber Regeln sind dazu da, zu entlasten und nicht die Familie zu terrorisieren!

→ **Alltag** Montags bis freitags gelten andere Regeln als an Feiertagen oder im Urlaub. Es muss meist schnell gehen – am einfachsten klappt das in der Küche. Planen Sie morgens genug Zeit ein, verabreden Sie, wer Tischdienst hat und wechseln Sie sich dabei am besten ab. Jeden Tag alles neu zu regeln, sprengt den Zeitrahmen und strapaziert die Nerven!

→ **Stammplatz** Jedes Familienmitglied hat einen festen Platz – bei den Kleinen ja ohnehin durch den Kinderstuhl festgelegt. Das erspart Diskussionen und gibt Sicherheit.

→ **Beruhigungsteller** Vor dem Essen liegen die Nerven blank: Alle sind hungrig, die Kinder quengeln. In Restaurants steht oft Brot bereit. Zweigen Sie beim Kochen ein paar Möhrenscheiben oder Kohlrabispalten ab oder schneiden Sie etwas Gurke auf – was es gerade gibt. Mit ein paar Kirschtomaten auf den Tisch gestellt, beschäftigt das die Kinder, ohne sie satt zu machen. Außerdem schmeckt rohes Gemüse hungrigen Kids noch mal so gut!

→ **Serviette** Erst hat Ihr Kind sein Lätzchen, später seine Serviette. Nehmen Sie Stoffservietten. Papierservietten sind für Kinder nicht stabil genug und liegen im Nu auf dem Boden.

→ **Tisch decken** Schon Kindergartenkinder können mithelfen: Servietten und Besteck hinlegen, später auch Gläser und Teller.

→ **Kein Tellerservice** Spielen Sie nicht die Servicekraft vom Dienst, indem Sie jedem den Teller füllen und alle bedienen! Auch wenn es etwas mehr Aufwand bedeutet: Schüsseln und Platten auf dem Tisch bringen Ruhe ins Geschehen. Ganz nebenbei lernt Ihr Kind dadurch, Portionen einzuschätzen.

→ **Beginn & Ende** Keiner isst, bevor nicht alle am Tisch sitzen! Am besten signalisiert das ein gemeinsames Gebet oder ein Spruch. Kinder lieben das und warten darauf. Und aufstehen? Erst nach beendeter Mahlzeit. Wenn Sie länger sitzen möchten, sollten Sie Ihrem Kind erlauben aufzustehen – wenn es niemanden stört.

→ **Gespräche** sind das Wichtigste bei Tisch! Regen Sie Ihr Kind dazu an, sich zu beteiligen, fragen Sie nach seinen Erlebnissen, Freunden, Plänen. Bringen Sie ihm auch bei, anderen zuzuhören und Gespräche nicht zu unterbrechen.

Die innere Uhr von Hunger, Durst und Sättigung

→ Esspausen sind sinnvoll. Wenn kurzfristig der **Blutzuckerspiegel** sinkt, ist das kein Problem – der Körper beginnt dann Reserven zu mobilisieren, vorübergehend meldet sich **Hunger.** Wer dann immer sofort isst, dessen Blutzucker steigt wieder an. Dagegen bildet der Körper Insulin, das den Zucker in die Zellen schleust und überschüssige Energie als Fett lagert. Bei ständigem Snacken kommt es zu einer ständigen Insulinbildung: Das kann langfristig dick machen.

→ **Faustregel** Speisen, die langsam verdaut werden und ihre Energie langsam an den Darm abgeben, lassen den Blutzuckerspiegel langsam steigen und ebenso langsam wieder abfallen. **Sie haben einen niedrigen Glykämischen Index (Glyx).** Ballaststoffe, Fett und Eiweiß drücken den Glyx, Zucker und Flüssigkeit lassen ihn steigen. Stark bearbeitete Fertigprodukte haben ebenfalls einen hohen Glyx, machen also nicht lange satt.

→ Auch die **Verweildauer** im Magen spielt für die **Sättigung** eine große Rolle. Fett und Eiweiß halten länger vor als Kohlenhydrate. Schwer Verdauliches wie ein hart gekochtes Ei oder Käse machen besonders lange satt.

→ Wir kennen längst nicht alle **Sättigungsfaktoren.** Einer ist aber sicher: die **Magendehnung.** Doch Kinder bevorzugen laut Kiggs Essen mit einer hohen Kaloriendichte – und da wird der Magen kaum gedehnt. Ebenfalls nicht bei süßen Getränken. Diese Lebensmittel machen also nicht so satt wie ballaststoffreiche Gerichte.

→ Den Unterschied zwischen Hunger und **Appetit** herauszufinden, ist nicht so einfach. Appetit entsteht oft durch den Duft oder Anblick appetitlicher Speisen, durch die bloße Tatsache, dass andere essen. Regen Sie Ihr Kind an, in sich hineinzufühlen, ob es jetzt wirklich hungrig ist. Und geben Sie nicht jedem Impuls nach: Sie wissen, wann es was gegessen hat und wie groß der Hunger wirklich ist.

→ **Durst** ist eine viel unzuverlässigere Größe. Vielleicht liegt das daran, dass wir Flüssigkeit nicht speichern können. Ein trockener Mund ist das erste deutliche Zeichen – aber eigentlich ist es dann schon reichlich spät. Gerade Kinder vergessen oft zu trinken, wenn sie beschäftigt sind. Machen Sie die Wasserkaraffe bei jeder Mahlzeit zur Regel und ermöglichen Sie Ihrem Kind freien Zugang zu Trinkwasser.

Schlaf hält Kinder schlank

Besonders für Jungen konnten Studien nachweisen, dass zu wenig Schlaf das Risiko für Übergewicht erhöht. Aber wie viel Schlaf ist normal? Kinder unter fünf Jahren sollten mindestens elf Stunden, Kinder zwischen fünf und zehn Jahren etwa zehn Stunden und Kinder über zehn Jahren wenigstens neun Stunden pro Nacht schlafen. Für die dick machende Wirkung werden Hormone verantwortlich gemacht: Bei Schlafmangel wird weniger appetithemmendes Leptin, gleichzeitig mehr von dem Heißhunger auslösenden Ghrelin gebildet.

Der Biorhythmus der Mahlzeiten

→ Die Chronobiologie hat klar nachgewiesen: Es gibt Lerchen, also Frühaufsteher, und Eulen, die Morgenmuffel. Bei Kindern ist das noch nicht so ausgeprägt, aber Unterschiede sind bereits erkennbar. Die typische **Leistungskurve** mit dem Hoch am Vormittag, dem Mittagstief und dem Zwischenhoch am Nachmittag ist aber allen gemeinsam.

→ Ein Experiment in völliger Isolation ohne Tageslicht ergab: Die Menschen hatten etwa **alle 5 Stunden Hunger.** Während der Schlafphase macht unser Hungergefühl dagegen Pause – ein Nachtimbiss ist also ziemlich unnatürlich. Ein Abstand von etwa 5 Stunden zwischen den drei Hauptmahlzeiten ist dagegen sinnvoll.

→ Weil Kinder einen relativ höheren Energiebedarf als Erwachsene haben und noch nicht so viel auf einmal essen können, ist vormittags und nachmittags je eine **Zwischenmahlzeit** sinnvoll.

→ Sind Sie unterwegs, stecken Sie als **Notration** eine Tüte Studentenfutter ein – das ist eine volle Zwischenmahlzeit. Eine kleine Flasche Wasser dabei zu haben, ist in jedem Falle sinnvoll.

Tages-Speiseplan für Ihr Kind

Auf der rechten Seite sehen Sie ganz praktisch, wie der ideale Speisezettel Ihres Kindes aussehen könnte. Bei den fünf regelmäßig verteilten Mahlzeiten ist es wichtig, dass das Verhältnis zwischen den Nährstoffen stimmt. Haferflocken, Vollkornbrot und Vollkornnudeln machen satt und sollten mit fünf Portionen frischem Obst und Gemüse die Basis der Kinderernährung bilden. Hochwertiges Eiweiß aus magerem Fleisch, Fisch und ungesüßten Milchprodukten ist gerade in der Wachstumsphase besonders wichtig. Süße und pikante Zwischenmahlzeiten aus frischen Zutaten bringen ein dickes Nährstoffplus für Ihr Kind.

Apfel-Haferflocken-Mix
Frühstücksbrot rot-weiß

1. Frühstück | 2. Frühstück
10 Min. | 10 Min.
Haferflocken-Mix insgesamt ca. 340 kcal
11 g Eiweiß, 13 g Fett, 45 g Kohlenhydrate
Frühstücksbrot insgesamt ca. 235 kcal
13 g Eiweiß, 12 g Fett, 18 g Kohlenhydrate

ZUTATEN FÜR 1 PORTION

Für den Haferflocken-Mix:
1 kleiner süßer Apfel (ca. 125 g)
1 EL Sesamsamen (10 g)
3 EL Haferflocken (30 g)
1/2 TL entölter Kakao
120 ml Milch
1/2 TL Honig

Für das Brot:
1/2 Kugel Mozzarella (50 g)
5 Kirschtomaten
1 Salatblatt
1 große Scheibe Vollkornbrot
1 TL rotes Pesto (aus dem Glas)

ZUBEREITUNG

1. Für den Haferflocken-Mix Apfel waschen und trocken reiben, vierteln und dabei das Kerngehäuse entfernen. Dann den Apfel samt Schale im Blitzhacker zerkleinern.

2. Apfelraspel und Sesam unter die Haferflocken mischen. Zum Schluss das Kakaopulver darüberstreuen und die Milch angießen. Nach Bedarf mit Honig süßen.

3. Für das Frühstücksbrot den Mozzarella in Scheiben schneiden. Die Tomaten und das Salatblatt waschen.

4. Das Brot mit dem Pesto bestreichen und halbieren. Eine Brothälfte mit dem Salatblatt und den Mozzarellascheiben belegen, die zweite Brothälfte drauflegen. Die Tomaten dazu knabbern.

Tuning-Tipp Den Sesam können Sie in einer Pfanne ohne Fett kurz anrösten, bis er duftet – so wird er besonders aromatisch.

Spaghetti mit Pute und Möhren

Mittagessen
30 Min.
insgesamt ca. 920 kcal
57 g Eiweiß, 19 g Fett, 134 g Kohlenhydrate

ZUTATEN FÜR 1 KINDER- UND 1 ERWACHSENEN-PORTION

125 g dünne Vollkorn-Spaghetti
Salz
1 kleine Zwiebel
300 g Möhren
150 g Putenschnitzel
1 TL Currypulver
1 EL Rapsöl
Pfeffer
1 TL Honig
100 ml Orangensaft
1 EL Schmant

ZUBEREITUNG

1. Nudeln nach Packungsanweisung in Salzwasser bissfest kochen.

2. Zwiebel und Möhren schälen und in Würfel schneiden. Die Putenschnitzel in ca. 1 cm breite Streifen schneiden, salzen und mit Curry bestreuen.

3. Öl in einer Pfanne erhitzen. Zwiebel und Fleisch dazugeben. Fleisch kurz anbraten, wieder herausnehmen und pfeffern.

4. Möhrenwürfel und Honig in die Pfanne geben. Honig karamellisieren lassen und mit Orangensaft ablöschen. Zugedeckt bei schwacher Hitze in 10–15 Min. gar dünsten. Eventuell noch etwas Flüssigkeit nachgießen.

5. Schmant einrühren. Mit Salz und Pfeffer abschmecken und die Spaghetti in dem Möhrengemüse schwenken. Das Fleisch nochmals kurz erwärmen

Praxis-Tipp Um mehr Sauce zu bekommen, kann man Nudelwasser abfangen und am Schluss mit den Nudeln zur Sauce geben.

Fruchtige Oase

Snack
10 Min.
insgesamt ca. 225 kcal
9 g Eiweiß, 9 g Fett, 28 g Kohlenhydrate

ZUTATEN FÜR 1 PORTION

3 getrocknete Datteln
1 Becher Naturjoghurt (3,5 % Fett)
1 TL entölter Kakao
1/2 Bio-Orange

ZUBEREITUNG

1. Datteln entkernen und mit dem Joghurt pürieren, dabei den Kakao zugeben.

2. Orange heiß waschen, abtrocknen und etwas Schale abreiben. Frucht schälen, in Achtel teilen und diese quer in dünne Scheiben schneiden. Mit Orangenschale mischen und auf dem Joghurt anrichten.

Austausch-Tipp Die Orange kann durch ungesüßte Mandarinenstückchen aus der Dose ersetzt werden.

Rosa Rüssel

Abendessen
10 Min.
pro Portion ca. 230 kcal
21 g Eiweiß, 14 g Fett, 5 g Kohlenhydrate

ZUTATEN FÜR 2 PORTIONEN (CA. 300 G)

90 g Räucherlachs
100 g saure Sahne (20 % Fett)
100 g Magerquark
1 TL Meerrettich (aus dem Glas)
Salz, Pfeffer
Zitronensaft

ZUBEREITUNG

1. Lachs grob zerteilen und mit der sauren Sahne, Quark und Meerrettich im Blitzhacker zerkleinern.

2. Mit Salz, Pfeffer und einem Spritzer Zitronensaft abschmecken.

Dazu passt Für eine Kleinkinderportion z. B. 100 g Pellkartoffel oder 50 g in Streifen geschnittenes Vollkornbrot und klein geschnittenes Knabbergemüse wie Salatgurke, Paprikaschote, Möhre, Kohlrabi, Fenchel, Stangensellerie, Radieschen, Kirschtomaten.

ABENTEUER SCHMECKEN

»Was der Bauer nicht kennt, das frisst er nicht«, so lautet ein Sprichwort. Tatsächlich zeigen Studien: Der Mensch – auch, und gerade der kleine – mag das, was er isst. Babys, die mit vanillierter Säuglingsmilchnahrung gefüttert wurden, hatten später eine stärkere Vanillevorliebe als andere. Kinder passen sich natürlich an ihre Umgebung und die Kost an, die ihnen vorgesetzt wird: Indische Kinder vertragen Scharfes, kleine Eskimos lieben Fisch, Amazonas-Indianer Insekten, Japaner frühstücken Miso und Engländer Hafergrütze, nicht gerade Delikatessen für unser Empfinden! Oft haben sich nicht nur diese Vorlieben in einer Art Nationalgeschmack an die klimatischen Verhältnisse angepasst – sie haben auch die Genetik beeinflusst. So haben Europäer und entsprechend auch Australier und Nordamerikaner in vielen Jahrhunderten die Fähigkeit entwickelt, auch als Erwachsene Milch und Milchprodukte zu verdauen: Sie lebten zu weiten Teilen von Viehhaltung, Milch war Grundnahrungsmittel. Außerdem waren sie auf die Extraportion Kalzium und Vitamin D in der Milch angewiesen: Die Sonneneinstrahlung reicht in nördlichen Breiten nicht aus, um genügend Vitamin D in der Haut zu bilden. In den Tropen war das anders: Milch gab's nur für Babys, Sonne schien genug und Milchprodukte waren unbekannt: In »Jim Knopf« ist Käse für den klitzekleinen Chinesen Li »Verschimmelte Milch«! Die meisten Asiaten, Afrikaner, Eskimos und Indianer vertragen als Erwachsene keine Milch: Ihr Verdauungssystem bildet dann nicht mehr genug Laktase. Auch bei Europäern lässt manchmal diese Fähigkeit nach, wenn sie nie Milch und Milchprodukte essen. So prägt die Umgebung den Geschmack und der wiederum den Körper und seine Fähigkeiten.

Schmecken: ein komplexer Vorgang

Das, was wir als Schmecken bezeichnen, passiert vordergründig in den Geschmacksknospen auf unserer Zunge. Bisher wurden fünf unterschiedliche Geschmacksqualitäten festgestellt: süß, salzig, sauer, bitter und »umami«. Das bedeutet würzig – ähnlich wie Sojasauce oder gebratenes Fleisch; diese Sinneszellen wurden in Japan entdeckt. Vielleicht gibt es noch andere. So wurde kürzlich festgestellt, dass Bittergeschmackszellen individuell sehr unterschiedlich sind. Das erklärt, dass sich gerade bei Löwenzahn, Artischocken, Bitterschokolade oder Radicchio die Geister scheiden. Gerade dieser Geschmack wird auch erst mit zunehmendem Alter geschätzt. Die Geschmacksknospen sind auf der ganzen Zunge verteilt und nicht – wie früher angenommen – in spezielle Zonen aufgeteilt. Doch ebenso wichtig wie die Zunge ist die Nase. Sie erst macht Geschmack vielfältig. Deshalb schmecken wir bei Schnupfen nicht richtig. Machen Sie einen Test: Augen zubinden, eine Lavendelseife unter die Nase halten und ein Stückchen Apfel, Birne, Gurke probieren …

Aber auch das Auge isst mit: Tönen Sie weißen, gesüßten Joghurt mit gelber, roter und grüner Farbe und lassen Sie Ihr Kind probieren – alle vier Proben werden scheinbar unterschiedlich schmecken!

Aber auch Konsistenz und Temperatur des Essens spielen eine Rolle: Geschmolzenes Eis scheint auf einmal viel zu süß, obwohl es gefroren perfekt schmeckte.

Lebensmittel sind heute selten, was sie scheinen. Der natürliche Instinkt ist überfordert angesichts der Künste der Lebensmittelproduzenten. Deshalb müssen Kinder ans Schmecken genauso herangeführt werden wie ans Laufen, Schlafen, Schwimmen oder Sprechen.

»Esspedition Schmecken«

Machen Sie mit Ihrem Kind mal einen kleinen Test, animieren Sie es zum bewussten Schmecken und fragen Sie nach seinen Eindrücken. Denn ohne Worte lassen sich Geschmackswünsche oder auch Kritik nicht fassen. Diese »Literacy« fängt bei den Lebensmitteln selber an: Kräuter, Gemüse, Nüsse und Obst erkennen und benennen, später Getreide, Milchprodukte, Fisch und Fleisch – das macht fit fürs Essen.

→ **1 In Limonaden und Fruchtsaftgetränken** ist sehr viel Zucker, der pur überhaupt nicht schmeckt. Erst durch Säure wird er gefällig – das lässt sich leicht mit etwas Zitronensäure (Apotheke) nachmachen. Die aber schadet den Zähnen. Vielleicht beeindruckt es Ihr Kind, wenn es selber schmeckt, wie süß Limo eigentlich ist.

→ **2 Viele Kinder mögen Saures.** Deshalb gibt es saure Drops, Gummibärchen, Getränke. Ein gewisses Maß an Säure entlastet den Magen bei der Verdauung – vielleicht hebt das die Laune. Doch meist dient Säure bei Lebensmitteln der Konservierung: Bei einem sauren pH-Wert entwickeln sich keine Bakterien mehr. Beste Beispiele: in Essig Eingelegtes und Lebensmittel, die eine Milchsäuregärung durchgemacht haben wie Sauerkraut, Kapern, Oliven oder Salzgurken.

→ **3 Die Vorliebe für Bitteres** entwickelt sich meist erst beim älteren Menschen. Bei Kindern stößt bitter meist auf Ablehnung. Manche Forscher halten das für ein Überbleibsel uralter Instinkte: Giftiges in der Natur schmeckt oft bitter – und dieses Wissen ist genetisch verankert.

→ **4 Ohne Salz können wir nicht leben** – deshalb war es so kostbar, dass Straßen und Städte in ganz Europa danach benannt sind. Ohne Salz schmeckt alles fad. Selbst Süßes enthält eine Prise Salz – manchmal auch mehr. Doch zu viel Salz macht durstig – um unser inneres Gleichgewicht zu bewahren, müssen wir dann Flüssigkeit zuführen.

→ **5 Umami** ist der Grund, warum wir Würstchen, Gebratenes und Geräuchertes mögen. Nur, wenn die Bräunung zu stark ist, entstehen schädliche Stoffe wie Acrylamid und Benzpyrene. Trotzdem: Umami-Lebensmittel nicht täglich in größeren Mengen essen. Das erhöht langfristig das Risiko, an Krebs zu erkranken.

→ **6 Gegen scharf spricht nichts**, im Gegenteil: Capsaicin gehört zu den Bioaktivstoffen, die gesundheitsfördernd wirken. Auch Senföle, Allicin aus Zwiebeln oder Ingwerol regen Verdauung und Abwehrkräfte an. Wenn Ihr Kind scharf liebt – umso besser!

→ **7 Auch die Temperatur** beeinflusst den Geschmack. Käsekenner »chambrieren« den Käse, lassen ihn also vor dem Essen Zimmertemperatur annehmen, weil sich dann sein Aroma besser entfaltet. Bei Billiglebensmitteln entlarvt das: Lassen Sie Ihr Kind mal Limo bei Zimmertemperatur probieren, das entzaubert!

→ **8 Viele Gräser, Bäume oder Sträucher** haben Samen, die sehr fettreich sind: Sie sollen ja einer neuen Pflanze als Bausteine dienen. Aus diesen Samen wird Öl gepresst. Wenn es danach nicht »raffiniert« wird, dann schmeckt es nach seinem Ursprung. Der Versuch klappt also nur bei kalt gepressten Ölen. Geeignet ist Öl von Oliven, Sonnenblumen, Sesam, Walnuss, Kürbiskernen. Dagegen sind Rapssaat oder Sojabohnen pur nicht essbar und ihr Öl ist meist raffiniert.

→ **9 Die Kakaobohne** enthält Kakaomasse und Kakaobutter. Diese schmilzt genau bei Körpertemperatur: Deshalb zergeht sie so herrlich auf der Zunge (wird deshalb aber auch zu Zäpfchen verarbeitet)! Eiskonfekt enthält statt dessen Kokosfett, Billigschokolade andere Pflanzenfette. Das ist zu schmecken! Auch der Gehalt an Kakaomasse: Je höher er ist, desto intensiver und bitterer schmeckt das Produkt.

1 Süß 1 Glas Wasser mit 1 TL Zucker, 1 Glas Limo. In beiden ist gleich viel Zucker – aber warum schmeckt eines viel süßer?

2 Sauer macht lustig? Stimmt das? Welche Säure magst du am liebsten? Macht sauer wirklich lustig? Was macht sauer noch?

3 Bitter Wer mag das eigentlich? Großeltern? Eltern? Geschwister? Freunde? Und du? Hat das was mit dem Alter zu tun?

4 Salzig Was passiert, wenn man salzig isst? Wie schmeckt salzlos? Kann süß auch salzig sein? Und sauer? Warum war Salz wertvoll?

5 Umami bedeutet würzig wie Sojasauce. Was schmeckt so? Gekochtes Huhn/Fleisch oder gebratenes? Wurst? Geräuchertes?

6 Scharf gehört nicht zu den fünf Geschmäckern, sondern tut eher weh – was hat das für einen Sinn? Teste deine Scharfschwelle!

7 Kalt Wann schmeckt welcher Käse am besten? Frisch aus dem Kühlschrank? Wenn er im Zimmer steht? Aus dem Ofen?

8 Ölquellen Fett wird nicht nur wie Butter aus Milch oder wie Schmalz aus Tierfett, sondern aus Pflanzen gewonnen. Aus welchen?

9 Schokoschmelz Je mehr Kakaomasse, desto bitterer, je mehr Kakaobutter, desto schmelziger. In welcher Sorte ist was?

Lies doch mal auf Seite 181 weiter!

ESSEN LERNEN

Noch nie gab es in Mitteleuropa so eine Vielfalt und so einen Überfluss an Lebensmitteln. Das ist eigentlich wunderbar – wenn die Verbraucher angesichts dieses Überangebots die richtigen Entscheidungen treffen würden. Doch das Gegenteil scheint der Fall zu sein. Denn je raffinierter und verfeinerter die Lebensmittel werden, desto mehr verlieren sie an Ernährungswert: Aus dunklem Vollkornbrot wird Weißbrot, aus Zuckerrüben Zucker, aus Pellkartoffeln Chips und Pommes. Das, was uns am besten schmeckt, tut uns nicht unbedingt gut. Dazu kommt ein anderes Phänomen: Wenn Nahrung knapp ist, wird gegessen, was auf den Tisch kommt. Doch wenn von allem zu viel da ist, dann bestimmen häufig die Kinder oder das Kind, was auf den Tisch kommt. Die Eltern möchten ihm etwas Gutes tun – doch letzten Endes schaden sie ihm. Sein Geschmack orientiert sich am Gefälligen, Einfachen und gut Beworbenen. Aber Möhren oder Vollkornbrot stehen nun mal nicht im Fokus einer tollen Werbekampagne. Die Eltern sind in der Verantwortung, was eingekauft und gegessen wird. Doch das macht nicht nur Mühe und sorgt manchmal für Krach – es macht auch Freude und bereichert.

Was sind Lebensmittel wert?

Kaum etwas ist bei uns so billig zu haben wie Lebensmittel. In Massen stehen sie verpackt in den Regalen, was übrig bleibt, wird entsorgt. Wie sollen Kinder da Wertschätzung entwickeln? Was früher selbstverständlich war, das muss erst wieder vermittelt werden. In erster Linie durchs Vorbild der Eltern. Wie Sie einkaufen, mit Lebensmitteln umgehen und Essen schätzen, das prägt Ihr Kind. Entweder Sie bringen das aus der eigenen Familie mit. Oder es wird Ihnen erst jetzt bewusst, und Sie lernen es mit Ihrem Kind kennen. Am Ende zählt, was zu Hause passiert. Kindergarten, Kita, Hort und Schule können Anregungen geben – greifen Sie sie auf. Aber regen Sie auch selber Aktivitäten an, machen Sie sich stark für eine gesunde Kinderernährung.

Leben mit den Jahreszeiten

Mit Kindern lernt man, mehr auf die Welt um sich herum zu achten. Jahreszeiten bekommen eine ganz andere Bedeutung: Das Warten auf den ersten Schnee, das erste Schneeglöckchen, Erdbeeren, Osterhase, Badewetter und Maroni geben den Takt an. Mit den Gummistiefeln durch Pfützen platschen, durchs Herbstlaub rascheln, mit nackten Füßen durch den Sommerregen – das alles macht Kindheit aus. Doch sinnliche Erfahrungen werden auch durch Essen vermittelt: Die ersten Kräuter im Frühling, das Ostergras wachsen sehen, die Osterbäckerei, Beeren und Kirschen pflücken, Picknick im Sommer, Erntedank im Herbst mit Kürbissen, Nüssen, Kartoffeln und dann natürlich die Advents- und Weihnachtszeit mit ihren ganz speziellen Genüssen. Auf den folgenden Seiten finden Sie Anregungen für das aktive Erleben der Jahreszeiten mit Ihrem Kind.

Kinder in die Küche!

Für jede Jahreszeit finden Sie auch einfache Rezepte, die Ihr Kind selber kochen oder backen kann. Anfangs mit Ihrer Unterstützung, aber im Grundschulalter dann auch alleine. Doch auch jenseits dieser Anlässe ist es wichtig, Kinder in Einkauf und Zubereitung mit einzubeziehen. Gerade im Vorschulalter ist die Begeisterung groß – das sollten Sie nicht ungenutzt verstreichen lassen, sonst verliert Ihr Kind seine Motivation. In unserer arbeitsteiligen Welt gibt es wenig Dinge, die ein Kind von Anfang bis Ende selbst machen kann, um dann auch noch von einem handfesten Ergebnis belohnt zu werden. Außerdem: Was selbst gekocht wird, schmeckt – selbst wenn es gesund ist! Besser kann man das Wissen um Lebensmittel und Appetit auf Gemüse und Obst Kindern nicht nahebringen.

Was auf dem Tisch steht, wird probiert!

Doch Mitmachen löst nicht alle Probleme. Dazu gehört von vorneherein die Bereitschaft, Neues zu probieren. Voraussetzung ist das Vorbild der Eltern: Wenn Papa jeden grünen Stängel an den Tellerrand schiebt, dann wird Junior das ebenso machen. Es geht nicht um die schwarze Pädagogik früherer Jahre: »Was auf den Teller kommt, wird aufgegessen!« Das kommt heute nachweislich so gut wie nie vor. Es geht darum, den Trend »Spaghetti, Pommes und sonst nichts« zu vermeiden. Denn wenn Eltern, eingeschüchtert vom Terror am Tisch, ihren lieben Kleinen nur noch Wunschkost servieren, dann führt das zu Einseitigkeit. Und das schadet langfristig der Gesundheit. Klar – auch der kleine Mensch hält viel aus. Aber jetzt wird die Grundlage seines Essverhaltens gelegt. Wenn Ihr Kind erwachsen ist und älter wird, dann wird es die Quittung dafür bekommen. Ganz abgesehen davon, dass es um eine Menge wunderbarer Geschmackserfahrungen gebracht wird. Also: Schränken Sie den Speisezettel nicht ein, machen Sie den Probierhappen zur Selbstverständlichkeit und genießen Sie die gemeinsame Mahlzeit. Eine bessere Motivation gibt es nicht.

Kühlschrank zur Selbstbedienung?

Im Vorschulalter ist das noch kein Thema. Aber ab wann sollten Kinder uneingeschränkt Zugang zu Vorräten haben? Zunächst gibt es eine praktische Einschränkung: Wer kocht, sollte die Kontrolle über die Lebensmittel haben – sonst verschwindet auf einmal der Schinken für den Nudelauflauf, und das ist ärgerlich. Fragen ist also angesagt. Außerdem ist Rücksicht auf die gemeinsame Mahlzeit wichtig: Wer sich kurz vorher den Magen vollschlägt, hat dann keinen Appetit mehr. Also eine Stunde vor dem Essen ein klares Naschverbot! Von Kindern zu erwarten, angesichts eines vollen Kühlschranks und verlockender Süßigkeiten das richtige Maß zu halten, finde ich verwegen. Das schaffen ja schon viele Erwachsene nicht. Es ist eine Mischung aus kluger Lebensmittelwerbung und Bequemlichkeit, die Kinder überfordert. Bis zu dem Zeitpunkt, wo Ihr Kind mittags oder nachmittags alleine nach Hause kommt und sich selbst versorgen muss, sollte es fragen, wenn es etwas zu essen nimmt. Ausnahme: Getränke und Obst.

Süßes vom Taschengeld?

Das wird sich ab dem Grundschulalter nicht ganz vermeiden lassen. Spätestens, wenn Ihr Kind mit Zahlen umgehen kann und Geld kennt, sollte es auch eigenes Geld bekommen – in der Regel ab der 1. Klasse. Am besten wöchentlich und in Maßen – beginnend mit 50 Cent und bis zum Ende der Grundschulzeit etwa 2 Euro. Nur wenn es eine realistische Konsumentscheidung zwischen Süßigkeiten und anderen Kleinigkeiten hat, werden die süßen Sachen etwas von ihrer Magie verlieren. Allerdings nicht, wenn Sie es mit Geld überschütten und alle seine Wünsche erfüllen. Das macht schenkende Eltern einen Moment glücklich – aber das Kind auf lange Sicht eher übergewichtig und unglücklich. Lassen Sie Ihr Kind beim Speisezettel mitbestimmen – aber beim Einkauf im Supermarkt entscheiden Sie! Bunkern Sie kein Junk-Food. Bringen Sie lieber mal luxuriöses Obst mit wie Himbeeren, Mango oder Lychees. Oder Erdnüsse zum Selberknacken, hauchdünne Käsecracker oder Grissini. Vor allem: Schenken Sie Ihrem Kind Zeit – daran mangelt es eher bei uns als an Lebensmitteln!

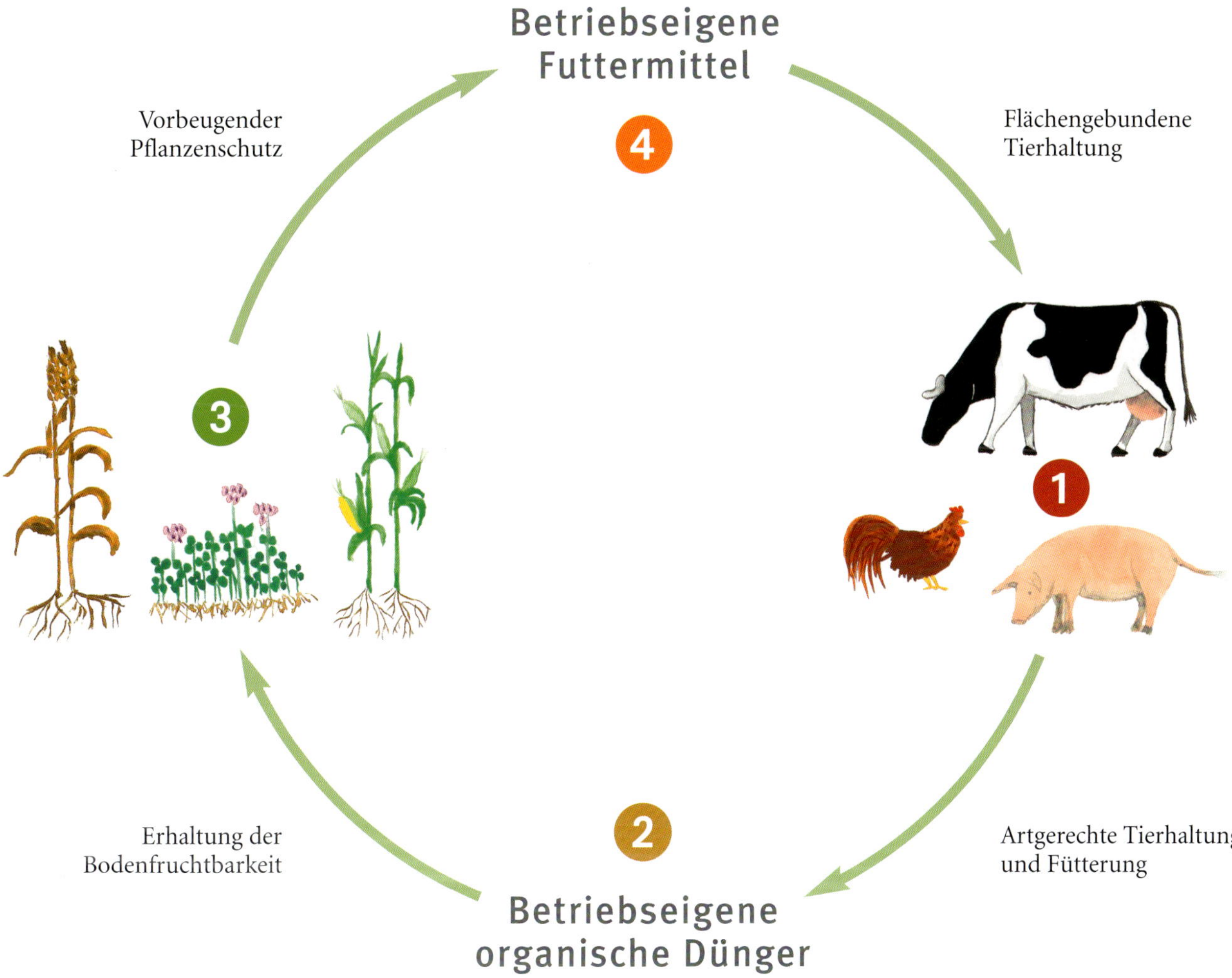

Was bedeutet biologischer Landbau?

Verzicht auf Pflanzenschutzmittel, Düngen nur mit Mist und viele glückliche Tiere – das sind die Vorstellungen vieler von einem Bio-Bauernhof. Doch ein wenig mehr gehört schon dazu. Das Ziel des Bio-Bauern ist es, das Land so zu bewirtschaften, dass es auch für unsere Nachkommen fruchtbar ist. Das bedeutet: so wenig Nährstoffe wie möglich von außen zuführen und gleichzeitig die Böden nährstoffreich halten. Deshalb ist ein Bio-Bauernhof nicht nur ein landwirtschaftlicher Betrieb, sondern auch ein ganzheitliches System, das auf dem Prinzip des Nährstoffkreislaufes basiert.

Der Nährstoffkreislauf

Auf dem Bio-Bauernhof sind Mensch, Tier, Pflanzen und Boden eine Einheit. Der Bio-Bauer verfügt über seine eigenen Futtermittel und seinen eigenen Dünger. Dieser Nährstoffkreislauf bringt zwar keine Megaerträge, laugt den Boden aber nicht aus und erhält auf lange Sicht die Fruchtbarkeit.

1 Auf dem Bio-Bauernhof werden nur soviel Tiere gehalten, wie der Boden ernährt. Sie bekommen als Futter Pflanzen, die der Bauernhof hervorbringt wie Klee, Heu, Gras und Luzerne. Die Tiere liefern dem Bauern Eier, Milch und Fleisch aber auch Wolle, Federn und Leder.

2 Der Mist und die Gülle der Tiere dienen der Düngung des Bodens – dieser bleibt dadurch nährstoffreich und fruchtbar. Neuerdings kann Gülle auch zur Stromerzeugung verwendet werden.

3 Auf den gedüngten Feldern wachsen die Feldfrüchte und andere Pflanzen. Zur Vorbeugung von spezialisierten Schädlingen und bestimmten Krankheiten wechselt der Bauer von Saison zu Saison die Pflanzensorte.

4 Die angebauten Pflanzen und Feldfrüchte dienen zum größten Teil dem Bauern als Handelsware, aber auch als Futter für die Tieren.

Wie erkenne ich Bio-Lebensmittel?

Seit 1993 sind die Bezeichnungen „Bio“ und „Öko“ gemäß der EG-Ökoverordnung geschützt (Siehe Seite Glossar). Das bedeutet: Wo Bio drauf steht, ist auch Bio drin! Mittlerweile bekommen Sie Bio-Lebensmittel nicht nur im klassischen Bioladen, sondern auch in gut sortierten Supermärkten.

Ostern

Zum Osterfrühstück gehört ein Osterkranz! Dazu Hefeteig (Seite 51, Brötchen aus der Form) zubereiten – aber 100 ml Flüssigkeit durch 100 ml geschmolzene Butter ersetzen und mit 3 bis 4 EL Honig und 1 Msp. in Wasser aufgelöstem Safranpulver würzen. Wer mag, gibt noch Trockenfrüchte oder gehackte Nüsse zu. Nach dem »Gehen« den Teig dritteln und aus den Teilen Stränge formen, flechten und auf dem Blech zum Kreis schließen. Mit verquirltem Ei einpinseln und backen. Danach natürlich gefärbte Eier in die Mitte legen. Die Eier gleich beim Kochen färben und 15 Min. ziehen lassen: Gelb wird es mit Safran oder Kurkuma, rosa mit Rote-Bete-Saft, lila mit Heidelbeeren, grün mit Spinat- oder Petersiliensaft. Am besten Naturfarben in der Apotheke besorgen. Die gefärbten Eier traditionell mit Speckschwarte oder etwas Öl zum Glänzen bringen.

Was gibt's im Frühling?

Eigentlich gibt es bis März noch nichts aus heimischer Ernte. Aber der Folienanbau macht's möglich – und unsere südlichen Nachbarn. Hier die Erstlinge, die jetzt am besten schmecken – und teilweise nur kurz Saison haben wie Bärlauch, Rhabarber, Sauerampfer und Spargel.

→ **Bärlauch** wächst wild unter Bäumen, sieht aus wie Maiglöckchen (Vorsicht!), riecht und schmeckt aber wie milder, junger Knoblauch. Toll für Quark und Salat!

→ **Frühlingszwiebeln** sind zart, haben kaum Knolle, dafür aber lange, grüne Blätter: Die sind das Beste. In dünnen Ringen toll auf dem Brot, im Quark und für den Wok.

→ **Kohlrabi** sind jetzt zart und klein – auch hier zarte Blätter hacken und mitverwenden. Schmeckt roh! Zum Lagern Grün abschneiden und extra im Kühlschrank aufbewahren. Gleiches gilt auch für:

→ **Möhren** sind jetzt zuckersüß – auf keinen Fall schälen. Sogar das Grün kann in kleinen Mengen gehackt und mitgegessen werden.

→ **Radieschen** sind jetzt knackig und mild. Immer die Blätter abschneiden – sie entziehen dem Radieschen Flüssigkeit. Ein Dauerbrenner: Radieschenmäuse!

→ **Rhabarber** ist eigentlich ein Gemüse und schmeckt herrlich sauer. Toll für Eis und als Kompott. Roh geknabbert gibt's raue Zähne durch Oxalsäure, die Kalzium bindet – danach ein Glas Milch regeneriert die Zähne.

→ **Rübstiel** sind die Sprossen der Rüben und werden am Niederrhein gegessen. In Frankreich ebenso beliebt: die ersten zarten Rote-Bete-Blättchen.

→ **Salat** gibt es in unendlicher Vielfalt. Der zarte Pflücksalat wächst am schnellsten. Trotz aller Unkenrufe: Frischer Freilandsalat enthält pro Kalorien extra viele Vitamine und Mineralstoffe.

→ **Sauerampfer** schmeckt so wie er heißt. Toll im Salatdressing statt Zitrone, aber auch im Süppchen oder in der Mayonnaise.

→ **Spargel** schmeckt nicht nur Erwachsenen! Die Stangen ohne Spitze schmecken roh toll mit Dip.

→ **Spinat** ist jetzt oft derb: Stiele entfernen, Blätter hacken und in der Pfanne zusammenfallen lassen. Am besten mit Käse oder Rahm vermischen: Das bindet die Oxalsäure, die die Zähne so stumpf macht – wie bei Rhabarber und Sauerampfer. Zarte Blättchen schmecken toll im Salat oder Pesto.

Wildkräuter jetzt sammeln

Kräuter schmecken am zartesten vor der ersten Blüte, wenn die Triebe noch jung sind. Manche werden Sie kennen – wenn nicht, fragen Sie im Familien- und Freundeskreis nach Kräuterkennern. Wichtig: nie am Straßenrand, auf Hundewiesen oder in stark besuchten Stadtparks pflücken, sondern in Gärten und Wiesen. Kräuter am besten locker in kleinen Eimern oder Körbchen sammeln, dann zerdrücken sie nicht. Immer besonders gründlich waschen und möglichst am selben Tag verarbeiten: So ist für die Kinder der Lohn der Sammel-Mühe begreiflich. Planen Sie also nach dem Sammeln auch Zeit für Zubereitung und die gemeinsame Mahlzeit ein. In der Regel passen Wildkräuter in Salate, Quark oder Buttermischungen. Sie peppen Eierspeisen, Suppen oder Gemüse auf. Die vier Rezepte auf der nächsten Seite lassen sich mit allen genannten Kräutern zubereiten und mit milden Wilden wie Spinat, Feldsalat und Rucola strecken, wenn die Ernte zu knapp ausfällt…

→ **Bärlauch** lässt sich am Geruch leicht erkennen. Seine Blätter ähneln denen von Maiglöckchen, die sehr giftig sind! Also immer erst riechen!

→ **Brenn- oder Taubnessel** sind ein idealer Spinatersatz. Taubnesseln brennen nie – und Brennnesseln als junge Triebe auch nicht.

→ **Gänseblümchen** sind nicht nur dekorative Zutat im Salat. Auch die Blätter schmecken gehackt im Salat oder auf Butterbrot.

→ **Giersch** gibt's überall: Blüte und Blatt würzen Eintöpfe und Suppen.

→ **Klee** (Rotklee) schmeckt nicht nur den Hasen. Die Blüten schmecken süß und lassen sich gut ausbacken, die Blätter haben Erbsenaroma.

→ **Löwenzahn** schmeckt leicht bitter. Blatt und Blüte wirken harntreibend.

→ **Sauerampfer** hat ein säuerlich-zitroniges Aroma und ersetzt deshalb perfekt in Dressings und Saucen Essig und Zitrone. Die meisten Kinder lieben es, auf den Blättern zu kauen!

→ **Schafgarbe** würzt eher herb – und zwar Blatt und Blüte.

→ **Vogelmiere** ist mild wie Salat – die Blätter schmecken roh oder gekocht.

→ **Wegerich** schmeckt nur, wenn die Blätter zart und jung sind. Sein Geschmack erinnert an Champignons und er passt eigentlich zu allem!

Kartoffeln pflanzen: kinderleicht!

Nichts ist einfacher als das: ideal, um mit Kindern Pflanzen, Wachsen und Ernten zu verfolgen. Am besten Kartoffeln von einem Biobauern mit vielen »Augen« bei Tageslicht einige Tage austreiben lassen. Wenn sich die ersten Triebe zeigen, die Kartoffeln 10 cm tief eingraben. Rundherum sollte 30 cm Platz sein und die Erde leicht und sandig. Wenn das Grün 10 cm hoch ist, etwas Erde anhäufeln, dabei die Spitzen frei lassen. Nach etwa 3 Monaten kann geerntet werden!

Wer sät und fleißig gießt, der kann auch ernten!

→ **Sprossen** bringen Kindern das Wunder des Wachsens nah. Sie erleben, wie aus einem »toten« Korn eine essbare Pflanze entsteht. Beim Keimen vervielfacht sich der Vitamin- und Mineralstoffgehalt des Korns, seine Nährstoffe werden leichter verdaulich – eine echte Kraftnahrung!

→ Für eine **Sprossenzucht** Körner waschen und **einweichen** – alles, was oben schwimmt, herausfischen: Die guten sinken nach unten. Die abgetropften Körner in ein Weckglas geben. Ein Gazetuch über die Öffnung legen und ein Gummiband darüberziehen. Das Glas so auf den Kopf stellen, dass es abtropfen kann und Luft bekommt. Zweimal am Tag unter dem Wasserhahn gut durchspülen und wieder auf den Kopf stellen. Die **Sprossen** sind mit 0,5–1,5 cm Länge erntereif.

→ Um ein **Kressebeet** zu pflanzen, eignen sich flache Schalen – sie können auch aus Papier selbst gefaltet sein. Darauf kommt eine Handbreit Erde, diese wird mit Wasser angefeuchtet, und Kressesamen. Mindestens einmal **täglich gießen:** Sie müssen feucht bleiben. Wenn die Kresse drei Finger hoch gewachsen ist, kann man sie mit der **Schere abschneiden** und essen. Funktioniert auch mit Gerste, Weizen, Radieschen-, Rettich-, Senf- und Sonnenblumensamen.

Pesto aus dem Kräutergarten

beruhigt Magen und Darm
20 Min.
bei 7 EL pro EL ca. 155 kcal
4 g Eiweiß, 15 g Fett, 2 g Kohlenhydrate

ZUTATEN FÜR 1 KLEINES SCHRAUBGLAS (CA. 100 G)

50 g Pinienkerne
2 Handvoll Basilikumblätter
6 EL Olivenöl
50 g frisch geriebener Parmesan
Salz, Pfeffer

ZUBEREITUNG

1. Gib die Pinienkerne in eine Pfanne und röste sie bei mittlerer Hitze hellbraun. Damit sie nicht anbrennen, immer wieder wenden.

2. Zupfe als Nächstes die Basilikumblätter von den Stielen, brause sie gründlich mit Wasser ab und tupfe sie mit Küchenpapier trocken.

3. Fülle alle Zutaten (außer Salz und Pfeffer) in einen hohen Becher und zermuse sie mit dem Pürierstab. Schmecke das Pesto am Schluss mit Salz und Pfeffer ab. Abgefüllt in ein kleines Schraubglas, ist das Pesto im Kühlschrank mehrere Tage haltbar.

Kräuter-Sammel-Tipp Falls du kein Basilikum im Kräutergarten findest, kannst du andere grüne saftige Kräuter wie Bohnenkresse, Petersilie oder Pimpernelle verwenden. Spinat, Bärlauch und Rucola geht auch.

Sammel-Süppchen

macht fit
20 Min.
bei 2 Portionen pro Portion ca. 280 kcal
6 g Eiweiß, 24 g Fett, 11 g Kohlenhydrate

ZUTATEN FÜR 1–2 KINDERPORTIONEN

150 g Brennnesselspitzen
1 EL Butter
2 EL Haferflocken
300 ml Gemüsebrühe (Instant)
100 g Sahne
Salz, Pfeffer
frisch geriebene Muskatnuss

ZUBEREITUNG

1. Zuerst musst du mit Handschuhen die Brennnesselblätter von den Stielen abzupfen, gründlich waschen und abtropfen lassen.

2. Erhitze die Butter in einem Topf, bis sie schmilzt. Gib die Blätter dazu und dünste sie bei mittlerer Hitze, bis sie zusammenfallen.

3. Als Nächstes gibst du die Haferflocken und die Brühe zu den Blättern in den Topf. Alles gut verrühren, den Deckel auflegen und alles 5 Min. leise köcheln lassen.

4. Jetzt musst du nur noch die Sahne steif schlagen und die Brennnesselblätter mit dem Pürierstab pürieren. Schmecke das Süppchen zum Schluss mit Salz, Pfeffer und Muskat ab und rühre die geschlagene Sahne unter.

Info Beim Brennnesselsammeln lieber Handschuhe tragen. Gekocht verlieren die Pflanzen aber ihre brennende Wirkung.

Grünes Überraschungsei

macht stark | fördert das Wachstum
20 Min.
ohne Beilage ca. 285 kcal
16 g Eiweiß, 24 g Fett, 2 g Kohlenhydrate

ZUTATEN FÜR 1 KINDERPORTION

2 EL frische Kräuter, z. B. Schnittlauch, Petersilie, Basilikum
etwas weiche Butter für die Ei-Coddler
2 Eier
2 EL Sahne
Salz, Pfeffer

ZUBEREITUNG

1. Zuerst musst du die gesammelten Kräuter waschen, trocken tupfen und klein hacken.

2. Stelle zwei Eier-Coddler in einen Topf und fülle den Topf bis 1 cm unter den Rand der Formen mit Wasser. Nimm die Formen wieder heraus und bringe das Wasser zum Kochen.

3. Pinsle inzwischen die Formen mit Butter aus. Schlage die Eier in eine Schüssel und verquirle sie gut mit den Kräutern, der Sahne und je 1 Prise Salz und Pfeffer.

4. Verteile die verquirlten Eier gleichmäßig auf die beiden Coddler. Verschließe sie mit dem Deckel und stelle die Coddler vorsichtig (am besten mit Ofenhandschuhen) in das kochende Wasserbad. Nach ca. 10 Min. sind die Eier gestockt und du kannst sie löffeln.

Dazu passt Knabbergemüse und 2 Scheiben Vollkornbrot oder ein Vollkornbrötchen.

Info Ei-Coddler sind Glas- oder Porzellangefäße mit Deckel, gerade groß genug für ein Ei.

Kräuterhäschen

für Ostern
30 Min. + 15 Min. Backen
bei 5 Stück pro Häschen ca. 455 kcal
16 g Eiweiß, 20 g Fett, 43 g Kohlenhydrate

ZUTATEN FÜR 4–5 HÄSCHEN

150 g Weizenvollkornmehl
150 g Weizenmehl (Type 405)
3 TL Backpulver
1 TL Salz
250 g Magerquark
5 EL Rapsöl
1 Ei
1 Handvoll frische Kräuter, z. B. Sauerampfer, Bärlauch, Löwenzahn, Basilikum, Schnittlauch, Petersilie, Kresse, Dill
150 g Schmant
Pfeffer
2 Walnusskerne für die Augen
Schnittlauchhalme für die Schnurrhaare

ZUBEREITUNG

1. Mische beide Mehlsorten mit Backpulver und Salz. Dann verknete die Hälfte davon in einer Schüssel mit Quark, Öl und Ei. Gib das übrige Mehl nach und nach dazu, bis der Teig nicht mehr zwischen deinen Fingern klebt.

2. Jetzt musst du den Backofen auf 200° vorheizen. Außerdem ein Backblech mit Backpapier auslegen, die gesammelten Kräuter waschen, trocken tupfen und klein hacken. Vermische die Kräuter mit dem Schmant und würze diese Creme mit Salz und Pfeffer.

3. Forme aus dem Teig Körper, Kopf, Schwanz und Ohren der Häschen und setze die Teile auf dem Blech zusammen. Drücke den Rumpf mit deinem Handrücken platt und bestreiche die Mulde mit der Kräutercreme. Augen kannst Du mit Nüssen legen, Schnurrhaare nach dem Backen mit Schnittlauch. Die Häschen im Ofen (Mitte; Umluft 180°) 20–25 Min. goldbraun backen.

Sommerfrische

Mit den ersten Kirschen kommt der Sommer! Am besten schmecken sie frisch vom Baum – bis der Bauch platzt! Übrigens: Trinken zu Kirschen ist nicht gefährlich, aber es fördert Blähungen. Man kann mit Kirschen auch Crumble backen (Rezept Seite 109). Ganz Fleißige entkernen die Kirschen vorher: Dann muss beim Essen nicht gespuckt werden! Die Kerne wiederum ergeben in ein Säckchen genäht ein wundervolles Geschenk für die Großeltern. Dazu die Kerne einmal aufkochen und gründlich waschen und trocken rubbeln. Das fertige Säckchen zum Aufwärmen kurz in der Mikrowelle erhitzen oder auf die Heizung legen: So werden die Kirschkerne zur natürlichen Wärmflasche!

Was gibt's im Sommer?

Jetzt geht es richtig los mit Beeren, Steinobst und zartem Gemüse. Die Saison im Sommer ist oft kurz, und viele Dinge gibt es jetzt und sonst nie! Und natürlich gibt es noch immer einiges Frühlingsgemüse wie Möhren und Kohlrabi.

→ **Aprikosen** sind ein Knüller in punkto Beta-Karotin und schmecken auch gekocht in Süßspeisen oder als Konfitüre.

→ **Beeren** müssen schnell gegessen werden. Stachel- und Johannisbeeren lassen Konfitüre gelieren, schmecken als Crumble und machen lustig. Aus schwarzen Johannisbeeren lässt sich ein wunderbarer Saft pressen. Erd- und Himbeeren schmecken am besten roh. Im Spätsommer reifen Blau- und Brombeeren.

→ **Bohnen** immer kochen: So wird das leicht giftige Phasin zerstört. Dicke Bohnen haben nur kurz Saison, dann folgen gelbe Wachsbohnen, dann breite Bohnen. Alle sind eiweißreich!

→ **Erbsen** muss man aus der Schote palen und nur kurz erhitzen – sie sind butterzart.

→ **Gurke** roh knabbern löscht den Durst. Nie schälen, in der Schale stecken viele Nährstoffe.

→ **Kirschen** gibt's als Süßkirschen, die vor allem frisch schmecken. Sauerkirschen kann man einmachen zu Konfitüre oder Kompott.

→ **Mirabellen** sind zarte, gelbe, runde Pflaumen, die leider ziemlich aus der Mode gekommen sind. Unbedingt probieren!

→ **Paprikaschoten** sind grün unreif und nicht so gut verträglich – gelb, orange und rot sind unterschiedliche Sorten. Sie enthalten viel mehr Vitamin C als Zitronen! Roh essen!

→ **Pfirsich** gibt es mit weißem Fleisch auch aus dem Inland.

→ **Pflaumen** fördern die Verdauung – die ersten sind saftig-süß, Eierpflaumen etwas saurer.

→ **Rote Bete** gibt's jetzt im Bund und ganz frisch und saftig. Entweder roh raspeln oder klein gewürfelt dünsten. Einfacher, aber nicht ganz so gut: im Ganzen kochen oder backen. Zarte Blätter mitverwenden.

→ **Spitzkohl** schmeckt nicht nach Kohl, sondern mild süßlich, ist superzart und bestens bekömmlich. Auch als Salat in feine Streifen geschnitten für Kinder gut verträglich.

→ **Tomaten** sind der Kinderhit und schmecken nie so gut wie jetzt – vor allem als Minitomaten aus der Hand! Ihr Lykopin schützt von innen vor zu viel Sonne.

→ **Zucchini** sind am besten, wenn sie klein sind. Nicht schälen, sonst werden sie beim Garen matschig. Sie schmecken auch roh geraspelt mit Joghurt im Zaziki gut.

Das Spiel mit dem Feuer

Jetzt sind die Abende lang und mild: ideal, um am Feuer zu sitzen und zu grillen. Diese urtümliche Art zu kochen lieben Kinder! Wichtig zu wissen:

→ **Sammelwut** Feuerholz zu sammeln ist wunderbar – auch trockene Tannenzapfen brennen toll. Beides gibt ein schönes Feuer – aber zum Grillen ist es nicht geeignet. Beim Verbrennen entstehen nämlich Benzpyrene und PAK, beides krebserregend. Am besten geeignet ist Holzkohle: Sie entwickelt in der Glut genug Hitze, um die Speisen zu garen. Wichtig: Es sollte kein Fett in die Glut tropfen, sonst entstehen Flammen, die Schadstoffe bilden.

→ **Keine Kokelei** Beim Grillen sind Kokelei und offene Flammen tabu. Grillschalen aus Alufolie verhindern, dass Fett in die Glut tropft und flammend verbrennt. Erst nach dem Essen darf aus der Garstelle ein Lagerfeuer werden: Feuer frei für Holz und Zapfen. Aber am Ende alles sicher löschen!

→ **Sattmacher** Alle sind hungrig – die Glut ist noch nicht heiß genug, Steaks & Co. brauchen Garzeit … dünne Teigfladen – aus mitgebrachtem Pizzateig selbst geformt oder als Fertigprodukt – sind um Nu auch bei kleiner Hitze geröstet und schmecken toll mit Kräuterbutter oder solo. Dazu rohes Knabbergemüse, und die gesunde Grundlage fürs Grillen stimmt.

→ **Das gehört auf den Grill** Ungepökelt sollte alles sein – sonst bilden sich Nitrosamine. Das bedeutet: Alle rosa Würstchen, Schinken oder Kassler sind tabu oder dürfen höchstens angewärmt werden. Spezielle Grillwürstchen sind an der hellen Farbe erkennbar. Robuste, eher fette, flache Fleisch- und Fischstücke sind perfekt: Spareribs, Schweinehalssteaks, Hühnerflügel, Lamm und Lachs sind gut geeignet. Eine Marinade mit antioxidativen Substanzen, z. B. Zitronensaft, Senf, Ingwer oder Tomatenmark, verhindert die Entstehung schädlicher Substanzen. Wenn magere Stücke gegrillt werden, vorher in Öl einlegen.

→ **Das gart in der Glut** Kartoffeln, Möhren, Maiskolben und Süßkartoffeln schmecken wunderbar, wenn sie in Alufolie gepackt am Rande der Glut vor sich hinschmoren. Das dauert oft leider sehr lange. Deshalb am besten im Ofen zuhause in Folie vorgaren und dann nur noch heiß werden lassen.

Hauptsache eiskalt gefroren!

Kinder lieben sogar ganz gewöhnliche Wasser-Eiswürfel. Sie frieren mit großer Begeisterung Fruchtsaft in Formen für Stieleis ein, ebenso Fruchtjoghurts, Puddings oder Fruchtmus. Diese Förmchen sollten Sie also im Haus haben. Ebenfalls ein Renner sind Granitas: gefrorene Säfte, aus der Form gekratzt und mit Soda aufgegossen. Fertige Eiscreme ist meist zucker- und fettreich – das macht sie so cremig. Deshalb ist sie eher eine kleine Mahlzeit als eine Erfrischung.

Blüten und Kräuter trocknen für Tees und Duftkissen

Viele Blüten und Kräuter sind Grundlage für Tees oder auch für Duftkissen. Es macht Kindern Spaß, sie zu sammeln, zu trocknen und zu verschenken oder selbst zu verwenden. Es regt sie an zu schnuppern, zu probieren und festzustellen, was sie mögen. Für das Trocknen ist es wichtig, einen warmen, trockenen, luftigen, aber dunklen Platz zu finden. Am besten Hasengitter auf einen Rahmen spannen und aufhängen. Wer öfter trocknet oder dörrt, für den lohnt die Anschaffung eines elektrischen Dörrapparats.

→ Duftende Rosenblätter und Lavendel eignen sich für **Duftsäckchen.** Dazu die Blüten sammeln – am besten, wenn sie schon etwas angetrocknet sind. Für den Wäscheschrank den Blütenmix in ein Spitzen-Taschentuch (Flohmarkt) legen, alle vier Ecken fassen und mit einem Satinband zusammenbinden. Jedes Jahr erneuern.

→ Echte Malven sind eine gute Grundlage für **Tees.** Auch die wuchernde Zitronenmelisse, alle Minze-Arten, Salbei, Thymian, Rosmarin, Kamillenblüten, Brennnesselblätter und Eisenkraut sind Grundlage für Tees. Aus manchen lässt sich auch ein Badezusatz brühen.

Cooler Beerenschleck

für heiße Sommertage
20 Min. + 2 Std. Kühlen
bei 6 Stück pro Stück ca. 80 kcal
0 g Eiweiß, 5 g Fett, 7 g Kohlenhydrate

ZUTATEN FÜR 5–6 EISFÖRMCHEN (AUS PLASTIK)

100 g Lieblingsbeeren
2 Päckchen Vanillezucker
Saft von einer halben Zitrone
300 g Naturjoghurt

ZUBEREITUNG

1. Wasche die Beeren vorsichtig in einem Sieb und lasse sie gut abtropfen. Entferne dann, je nach Beerensorte, Blätter oder Stiele und halbiere große Beeren.

2. Gib die Beeren als Nächstes mit allen anderen Zutaten in den Blitzhacker. Zerkleinere alles so lange im Blitzhacker, bis es gut vermischt ist und keine größeren Beerenstücke mehr zu sehen sind. Du kannst die Beeren auch mit dem Pürierstab zermusen.

3. Fülle den Joghurt-Beeren-Mix in Plastik-Eisförmchen. Deckel zu und ab damit in die Kühltruhe. Nach 2 Std. ist dein Eis fertig!

Grüner, roter, weißer oder lila Beerenmix

für b(ä)eerenstarke Knochen und Zähne
15 Min.
pro Portion ca. 145 kcal
2 g Eiweiß, 1 g Fett, 31 g Kohlenhydrate

ZUTATEN FÜR 1 KINDERPORTION

1 Kiwi und
100 g Stachelbeeren
oder
100 g Himbeeren und
100 g Erdbeeren
oder
100 g Weiße Johannisbeeren und 1/2 Banane
oder
100 g Heidelbeeren und
100 g Brombeeren

Außerdem:
150 ml Apfelsaft
oder
150 ml Buttermilch

ZUBEREITUNG

1. Für einen grünen Beerenmix musst du die Kiwi schälen und achteln. Die Stachelbeeren waschen und Stiel- und Blütenansätze abschneiden. Püriere Kiwi und Beeren in einem hohen Gefäß zu Mus und gib nach und nach den Apfelsaft dazu.

2. Für einen roten Beerenmix musst du die Him- und Erdbeeren vorsichtig in einem Sieb waschen und gut abtropfen lassen. Entferne dann von den Erdbeeren die grünen Blätter und halbiere große Früchte. Püriere die Beeren in einem hohen Gefäß zu Mus und gib nach und nach die Buttermilch dazu.

3. Für einen weißen Beerenmix musst du die Johannisbeeren waschen, abtropfen lassen und mit Hilfe einer Gabel von den Stielen lösen. Die halbe Banane schälen und grob zerkleinern. Püriere beides zu Mus und gib nach und nach die Buttermilch dazu.

4. Für einen lila Beerenmix musst du die Heidelbeeren und die Brombeeren vorsichtig in einem Sieb waschen und gut abtropfen lassen. Püriere die Beeren in einem hohen Becher zu Mus und gib dann nach und nach die Buttermilch dazu.

Topsy-Törtchen

für kleine Naschkatzen
45 Min. + 25 Min. Backen
bei 10 Stück pro Stück ca. 135 kcal
4 g Eiweiß, 6 g Fett, 16 g Kohlenhydrate

ZUTATEN FÜR 8–10 MINIKUCHEN

Für den Teig:
100 g Mehl (Type 1050)
1 Msp. Backpulver
1 Prise Salz
1 EL Zucker
50 g kalte Butter
150 g Magerquark
1 Eigelb zum Bestreichen

Für den Belag:
250 g Beeren deiner Wahl
70 g Vanillepudding
4 EL Aprikosenkonfitüre

ZUBEREITUNG

1. Mische Mehl mit Backpulver, Salz und Zucker in einer Schüssel. Schneide die Butter in Stückchen und verteile sie auf dem Mehl. Gib den Quark dazu und verknete alles kräftig zu einem glatten Teig. Falls der Teig zu trocken ist, kannst du löffelweise Wasser unterkneten. Ist er zu weich, Mehl zugeben.

2. Heize den Backofen auf 200° vor und lege ein Backblech mit Backpapier aus.

3. Lege ein Drittel des Teiges beiseite. Rolle den übrigen Teig mit einem Nudelholz 1/2 cm dick aus. Stich mit großen Förmchen z. B. Herzen oder Halbmonde oder mit einem Trinkglas Kuchenböden aus und setze diese auf das Backblech. Stich die Kuchenböden mit einer Gabel ein paar Mal ein. Forme aus dem übrigen Teig dünne Rollen und umrande damit die Kuchenböden vollständig. Bepinsle die Ränder mit Eigelb. Backe die Kuchen im Ofen (Mitte, Umluft 180°) in 25 Min. goldbraun. Werden sie dunkel, bedecke sie mit Alufolie.

4. Wasche die Beeren vorsichtig in einem Sieb. Lasse sie gut abtropfen und entferne je nach Sorte Blätter oder Stiele. Halbiere große Beeren. Bestreiche die abgekühlten Minikuchen mit Vanillepudding und setze die Beeren darauf. Verrühre die Konfitüre mit einem Löffel heißem Wasser und bepinsle die Beeren damit.

Roter Beerenzauber

blitzschnell | gut bei Erkältungen
15 Min.
bei 20 EL pro EL ca. 24 kcal
0 g Eiweiß, 1 g Fett, 6 g Kohlenhydrate

ZUTATEN FÜR CA. 300 G (20 EL)

100 g Erdbeeren
100 g Johannisbeeren
4–5 Blätter Zitronenmelisse
100 g Gelierzauber (Gelierzucker zum Kaltrühren)

ZUBEREITUNG

1. Wasche die Beeren und Zitronenmelisse und lasse sie gut abtropfen. Streife dann die Johannisbeeren mit einer Gabel von den Stielen. Entferne von den Erdbeeren die grünen Blätter und halbiere oder viertle die größeren.

2. Gib die Beeren mit der Melisse und dem Gelierzauber in ein hohes Gefäß und püriere alles ca. 5 Min. mit dem Pürierstab.

3. Wenn du den fertigen Beerenzauber in saubere Schraubgläser füllst und im Kühlschrank aufbewahrst, ist er ca. 10 Tage haltbar.

Erntedank

Nachdem auch der letzte Apfel gepflückt ist, die Kohl- und Kürbisköpfe, das Korn und die Kartoffeln geerntet sind, ist es Zeit für Erntedank. Dieses kirchliche Fest wird Anfang Oktober gefeiert. Im November ist dann das Laternensingen dran. Für eine Rübenlaterne braucht Ihr Kind Hilfe – sie lässt sich dann wunderbar im Garten aufstellen. Während Eicheln und Kastanien nur für die Wildfütterung taugen, kann man die Bucheckern, Haselnüsse, Maroni und Walnüsse, die die Eichkätzchen übrig gelassen haben, selber knacken und essen. Maroni muss man backen: An der Spitze kreuzweise einritzen und auf dem Blech im Backofen bei 240° oder auf der Glut des Kamins etwa 15 Min. rösten, bis sie aufspringen. Dann lassen sie sich schälen. Man kann sie auch in wenig Salzwasser entsprechend lange gar kochen.

Was gibt's im Herbst?

Nie ist das Angebot auf dem Markt so groß und günstig wie jetzt! Auf zur Probiertour!

→ **Äpfel** haben Hochsaison. Versuchen Sie gemeinsam Ihre Lieblingssorten herauszufinden. Denn Apfel ist nicht gleich Apfel!

→ **Aubergine** schmeckt zunächst nach nichts. Die heutigen Sorten sind nicht bitter – deshalb nicht vor dem Braten einsalzen. Sie saugen viel Fett auf – deshalb lieber grillen.

→ **Birnen** sind nur ganz kurz haltbar. Kaufen Sie nur so viele, wie Sie in zwei Tagen essen.

→ **Kartoffeln** werden jetzt dickschaliger – es gibt Lagersorten und mehlig kochende für Püree, Gnocchi oder Knödel. Hier lohnt sich der Kauf direkt beim Biobauern.

→ **Kürbis** ist der »Newcomer« unserer Küche. Hokkaido ist delikat, aber nur der weiche Markkürbis eignet sich zum Aushöhlen. Zierkürbisse nicht essen – sie sind steinhart!

→ **Maroni** backen (siehe Rezept im Kasten links).

→ **Nüsse** Sie bleiben in der Schale am längsten frisch: unbedingt trocken und luftig lagern, sonst gibt es Schimmel. Eigene Ernte im Ofen bei 80° 2 bis 3 Std. trocknen.

→ **Pastinaken** sind eine Neuentdeckung der Babykost, weil sie so verträglich sind. Sie schmecken süßlich und sind ähnlich zu garen wie Kartoffeln.

→ **Waldpilze** gibt es jetzt – nur von Kennern kaufen und frisch zubereiten oder trocknen.

→ **Rotkohl** schmeckt mild und ist auch als Rohkost mit Feta ein Genuss – dazu hauchdünn schneiden. Auch sonst nur kurz garen!

→ **Rüben** gibt es als kleine Butterrüben, aber auch als riesige Steckrüben. Sie leiden immer noch unter ihrem Kriegsimage – dabei schmecken sie süßlich-mild.

→ **Topinambur,** ein Wurzelgemüse, schmeckt nach Artischocke und ist reich am Ballaststoff Inulin – zu viel davon verursacht Blähungen.

→ **Weißkohl** ist frisch geerntet köstlich als roher Krautsalat mit Paprika und Kabanossi. Wenn die Blätter schon härter sind, mit warmer Vinaigrette übergießen und etwas stampfen.

→ **Weintrauben** von deutschen Reben haben meist viel Schale und Kerne – also kosten, um die Unterschiede herauszufinden.

→ **Wirsing** ist ein Gesundheitsknüller. Er muss gekocht werden – am besten mit Tomaten oder Curry.

→ **Zwetschgen** sind wunderbar säuerlich und die beste Grundlage für Zwetschgenmus und Zwetschgendatschi.

Besuch auf dem Bauernhof

Ist ein Biobauer in Ihrer Nähe? Dann unbedingt einmal mit viel Zeit einen Ausflug dorthin machen. Viele Biohöfe bieten auch ein Kinderprogramm an. Wichtig: Verabreden Sie mit dem Bauern vorher die Verhaltensregeln, um Ärger und Unfälle zu vermeiden. Lassen Sie Ihr Kind auf Entdeckungsreise gehen. Schätze wie Hühnerfedern, eine Handvoll Stroh, eine Ähre oder Wiesenblumen ergeben in den nächsten Tagen eine Kollage, ein Abenteuerbild Bauernhof. Viele Fragen werden dabei auftauchen – die beste Informationsquelle ist die Bauernfamilie! Ermutigen Sie Ihre Kinder zu fragen.

→ **Gemüsegarten** Er liegt meist beim Haus und dient der eigenen Versorgung der Familie. Dort lässt sich erkunden, was gerade reift – und Sie können gleich ein Gemüseraten veranstalten. Das Gemüse für den Verkauf wird in größeren Mengen auf dem Acker angebaut.

→ **Obstbäume** Einzelne, hochstämmige Obstbäume auf Wiesen heißen auch »Streuobstwiesen«. Sie bieten vielen Nützlingen Lebensraum, verbessern den Boden, verhindern Erosion und bieten Mensch und Tier Schatten. Außerdem werden mit dieser Methode viele alte Obstsorten erhalten. Streuobst wird meist zu Saft gepresst. Probieren Sie, wie unterschiedlich Äpfel aussehen und schmecken können.

→ **Stoppelfelder** Die Strohstoppeln bleiben nach der Getreideernte stehen. Dort kann man wunderbar Drachen steigen lassen – aber auch Nachlese halten und übrig gebliebene Ähren sammeln. Erkennen Sie die unterschiedlichen Getreidesorten? Versuchen Sie zu Hause die Ähren mit einem Kochlöffel zu »dreschen«, bis die Körner herausfallen. Wer eine Getreidemühle hat, kann sie mahlen und damit backen oder Grütze kochen.

→ **Kartoffelferien** So hießen früher die Herbstferien, weil da jede Hand – auch die der Kinder – bei der Ernte gebraucht wurde. Die Zeiten sind vorbei – aber auch auf dem abgeernteten Kartoffelacker finden sich noch jede Menge vergessener Kartoffeln. Früher garte man sie im Feuer aus den welken Kartoffelpflanzen. Heute am besten in Alufolie im Backofen backen und mit Butter und Salz genießen. Oder am Rande des Lagerfeuers im Garten!

Knusper, knusper Apfelringe

Reife Äpfel 1 bis 2 Wochen liegen lassen, bis sie mürbe werden. Kerngehäuse ausstechen, Äpfel in 1/2 cm dicke Scheiben schneiden, auf dünne Stäbe in Backofenbreite fädeln, in die Schiene des Backofens schieben und 1 Stunde bei 50°, dann etwa 4 Stunden bei 60° trocknen (Restwärme nach dem Backen nutzen). Ofentür angelehnt lassen. An der Luft weitertrocknen lassen. Noch schneller geht es im Dörrautomaten: knusprige Apfelchips dann in Blechdosen aufbewahren.

Wilde Beeren für kleine Sammler

Nicht nur auf dem Bauernhof, auch in Wald und Wiesen reifen die Herbstfrüchte. Es gibt eine Menge wilder Beeren – am besten nur sammeln, wenn man sich auskennt. Alle diese wilden Beeren sind reich an Vitamin C und Gerbstoffen, die der Verdauung gut tun.

→ **Hagebutten** sind unterschiedlich groß. Das fasrige Innere mit den Kernen ist als Juckpulver ein Klassiker. Das übrige Mark lässt sich zu Konfitüre kochen – in jedem Fall nach dem Kochen durch ein Sieb streichen. Sie enthält sehr viel Vitamin C. Aber bis ein Glas zusammen ist, gibt es viel zu tun!

→ **Berberitzen** sind klein, rot und länglich. Sie schmecken säuerlich und werden in orientalischen Läden getrocknet angeboten. Am besten ebenfalls trocknen. Sie werden mit Reis mitgekocht, aber auch in Kompott.

→ **Vogelbeeren** sind roh giftig, gekocht ergeben sie eine Vitamin-C-reiche, aber leider sehr bittere Marmelade. Nicht jedermanns Geschmack.

→ **Holunderbeeren** sind ebenfalls nur gekocht essbar: toll als Kompott oder Saft! Sie lassen sich gut entsaften und passen zu Apfel, weil sie süß und säurearm sind.

Sonnensuppe

blitzschnell | kinderleicht
30 Min.
bei 4 Portionen pro Portion ca. 165 kcal
6 g Eiweiß, 12 g Fett, 8 g Kohlenhydrate

ZUTATEN FÜR 2–4 KINDER-PORTIONEN

1 Knoblauchzehe
1/2 Zwiebel
500 g gelber Gemüsekürbis (ohne Schale)
1 EL Rapsöl
600 ml Gemüsebrühe (Instant)
Salz, Pfeffer
frisch geriebene Muskatnuss
3 Scheiben Frühstücksspeck
1–2 EL Kürbiskerne
50 g Doppelrahmfrischkäse mit Kräutern

ZUBEREITUNG

1. Schäle Knoblauch und Zwiebel und schneide beides grob in Würfel. Wasche nun den Kürbis und zerteile ihn ebenfalls grob.

2. Erhitze das Öl in einem Suppentopf. Gib die Zwiebel und den Knoblauch hinein und dünste sie, bis sie glasig sind. Dann kommt der Kürbis dazu.

3. Gieße die Brühe zum Gemüse und würze kräftig mit Salz, Pfeffer und Muskatnuss. Leg einen Deckel auf den Topf und lasse die Suppe etwa 20 Min. garen.

4. Schneide inzwischen den Speck in kleine Würfel und gib ihn in eine Pfanne. Gib dann die Kürbiskerne dazu und röste alles knusprig an, bis der Speck zerlassen ist, stelle dann die Pfanne beiseite.

5. Püriere die Suppe mit einem Pürierstab, gib dabei den Frischkäse zu. Schmecke die Suppe nochmals mit den Gewürzen ab und streue den Speck-Kürbiskern-Mix darüber. Dazu gibt's Baguette.

Knuspernüsschen

Knabberspaß
30 Min.
pro Stück ca. 80 kcal
1 g Eiweiß, 5 g Fett, 7 g Kohlenhydrate

ZUTATEN FÜR 25 STÜCK

100 g gehackte Haselnüsse
50 g getrocknete Aprikosen
200 g Zartbitter- oder Vollmilchkuvertüre
50 g Vollkorn-Cornflakes, ungezuckert
25 Papierförmchen

ZUBEREITUNG

1. Röste die gehackten Haselnüsse bei mittlerer Hitze in einer Pfanne ohne Fett an, bis sie duften.

2. Hacke dann die Aprikosen in kleine Stücke – du kannst dafür auch den Blitzhacker verwenden. Setze die Papierförmchen auf ein Arbeitsbrett oder ein Backblech.

3. Anschließend schmilzt du die Kuvertüre über einem heißen Wasserbad, dabei gut rühren. Rühre dann die übrigen Zutaten in die geschmolzene Schokolade ein.

4. Setze nun mit zwei Teelöffeln Häufchen in die Papierförmchen und lasse sie trocknen bzw. fest werden. Das geht am schnellsten im Kühlschrank.

Maroni wie vom Jahrmarkt

für die ganze Familie
10 Min. + 40 Min. Garen
bei 6 Portionen pro Portion ca. 150 kcal
3 g Eiweiß, 5 g Fett, 23 g Kohlenhydrate

ZUTATEN FÜR 4–6 KINDER-PORTIONEN

1 EL Rapsöl
400 g Maroni (mit Schale)
4 EL Kürbiskerne

ZUBEREITUNG

1. Zuerst heizt du den Backofen auf 200° vor. Dann legst du ein Backblech mit Backpapier aus und pinselst es mit dem Öl ein.

2. Wasche die Maroni und ritze sie auf der gewölbten Seite mit einem Messer kreuzweise ein. Vorsicht, schneide dich nicht – lege die Maroni dazu auf ein Brettchen. Verteile sie auf dem Backblech. Sie müssen ca. 40 Min. im Ofen (Mitte, Umluft 180°) garen. Wende sie dabei ab und zu mit einem Holzspatel.

3. 5 Min. vor Ende der Garzeit streust Du die Kürbiskerne über die Maroni. Wenn die Schalen der Maroni aufgesprungen sind, nimmst du die Maroni aus dem Ofen. Handwarm schmecken sie am besten, dann die Schale und das braune Häutchen entfernen.

Tipp Wenn Du ein Kaminfeuer hast, dann kann dein Vater oder deine Mutter die Maroni auf ein altes Blech geben und auf die Glut stellen. Aufpassen, dass sie nicht verbrennen. Nach 15 Min. probieren, ob sie fertig sind.

Cranberry-Bratapfel

für die ganze Familie
15 Min. + 15 Min. Backen
pro Portion ca. 340 kcal
6 g Eiweiß, 9 g Fett, 60 g Kohlenhydrate

ZUTATEN FÜR 4 PORTIONEN

70 g getrocknete Cranberrys
100 g Walnusskerne
1 EL Ahornsirup
1 TL Zimtpulver
4 mittelgroße Äpfel
Saft einer halben Zitrone
600 g Vanillejoghurt
Fett für die Form

ZUBEREITUNG

1. Zuerst hackst du die Cranberrys und die Walnüsse mit einem Messer in grobe Stücke. Mische dann beides mit dem Ahornsirup und dem Zimt.

2. Dann fettest du eine kleine Auflaufform ein und heizt den Backofen auf 200° (Umluft 180°) vor. Anschließend wäschst du die Äpfel, stichst mit einem Apfelausstecher das Kerngehäuse und zusätzlich noch etwas Fruchtfleisch aus und beträufelst das Loch mit etwas Zitronensaft.

3. Fülle so viel Nuss-Beeren-Mischung wie möglich in die Apfellöcher. Die übrige Füllung kannst du auf dem Boden der Form verteilen. Setze dann die Äpfel in die Form und lasse sie im heißen Ofen (Mitte) ca. 15 Min. backen. Ein Apfel wird mit je 150 g Vanillejoghurt zu einer richtigen Mahlzeit.

Die Adventsbäckerei

Wenn Kinder backen, geht es nicht darum, perfekte Kekse zu produzieren – es geht um das Erlebnis, etwas von Anfang bis Ende »alleine« zu machen. Legen Sie den Küchenboden mit alten Zeitungen aus, stecken die Kids in alte Oberhemden (hinten zuknöpfen) und bereiten Sie den Teig am besten vorher zu. Denn Kinder möchten vor allem formen, rollen, ausstechen und verzieren. Zu Beginn soll alles am besten auf einmal gehen – aber nach einer Stunde sind meist nur noch die Größeren da. Eine Arbeitsfläche in Kinderhöhe, Deko in kleine Schälchen abgefüllt und kleine Portionen Teig zum Bearbeiten erleichtern den Start. Beim Aufräumen sollten aber alle helfen!

Was gibt's im Winter?

Vom Mittelmeer kommen Zitrusfrüchte in Hülle und Fülle. Außerdem kommt derbes Gemüse, das Frost verträgt, auf den Markt. Und reichlich exotische Früchte werden angeboten. Nicht vergessen: Getrocknete Hülsenfrüchte wie Linsen, Kichererbsen oder Bohnen können frisches Gemüse teilweise ersetzen.

→ **Ananas** bleibt lange ungekühlt frisch – die Schnittfläche mit Folie abdecken. Ihr Bromelin macht Milchprodukte bitter!

→ **Chicorée** gehört zu den Bittersalaten – doch die Züchtungen haben ihn milder gemacht.

→ **Chinakohl,** ein preiswerter, milder Salatersatz, schmeckt gut mit Orangen. Lässt sich gut vorbereiten. Gekocht fällt er zusammen.

→ **Datteln** haben eine natürliche Süße, kombiniert mit Ballast- und Mineralstoffen. Ersetzen Zucker im Müsli oder Shake.

→ **Feldsalat** ist der vitamin- und mineralstoffreichste Salat. Gut waschen – er ist meist sandig!

→ **Granatapfel** Seine Kerne enthalten entzündungshemmende Stoffe, sind aber schwer zu kauen. Pressen Sie die Hälften reifer Granatäpfel wie Orangen aus und mischen den herben Saft mit Sprudel.

→ **Grünkohl** schmeckt am besten nach dem ersten Frost. Er ist recht herb und eher für ältere Kinder geeignet. Frisch wird er in Süddeutschland selten angeboten – meist kommt er aus der Tiefkühltruhe.

→ **Lauch** gibt's auch im Sommer – aber jetzt ist er besonders fleischig.

→ **Mango** gibt's erst seit wenigen Jahren in guter Qualität auf dem Markt. Sie ist mild und ein Karotin-Knüller: gerade gut gegen Winterfrust.

→ **Rosenkohl** schmeckt auch erst nach dem ersten Frost und hat ein süßliches Aroma. Unbedingt frisch zubereiten – es lohnt sich!

→ **Schwarzwurzel** enthält wie Artischocke und Topinambur viel Inulin. Beim Schälen fließt ein milchiger Saft, der schwarze Flecken macht. Nach dem Schälen in Zitronenwasser legen. Einfacher, aber nicht so gut: wie Pellkartoffeln kochen, abschrecken und pellen.

→ **Sellerie** als Knolle kommt jetzt aus dem Lager. Schmeckt streng, gibt aber mit anderen Zutaten geschmort ein würziges Aroma. Staudensellerie schmeckt frischer!

→ **Zitrusfrüchte** sind ein Riesenthema im Winter. Kosten Sie die Sorten. Sobald es Saftorangen gibt, täglich ein Glas frisch pressen. Das versorgt Ihr Kind mit Vitamin C. Die unbehandelte Schale abreiben und trocknen. Rosa Grapefruit schmeckt auch Kindern!

Gewürze schnuppern und erkennen

Wenn es »nach Weihnachten riecht«, dann sind daran Tannenduft, aber vor allem der Geruch typischer Gewürze beteiligt. Oft werden sie kombiniert in Lebkuchengewürz angeboten – oder in Glühwein-Beuteln. Sie haben eine lange Tradition und waren früher Kostbarkeiten. Gehen Sie mit Ihrem Kind auf Schnupper-Schmeck-Reise. Alle diese Gewürze tun dem Magen gut und regen die Verdauung sanft an.

→ **Ingwer** Frisch gerieben ist er besonders aromatisch, und die Wurzel ist im Kühlschrank lange haltbar. Sie sollte saftig sein und lässt sich mit der Knoblauchpresse ausdrücken. Zum Backen sind auch kandierter Ingwer oder getrocknetes Ingwerpulver geeignet. Ingwer schmeckt zitronig-scharf.

→ **Kardamom** Die grünen Kapseln enthalten kleine, schwarze Körner, die erfrischend mentholig schmecken. Für Tees die Kapsel leicht zerdrücken, für Backrezepte die kleinen Körner im Mörser zerstoßen.

→ **Macis** Die Blüte der Muskatnuss schmeckt etwas zarter als die Nuss und wird gemahlen verwendet. Sie hat einen harzig-herben Geschmack und wird nicht nur in Gebäck, sondern auch in Spinat und Béchamelsauce verwendet.

→ **Nelken** Sie sind ein starkes, etwas harziges Gewürz und kochen bei Punsch und Kompott oder anderen Gerichten nur mit. Als »Pomander« werden sie auf eine Orange gesteckt und aufgehängt: Sie sollen Ungeziefer vertreiben und Adventsduft verbreiten.

→ **Piment** sieht aus wie Pfeffer, ist aber keiner; Piment ergänzt Nelken ideal. Für Marinaden werden die Körner ganz mitgekocht. Zum Backen ist gemahlener Piment geeignet. Sparsam verwenden!

→ **Sternanis** sieht aus wie ein Stern und wird in Punsch oder Marinaden im Ganzen, fürs Backen in gemahlener Form verwendet. Er schmeckt fein nach Anis und Lakritz.

→ **Zimt** Heute sollte man nur noch Ceylonzimt verwenden – der preiswertere Cassiazimt enthält giftiges Cumarin, das in größeren Mengen schädlich ist. Zimt wird gemahlen zum Backen verwendet und in Stangenform in Punsch oder Marinaden mitgekocht.

Weihnachtshonig selber machen

Mit Gewürzen und Zitrusschalen lässt sich Honig aromatisieren. Geeignet sind flüssige Sorten wie Akazien- oder Robinienhonig. In ein Schraubglas eine Scheibe Bio-Orange oder -Zitrone samt Schale geben. Für stärkeres Aroma einfach mehr Schale hineingeben. 2 bis 3 Nelken in der Schale machen's adventlicher. Ebenfalls aromatisch: eine Zimt- oder eine Vanillestange einlegen oder Sternanis. Den Mix mindestens zwei Wochen ziehen lassen. Nach Geschmack geröstete Nüsse zugeben.

Brotbacken

→ Der Winter ist lang und ideal dazu geeignet, mit Kindern zu backen. Das muss nicht immer süß sein – Brotbacken finden Kinder herrlich! Besuchen Sie mit den Kindern eine **Bio-Bäckerei,** dort können sie den Weg vom Korn bzw. Mehl zum Brot verfolgen. Zu Hause geht's dann ans Ausprobieren. An Zutaten braucht es nicht viel – Mehl, Hefe, ein paar Saaten oder Kerne und schon nach 2 Stunden duftet das ganze Haus nach frisch gebackenem Brot, mmh – lecker!

→ Das Blitzprogramm: Backofen auf 50° stellen. Vollkornmehl in einer Schüssel 5 Min. vorwärmen. Dann den Teig zubereiten und kräftig kneten. Mit einem Tuch bedeckt im Backofen bei 50° ca. 20 Min. gehen lassen. Schwere Zutaten jetzt erst unter den Teig kneten. Nun dürfen **die Kinder kneten:** Ihre Handwärme entfaltet die Triebkraft des Teiges. Dann Teig in die Form füllen, backen und kurz ausdampfen lassen (Rezept Seite 50).

→ Dass man von **frischem Brot** Bauchweh bekommt, ist ein Ammenmärchen: Schneiden Sie ruhig noch warm dicke Scheiben ab und lassen Sie Ihr Kind das Brot genießen.

Ausstechplätzchen

für Verzierungsfans

30 Min. + 1 Std. Kühlen

bei 15 Stück pro Stück ca. 165 kcal

3 g Eiweiß, 11 g Fett, 14 g Kohlenhydrate

ZUTATEN FÜR ETWA 10–15 GROSSE PLÄTZCHEN

200 g Weizenmehl Type 1050 + Mehl für die Arbeitsfläche
150 g kalte Butter
50 g Vollrohrzucker
1 Eigelb zum Bestreichen
Nüsse, Samen und Kakaopulver zum Dekorieren

ZUBEREITUNG

1. Mische die Zutaten in einer Schüssel, zupfe dabei die Butter im Mehl klein. Knete nun einen festen, formbaren Teig daraus. Verpacke dann den Teig in Frischhaltefolie und stelle ihn 45–60 Min. in den Kühlschrank, bis er fast butterhart ist.

2. Heize den Backofen auf 180° vor und lege ein Backblech mit Backpapier aus. Rolle nun den Teig auf einer bemehlten Arbeitsfläche mit einem Nudelholz aus.

3. Steche mit großen oder kleinen Förmchen Plätzchen aus und lege sie auf das Backblech. Verquirle das Eigelb mit 1 EL Wasser. Pinsel damit die Kekse ein und verziere sie mit Nüssen und Samen.

4. Schiebe zum Schluss das Backblech in die Mitte des Backofens und backe die Plätzchen in 10–15 Min. goldbraun. Die ausgekühlten Plätzchen kannst du mit Kakao bestäuben.

Tropikanas

lecker fruchtig | für Gäste

45 Min. + 2 Std. Einweichen

pro Stück ca. 115 kcal

0 g Eiweiß, 2 g Fett, 24 g Kohlenhydrate

ZUTATEN FÜR ETWA 32 STÜCK

Für den Teig:
50 g getrocknete Tropenfrüchte (Ananas, Papaya, Mango)
50 g Weizenvollkornmehl
50 g Haferflocken
1 Msp. Backpulver
2 EL Vollrohrzucker
etwas abgeriebene Schale von einer Bio-Zitrone
65 g Butter

Für den Guss:
1 EL Butter
1 EL durchs Sieb gestrichene Ananaskonfitüre
1–2 TL gewürfelte getrocknete Papaya und Mangos

ZUBEREITUNG

1. Die Tropenfrüchte musst du 2 Std. in 125 ml heißem Wasser einweichen. Drücke sie dann aus und püriere die feuchten Früchte im Blitzhacker.

2. Heize den Backofen auf 180° vor. Mische anschließend das Mehl mit Haferflocken, Backpulver und Vollrohrzucker. Gib das Früchtemus, die Zitronenschale und die Butter zu und verknete alles gut.

3. Nimm dann mit einem Teelöffel 32 Portionen ab. Forme daraus kleine ovale Laibchen, ritze sie dreimal schräg ein und setze sie auf ein mit Backpapier ausgelegtes Blech. Sie müssen im Ofen (Mitte; Umluft 160°) etwa 10 Min. backen.

4. Lass für den Guss die Butter mit der Ananaskonfitüre in einem Topf zerlaufen und bepinsle damit die Tropikanas. Zum Schluss streust du die Früchtewürfel darauf.

Pus Bärenkugeln

zum Knabbern | stärkt die Nerven

30 Min. + 12 Std. Einweichen

Bei 40 Stück pro Stück ca. 50 kcal

1 g Eiweiß, 3 g Fett, 5 g Kohlenhydrate

ZUTATEN FÜR 35–40 KUGELN

100 g Weizen-Vollkornschrot
150 g getrocknete Datteln
2 EL Honig
100 gemahlene Mandeln
100 g fein gehackte Pistazien oder Kokosraspeln

ZUBEREITUNG

1. Weiche den Schrot über Nacht in 80 ml Wasser ein. Püriere den Schrot am nächsten Tag mit einem Pürierstab. Falls die Datteln noch nicht entkernt sind, musst du sie halbieren und den Stein entfernen. Zerkleinere die Datteln anschließend im Blitzhacker oder hacke sie mit einem Messer klein.

2. Gib als Nächstes den Honig, die Mandeln und die gehackten Datteln zu dem Schrot und verrühre alles miteinander.

3. Forme nun aus der Masse Kugeln und wälze sie in fein gehackten Pistazien oder Kokosraspeln. Lasse die Kugeln ca. 2 Tage offen nachtrocknen, bis sie fest sind.

Kipferl & Busserl

Klassiker | nicht so einfach

20 Min. + 13 Min. Backen + 2 Std. Kühlen

pro Stück ca. 55 kcal

1 g Eiweiß, 3 g Fett, 7 g Kohlenhydrate

ZUTATEN FÜR CA. 40 STÜCK

Für den Teig:
1/2 Päckchen Vanillezucker
100 g weiche Butter oder Margarine
35 g Zucker
140 g Vollkornmehl
50 g gemahlene Haselnüsse
10 g ganze Haselnusskerne

Zum Wälzen:
4 EL Puderzucker
2 EL feiner Zucker
4 Päckchen Vanillezucker
Mehl für die Arbeitsfläche
Backpapier für das Blech

ZUBEREITUNG

1. Rühre zuerst den Vanillezucker mit Butter und Zucker cremig. Dann gibst du das Mehl und die geriebenen Haselnüsse dazu und verrührst alles. Forme Rollen mit 3 cm Durchmesser. Wickel sie in Klarsichtfolie und lege sie mindestens 1 Std. in den Kühlschrank, bis sie hart sind.

2. Lege zwei Backbleche mit Backpapier aus. Schneide die Teigrollen in etwa 1/2 cm dicke Scheiben, gib etwas Mehl auf die Arbeitsfläche. Rolle nun die Teigscheiben zu Kugeln und drücke für Busserl eine Haselnuss in die Mitte. Für die Kipferl die Kugel zu einem kleinfingerdicken Würstchen rollen. Diese biegst du zu Kipferln – gar nicht so einfach.

3. Heize den Backofen auf 180° vor. Die Kipferl und Busserl müssen im heißen Ofen (Mitte, Umluft 160°) etwa 13 Min. backen.

4. Inzwischen kannst du den Puderzucker in eine Schüssel sieben und mit dem Zucker und Vanillezucker verrühren. Die gebackenen Kipferl legst du noch warm behutsam kopfüber in den Zuckermix, bewegst sie vorsichtig hin und her und lässt sie auf einem Tablett ganz abkühlen.

Im Kindergartenalter verträgt Ihr Kind eigentlich alles – fördern Sie seine Neugier, lassen Sie es mitkochen und probieren Sie immer wieder etwas Neues aus. Regelmäßige Mahlzeiten sind wichtig – am besten gemeinsam am Tisch.

Deshalb gibt's hier Rezepte für alle Hauptmahlzeiten, mal für Mutter und Kind, fürs Sonntagessen zusammen, aber auch mal fürs Kind allein – immer vollwertig, einfach und in der richtigen Menge. Drei- bis Sechsjährige können und wollen mithelfen. Fördern Sie diese Begeisterung und beziehen Sie Ihr Kind in die Essensplanung und Küchenarbeit ein. Gewöhnen Sie es an Vollkorn, milde Süße, die Palette der Gemüse- und Obstsorten – die bunte Vielfalt. Das wird ihm helfen, natürlich gesund zu essen.

Was Ihr Kind jetzt alles kann

Mit drei Jahren ist Ihr Kind gruppenfähig und schon recht selbstständig – es beginnt sich aus der engen Mutterbindung zu lösen. Der ideale Zeitpunkt für den Kindergarten-Start!

→ **Es ist »sauber«.** In diesem Alter kann es seine Ausscheidungen bewusst beherrschen und sich melden, wenn es »muss« – theoretisch jedenfalls. Leider hat die Einführung von Kleinkindpampers öfter eine Verzögerung dieses Entwicklungsschritts zur Folge.

→ **Es spricht** schon einfache Sätze, versteht alles, kann sich und seine Wünsche verständlich machen. Entsprechend wichtig ist die Gemeinschaft mit anderen Kindern und die Entwicklung sozialer Kompetenzen. Aber auch die Eltern sollten zunehmend mit ihrem Kind reden, nicht über seinen Kopf hinweg.

→ **Es läuft,** hüpft und klettert. Seine motorische Geschicklichkeit macht stürmische Fortschritte, wenn sie angeregt wird. Der Gleichgewichtssinn ist schon hervorragend ausgebildet: Kinder lieben es zu balancieren. Geben Sie ihnen dazu jede Möglichkeit, fördern Sie den natürlichen Bewegungstrieb.

→ **Die Feinmotorik** macht ebenfalls Fortschritte. Das wird nicht nur durch Malen angeregt – Basteln und Kochen bieten vielfältige Möglichkeiten für Handarbeit.

→ **Es entdeckt sein Ich** und damit seinen eigenen Willen. Das führt zu den berühmt-berüchtigten Wutanfällen des Trotzalters. Nehmen Sie es gelassen als wichtigen Entwicklungsschritt, aber lassen Sie sich davon nicht erpressen! Ihr Kind braucht Widerstand und Konsequenz.

→ **Es ist neugierig** und möchte am liebsten alles in den Mund stecken und probieren – zunächst jedenfalls. Im Laufe der Kindergartenzeit kann sich das dramatisch ändern, und ein kleiner Feinschmecker kann möglicherweise zu einem Kostverächter werden, der alles Neue ablehnt. Betrachten Sie das als Phase, aber geben Sie einseitigem Essverhalten nicht nach – beachten Sie es nicht, lenken Sie ab und schränken Sie den Speisezettel nicht weiter ein. Das legt sich in der Regel wieder.

Süßes: klein, aber fein!

Alle Kinder lieben Süßes. Das kann aber auch Obst sein. So lange Sie bestimmen, was ins Haus kommt, sollten Sie Süßigkeiten lieber links liegen lassen. Das, was geschenkt wird, reicht ohnehin. Bewahren Sie es auf und vernichten Sie den Überschuss. Denn mehr als einmal täglich nach dem Essen sollte nicht süß genascht werden. Benutzen Sie Süßes nie als Belohnung oder als Mittel, Ihr Kind ruhigzustellen. Dieses Trostpflaster prägt sich ein und begleitet Ihr Kind sein ganzes Leben. Das gilt auch für süße Getränke. Wenn Ihr Kind lernt, dass ein Weingummi oder ein Stückchen Schokolade oder eine Limo etwas Besonderes ist, wenn Sie ihm später die unterschiedlichen Geschmacksqualitäten vermitteln können, dann hat diese Genussfähigkeit keine negativen Folgen. Im Gegenteil!

Früh übt sich, wer ein Küchenhelfer werden will!

→ Mit den Händen **Teig kneten und formen** ist eine wunderbare Anregung. Es stärkt die Handmuskulatur und regt die plastische Kreativität an.

→ **Den Löffel selbstständig führen** kann Ihr Kind schon mit 3 Jahren. Es rührt und mischt mit großer Begeisterung. Achten Sie auf den sicheren Stand der Rührschüssel – am besten ein feuchtes Schwammtuch unterlegen. Ein elektrisches Küchengerät sollte Ihr Kind noch nicht alleine bedienen.

→ Schneiden ist spannend und das Messer übt eine große Anziehungskraft aus. Führen Sie zu Beginn **die Hand Ihres Kindes beim Schneiden.** Wählen Sie anfangs weiche Lebensmittel wie Banane oder Käse. Auf keinen Fall stumpfe Messer nehmen – sie rutschen ab und sind gefährlich. Lieber ein spezielles Kindermesser kennzeichnen und für den kleinen Küchenhelfer reservieren! Und immer auf dem Brettchen arbeiten.

→ Planschen macht Spaß: **Obst, Salat und Gemüse zu waschen** oder Wasser einzuschenken liebt jedes Kind. Sorgen Sie für die richtige Standhöhe, aufgekrempelte Ärmel und haben Sie ein Auge darauf. Mehr als eine Überschwemmung kann nicht passieren!

Zeit fürs Frühstück

So langsam bekommt der Tag Strukturen. Ihr Kind schläft (hoffentlich!) durch und wacht morgens zu zivilen Zeiten auf. Wer in Kita oder Kindergarten muss, hat ein enges Zeitkorsett. Trotzdem sollten Sie das Frühstück bewusst gestalten und Zeit dafür einplanen: Es legt die gesunde Grundlage für den Tag. Wenn Sie am Vorabend schon Kleidung herauslegen, den Tisch decken und Ihre Dinge griffbereit hinlegen, schafft das Luft. Schneiden Sie das Wunschbrot in Reiterchen oder einen Apfel in Spalten. Das Getränk nicht vergessen! Und selber auch richtig essen, sonst machen Sie schnell schlapp. Außerdem wissen Sie ja: Ihr Vorbild zählt. Gut ist es natürlich, wenn Sie sich mit Ihrem Partner abwechseln können. Versuchen Sie nicht, noch schnell die Zeitung zu lesen, sondern genießen Sie diese gemeinsame Mahlzeit bewusst.

Was mache ich, wenn …

Die wichtigste Zutat für ein gelungenes Frühstück ist … Zeit! Denn gerade Ihr Kindergartenkind muss sich nun langsam an einen festen Stundenplan gewöhnen. Lassen Sie ihm also Muße, um wach zu werden. Bereiten Sie schon am Vorabend so viel wie möglich vor.

→ mein Kind noch die Flasche will? Liebe Gewohnheiten sind schwer abzulegen. Aber den Zähnen und der Sprachentwicklung zuliebe sollte die Nuckelflasche jetzt endgültig verschwinden. Vielleicht finden Sie es ja auch bequem, Ihr Kind noch ein paar Minuten ruhig im Bett zu lassen? Geben Sie sich einen Ruck – Ihr Kind sollte nicht ewig an der Flasche hängen. Das kann negative Folgen fürs Ernährungsverhalten haben. Vielleicht bringt ja die Fläschchenfee eine Überraschung mit …

→ mein Kind kaufaul ist? Viele Kinder hängen noch am sanften Mundgefühl der Breichen. Kochen Sie Grütze oder bereiten ein Müsli vor. Für ganz Konservative können Sie kurz den Pürierstab hineinhalten.

→ mein Kind nur Süßes will? Kein Problem – es gibt genug gesunde süße Brotaufstriche – selbst gemacht (Seite 44/45) oder gekauft (siehe Kasten rechte Seite).

→ mein Kind den Belag vom Brot isst? Da hilft es nur, Brotaufstriche, Streichwurst und Frischkäse zu verwenden. Die lassen sich nicht so einfach vom Brot schlecken. Manche Kinder essen auch lieber erst das Brot und dann den Belag. Dagegen ist nichts einzuwenden. Wohl aber gegen Käse-Wurst-Diät!

→ mein Kind das Frühstück verweigert? Keinen Affentanz veranstalten. Sich viel Zeit lassen und selber in Gegenwart des Kindes genüsslich frühstücken. Das macht Appetit!

→ mein Kind nichts trinken will? Vielleicht hilft ein Zwergengläschen oder Puppentässchen? Vielleicht mag es lieber kalt als warm? Oder es darf sich selber aus einem Kännchen einschenken. Auch ein Strohhalm ist okay. Bedenken Sie: Auch Müsli und Obst enthalten Flüssigkeit.

→ ich morgens mal keine Zeit habe? In der Regel sollten Sie sich dafür Zeit nehmen Ausnahmsweise ein Schälchen mit mundgerechtem Obst am Vorabend richten zum Naschen auf dem Weg. Und einen Smoothie aus vorbereiteten Zutaten mixen und in einen zuschraubbaren Trinkbecher füllen.

→ es morgens immer Geschrei gibt? Meist ein Zeichen für zu viel Hektik und zu wenig Schlaf. Bringen Sie Ihr Kind früher ins Bett und stehen früher auf.

Frühstücken im Kindergarten

Ihr Kind sollte in jedem Fall schon zu Hause etwas essen. Das zweite Frühstück kann dann entsprechend kleiner oder üppiger ausfallen. Erkundigen Sie sich nach den Essregeln im Kindergarten: Sinnvoll ist es, wenn ungezuckerter Tee und Wasser angeboten werden und klare Absprachen in Bezug auf Süßgetränke und Süßigkeiten existieren.

Welcher süße Aufstrich ist am besten?

→ **Konfitüre** Der Klassiker aus 50 % Zucker heißt nur noch Marmelade, wenn Zitrusfrüchte drin sind. Bei den kleinen Mengen, die verwendet werden, ist der Zuckergehalt kein Problem. Vorteil: Konfitüre ist bei Zimmertemperatur haltbar – auch ohne Konservierungsstoffe. Die sind in zuckerarmer Konfitüre enthalten: unnötig!

→ **Fruchtaufstrich** enthält weniger Zucker und ist oft mit alternativen Süßungsmitteln gesüßt. Dadurch ist der Fruchtanteil und damit der Gehalt an wertvollen Inhaltsstoffen höher. Nachteil: Er ist nur gekühlt haltbar oder enthält Konservierungsstoffe.

→ **Apfelkraut** ist eingekochtes, karamellisiertes Apfelmark und enthält viele Mineralstoffe. Gibt's auch von Birne oder Rübe.

→ **Nussnugatcreme** Entscheidend ist die Fettqualität. Die Creme sollte keine gehärteten Fett enthalten, dafür viel Nuss. Vor allem dünn aufstreichen und das Streichfett darunter weglassen. Unser selbst gemachter Schokoschmelz ist leichter (Seite 45).

→ **Kaltgerührter Fruchtaufstrich** Enthält alle guten Inhaltsstoffe der Früchte (Rezept Seite 44), ist aber nur ein paar Tage im Kühlschrank haltbar. Frieren Sie mehrere Portionen ein!

→ **Honig** ist für Kindergartenkinder unbedenklich, weil sie nun eventuelle Toxine abbauen können. Kalt geschleudert enthält er viele wertvolle Substanzen, deshalb lohnt es sich, auf gute Qualität zu achten.

Welche Milch und welche Joghurts?

→ **Pasteurisierte Frischmilch** ist im Kühlschrank 5 bis 6 Tage haltbar. Durch die Pasteurisation sinkt der Gehalt der Vitamine B1, B6, B12, Folsäure und Vitamin C nur um 10 Prozent, Mineralstoffe und die übrigen hitzefesten Vitamine bleiben erhalten. ESL steht für Extended Shelf Life. Diese hoch erhitzte Milch schmeckt wie Frischmilch, ist aber 21 Tage haltbar. H-Milch ist keimfrei und lässt sich bei Zimmertemperatur lagern. Allerdings enthält sie 20 Prozent weniger Vitamine und schmeckt anders. Das FKE (Forschungsinstitut für Kinderernährung) empfiehlt einen Fettgehalt von 1,5 Prozent; für schlanke Kinder darf es gerne Vollmilch sein.

→ **Joghurt mit 1,5 bis 3,5 Prozent Fett** ist ideal – mit möglichst wenig süßenden Substanzen. Dazu gehören neben Zucker auch Fruchtsüße oder Glukosesirup. Also am besten Naturprodukte selber mit Obst mischen und süßen – dann wissen Sie, was wirklich drin ist. Füllen Sie die Mischung in Mini-Schraubgläschen und setzen die Frucht obenauf, die drin ist.

→ Empfehlenswert sind Produkte mit **pro- oder prebiotischen Zusätzen:** Sie stärken die Abwehrkräfte und haben eine positive Wirkung auf die Verdauung.

Häschen-Müsli

eisenreich | kräftigt die Nerven
10 Min.
insgesamt ca. 195 kcal
7 g Eiweiß, 6 g Fett, 29 g Kohlenhydrate

ZUTATEN FÜR 1 KINDERPORTION

1 kleine Möhre
2 Haselnusskerne
1 TL Rosinen
2 EL grobe Haferflocken
100 ml Milch (1,5 % Fett)
1 TL Apfeldicksaft

ZUBEREITUNG

1. Die Möhre waschen, mit einem Sparschäler schälen und grob zerkleinern. Dann mit den Nüssen im Blitzhacker zerkleinern und in eine kleine Schüssel geben.

2. Die Rosinen und die Haferflocken unter den Möhren-Nuss-Mix mischen.

3. Zum Schluss die Milch zugeben und das Müsli mit dem Apfeldicksaft süßen.

Info Die Möhre ist reich an Beta-Karotin, der Vorstufe von Vitamin A. Dieses Vitamin ist am Sehvorgang beteiligt und sorgt für gesunde Haut und Haare. Die Haferflocken punkten mit viel Eisen, so werden die Zellen mit ausreichend Sauerstoff versorgt – ein idealer Start in den Tag.

Austausch-Tipp Die Rosinen können Sie durch andere Trockenfrüchte ersetzen. Natürlich schmeckt das Müsli auch mit frischem Obst.

Marzipan-Müsli

mild | ballaststoffreich
15 Min.
insgesamt ca. 295 kcal
8 g Eiweiß, 14 g Fett, 33 g Kohlenhydrate

ZUTATEN FÜR 1 KINDERPORTION

25 g Instant-Couscous
70 ml Aprikosensaft
2 getrocknete Aprikosen
2 EL gemahlene Mandeln
1 EL Sahne

ZUBEREITUNG

1. Den Couscous in den Saft einrühren und ca. 10 Min. quellen lassen.

2. Inzwischen die Aprikosen in kleine Stückchen schneiden und mit den gemahlenen Mandeln zum Couscous geben.

3. Zum Schluss die Sahne einrühren.

Servier-Tipp Das Müsli schmeckt auch warm! Dafür den Couscous mit dem Saft und den Aprikosenstückchen für 2 bis 3 Min. in der Mikrowelle erwärmen.

Variante Statt getrockneter Aprikosen können auch frische Aprikosen- oder Mangostückchen in das Müsli geschnitten werden.

Pluspunkt Sahne ist bei einer leichten Milchunverträglichkeit besser bekömmlich als Milch.

Schoko-Bananen-Müsli

für Schokofans
15 Min.
insgesamt ca. 335 kcal
9 g Eiweiß, 14 g Fett, 46 g Kohlenhydrate

ZUTATEN FÜR 1 KINDERPORTION

1 kleine reife Banane
1 TL entöltes Kakaopulver
100 ml Milch (1,5 % Fett)
3 EL Reisflocken
1 EL Kokosflocken

ZUBEREITUNG

1. Die Banane mit der Gabel zerdrücken. In einer Schüssel mit dem Kakaopulver, der Milch, den Reisflocken und den Kokosflocken vermengen.

2. Vor dem Servieren das Müsli 8–10 Min. quellen lassen.

Praxis-Tipp Wer möchte, kann die Banane mit dem Kakao und der Milch auch im Blitzhacker zerkleinern.

Variante Wenn Ihr Kind keine Kokosflocken mag, können Sie stattdessen einfach 1 EL gemahlene oder klein gehackte Nüsse verwenden. Oder die Milch durch Kokosmilch ersetzen – dann bleibt der Kokosgeschmack erhalten.

Müsli mit roter Milch

blitzschnell | für starke Nerven
15 Min.
insgesamt ca. 265 kcal
9 g Eiweiß, 4 g Fett, 47 g Kohlenhydrate

ZUTATEN FÜR 1 KINDERPORTION

150 g Himbeeren
6 EL Milch
2 TL Agavendicksaft
1 TL Weizenkeime
3 EL Dinkelflocken

ZUBEREITUNG

1. Die Himbeeren waschen und gut abtropfen lassen. Dann die Himbeeren mit der Milch und dem Agavendicksaft in einen Blitzhacker geben und alles mixen.

2. Die Himbeermilch in einen kleinen Krug füllen. Das Getreide in einer Müsli-Schüssel mischen.

Kinder machen mit Himbeermilch selbst in das Müsli gießen macht Spaß!

Variante Die rote Milch lässt sich mit jeder beliebigen Sorte Beeren, auch tiefgefrorenen Beeren, mixen.

Pluspunkt Weizenkeime enthalten viel Vitamin E.

Praxis-Tipp Bei Verdauungsschwierigkeiten können Sie die Weizenkeime durch Leinsamen ersetzen.

Häschen-Müsli (oben links), Marzipan-Müsli (oben rechts), Schoko-Bananen-Müsli (unten links), Müsli mit roter Milch (unten rechts)

Cranberry-Creme

macht Appetit auf mehr
15 Min.
bei 20 EL pro EL ca. 30 kcal
2 g Eiweiß, 2 g Fett, 1 g Kohlenhydrate

ZUTATEN FÜR CA. 300 G

- 80 g getrocknete Cranberrys
- 1 Aufgussbeutel Roibuschtee
- 200 g ungesalzener Ziegenfrischkäse
- 1 EL Honig

ZUBEREITUNG

1. Cranberrys mit 100 ml kochendem Wasser übergießen. Teebeutel dazugeben, 6–8 Min. ziehen und anschließend abkühlen lassen.

2. Die eingeweichten Beeren zusammen mit dem Ziegenfrischkäse und Honig cremig pürieren.

Info Der Aufstrich ist im Kühlschrank ca. 5 Tage haltbar.

Austausch-Tipp Statt Roibuschtee kann auch ein anderer süßlicher Tee verwendet werden.

Pluspunkt Cranberrys wirken appetitanregend. Dieser Aufstrich ist also ideal für kleine Frühstücksmuffel. In der Verwandten der Preiselbeere steckt aber noch viel mehr: Die kleinen roten Beeren wirken antibakteriell und lindern Harnwegsentzündungen. Außerdem besitzen sie ein hohes antioxidatives Potenzial – das bewahrt die Zellen vor Schäden.

Mangokonfitüre

blitzschnell | kaltgerührt
15 Min.
bei 20 EL pro EL ca. 24 kcal
0 g Eiweiß, < 1 g Fett, 6 g Kohlenhydrate

ZUTATEN FÜR CA. 300 G

- 1 Bio-Limette oder Bio-Zitrone
- 1 reife Mango (ca. 200 g)
- 1/2 TL Ingwerpulver
- 100 g Gelierzauber (Gelierzucker zum Kaltrühren)

ZUBEREITUNG

1. Limette heiß abwaschen und mit einer feinen Reibe etwas Schale (ca. 1 TL) abreiben.

2. Mango schälen, Fruchtfleisch mit einem Messer vom Kern lösen und grob zerkleinern.

3. Limettenschale, Mango und Ingwerpulver zusammen mit dem Gelierzauber in ca. 45 Sek. im Blitzhacker oder mit dem Pürierstab zerkleinern.

4. Die Konfitüre in ein sauberes Schraubglas füllen und im Kühlschrank aufbewahren.

Info Der Aufstrich ist im Kühlschrank ca. 10 Tage haltbar.

Fruchtigere Variante Im Nachhinein 1–2 EL Mangostückchen unter die Konfitüre rühren.

Austausch-Tipp Statt Mango 200 g frische Beeren verwenden. Das Ingwerpulver durch das Mark einer Vanilleschote ersetzen.

Schokoschmelz

Kinderliebling | schokoladig
25 Min.
bei 27 EL pro EL ca. 45 kcal
1 g Eiweiß, 3 g Fett, 4 g Kohlenhydrate

ZUTATEN FÜR CA. 400 G

- 100 g Zartbitterschokolade oder Kuvertürechips
- 250 ml Milch
- 30 g Vollkorngrieß
- 2 EL Rosinen
- 50 g gemahlene Haselnüsse

ZUBEREITUNG

1. Die Schokolade hacken. Einen Topf kalt ausspülen und die Milch mit der gehackten Schokolade langsam bei schwacher Hitze erwärmen, bis die Schokolade geschmolzen ist. Dann die Schokomilch unter Rühren zum Kochen bringen.

2. Den Grieß und die Rosinen mit einem Schneebesen einrühren, alles kurz aufkochen lassen, Topf vom Herd ziehen und den Grieß ca. 10 Min. ausquellen lassen. Ab und zu umrühren. Geriebene Haselnüsse unterrühren.

3. Schoko-Haselnuss-Grieß in ein hohes Gefäß füllen und mit einem Pürierstab pürieren. Auskühlen lassen und in ein sauberes Schraubglas füllen.

Info Der Aufstrich ist im Kühlschrank ca. 7 Tage haltbar.

Aprikosenmus

raffiniert | traditionell
40 Min.
bei 18 EL pro EL ca. 25 kcal
0 g Eiweiß, < 1 g Fett, 6 g Kohlenhydrate

ZUTATEN FÜR CA. 280 G

- 1 Bio-Orange
- 1 Stück Vanilleschote
- 300 g frische Aprikosen
- 2–3 TL Honig zum Nachsüßen
- 2 EL Berberitzen oder 4 klein gehackte Datteln (25 g)

ZUBEREITUNG

1. Orange heiß abwaschen, ca. 1 TL Schale von der Oberfläche abreiben und Saft auspressen. Vanilleschote längs mit einem spitzen Messer aufschneiden und mit einem kleinen Löffel das Mark herauskratzen.

2. Aprikosen waschen, halbieren und entkernen. Früchte mit Orangenschale und -saft, Vanillemark und -schote und ca. 50 ml Wasser in einem Topf zugedeckt kurz aufkochen lassen. Bei schwacher Hitze 5 Min. dünsten. Deckel abnehmen und das Mus 20–25 Min. einkochen lassen, bis fast alle Flüssigkeit verdampft ist. Ab und zu umrühren.

3. Zum Schluss die Vanilleschote entfernen und Mus mit Honig süßen. Mus mit einem Pürierstab fein pürieren, Berberitzen oder gehackte Datteln einrühren und noch mal aufkochen lassen. Abkühlen lassen und in ein sauberes Schraubglas füllen.

Info Der Aufstrich ist im Kühlschrank ca. 14 Tage haltbar.

Thunfisch-Zitronen-Streich

für Fischfans
15 Min.
bei 14 EL pro EL ca. 25 kcal
2 g Eiweiß, 2 g Fett, 0 g Kohlenhydrate

ZUTATEN FÜR CA. 200 G

- 1/2 Bio-Zitrone
- 1 Handvoll Zitronenmelisse
- 1 Dose Thunfisch im eigenen Saft (Abtropfgewicht 140 g)
- 2 EL Mascarpone
- 1 EL fein gemahlene Mandeln
- Pfeffer

ZUBEREITUNG

1. Zitrone heiß abwaschen. Schale dünn abreiben und Saft auspressen. Zitronenmelisse waschen und trocken tupfen, Blättchen abzupfen. Thunfisch abgießen.

2. 1 EL Zitronensaft, abgeriebene Schale und Zitronenmelisse mit Thunfisch und Mascarpone cremig pürieren. Mandeln unterziehen und alles mit Pfeffer abschmecken.

Info Der Aufstrich ist im Kühlschrank ca. 5 Tage haltbar.

Pluspunkt Thunfisch ist reich an ungesättigten Fettsäuren – sie schützen Herz und Kreislauf.

Variante Ein hart gekochtes Ei in kleine Würfel schneiden und unter die Thunfischcreme heben.

Grüner Traum

reich an gesunden Fettsäuren
15 Min.
bei 15 EL pro EL ca. 45 kcal
2 g Eiweiß, 4 g Fett, 1 g Kohlenhydrate

ZUTATEN FÜR CA. 300 G

- 50 g Kürbiskerne
- 8–10 Basilikumblätter
- 1 reife Avocado (ca. 200 g)
- 1/2 Zitrone
- 100 g Schichtkäse (10 % Fett)
- Salz, Pfeffer

ZUBEREITUNG

1. Kürbiskerne grob hacken und in einer beschichteten Pfanne ohne Fett rösten.

2. Die Basilikumblätter waschen und trocken tupfen. Die Avocado halbieren, den Kern entfernen und das Fruchtfleisch mit einem Löffel herausschaben. Zitronenhälfte auspressen und die Avocado sofort mit dem Saft beträufeln, damit sie nicht braun wird.

3. Alles zusammen mit dem Schichtkäse in ein hohes Gefäß geben und mit dem Pürierstab zu einer streichfähigen Masse pürieren. Mit Salz und Pfeffer abschmecken.

Info Der Aufstrich ist im Kühlschrank ca. 4 Tage haltbar.

Praxis-Tipp Die Avocado enthält reichlich Fett, doch dabei handelt es sich um gesunde Fettsäuren. Dennoch Avocado nur in kleinen Mengen genießen.

Pizzacreme

braucht etwas Zeit
35 Min.
bei 35 EL pro EL ca. 10 kcal
0 g Eiweiß, < 1 g Fett, 2 g Kohlenhydrate

ZUTATEN FÜR CA. 500 G

1 Zwiebel
500 g reife Tomaten
1 EL Olivenöl
3 EL Tomatenmark
2 TL Pizzagewürz
80 g Grünkernschrot
Salz, Pfeffer

ZUBEREITUNG

1. Zwiebel schälen und klein würfeln. Tomaten waschen, vierteln, dabei den Stielansatz entfernen. Tomatenviertel klein würfeln.

2. Öl in einer Pfanne erhitzen. Zwiebelwürfel darin glasig dünsten. Tomatenmark kurz mitbraten, dann Tomatenwürfel und Pizzagewürz dazugeben. Kurz aufkochen lassen und zugedeckt bei schwacher Hitze ca. 10 Min. köcheln lassen. Ab und zu umrühren.

3. Grünkernschrot in den Tomatensugo einrühren und noch mal 15 Min. offen einkochen lassen, bis der Sugo streichfähig ist. Ab und zu umrühren. Zum Schluss mit Salz und Pfeffer abschmecken.

Info Der Aufstrich ist im Kühlschrank ca. 7 Tage haltbar.

Austausch-Tipp Sie können auch die gleiche Menge Tomatenstückchen aus der Dose verwenden.

Falsche Waldwurst

ballaststoffreich
20 Min.
bei 18 EL pro EL ca. 10 kcal
1 g Eiweiß, 1 g Fett, 0 g Kohlenhydrate

ZUTATEN FÜR CA. 270 G

200 g Champignons
2 getrocknete Steinpilze (5 g)
1 Zwiebel
1 Knoblauchzehe
1 EL Rapsöl
Salz
100 g Tofu
Pfeffer
1/2 TL getrocknete Kräuter der Provence

ZUBEREITUNG

1. Champignons mit Küchenpapier säubern. Stielenden nachschneiden und Pilze vierteln. Getrocknete Steinpilze klein hacken. Zwiebel und Knoblauch schälen und in Würfel schneiden.

2. Öl in einer Pfanne erhitzen, Zwiebel und Knoblauch darin glasig dünsten. Champignons und Steinpilzstückchen dazugeben, salzen und unter Rühren 5 Min. braten, bis die Pilze dunkelbraun und geschrumpft sind. Kurz abkühlen lassen.

3. Den Tofu grob zerkleinern. Die Pilze mit dem Tofu in ein hohes Gefäß füllen und mit einem Pürierstab zu einer feinen Creme pürieren. Mit Salz, Pfeffer und den Kräutern abschmecken.

Info Der Aufstrich ist im Kühlschrank ca. 5 Tage haltbar.

Kalter Zitronentee

Durstlöscher | erfrischend

15 Min. + Abkühlen

insgesamt ca. 15 kcal

0 g Eiweiß, 0 g Fett, 4 g Kohlenhydrate

ZUTATEN FÜR 1 KINDERPORTION (250 ML)

3–4 Blätter frische Zitronenmelisse
1 TL getrocknetes Zitronengras
1/2 TL Honig

ZUBEREITUNG

1. 250 ml Wasser zum Kochen bringen. Zitronenmelisse gründlich waschen und zusammen mit dem Zitronengras in ein Glas geben. Mit dem kochenden Wasser übergießen und ca. 10 Min. ziehen lassen.

2. Zitronengras und Melisse abseihen. Tee abkühlen lassen und mit Honig gesüßt servieren. Schmeckt auch warm.

Pluspunkt Zitronengras enthält viele gesundheitsfördernde ätherische Öle.

Variante Anstelle von getrocknetem Zitronengras können Sie auch einen frischen Stängel Zitronengras in kleine Streifen schneiden, mit kochendem Wasser übergießen und 5 Min. ziehen lassen.

Tipp Für eine größere Menge können Sie die zwei- oder dreifache Menge Zitronengras, Melisse und Honig in einem großen Krug zubereiten.

Info Zitronengras bekommen Sie frisch und getrocknet in Asia-Läden und Tee-Geschäften.

Orangenpunsch

stärkt die Abwehrkräfte | wärmend

10 Min.

insgesamt ca. 75 kcal

1 g Eiweiß, 0 g Fett, 17 g Kohlenhydrate

ZUTATEN FÜR 1 KINDERPORTION (250 ML)

1 Bio-Orange
1 Stück frischer Ingwer (ca. 1 cm)
1 TL Honig

ZUBEREITUNG

1. 100 ml Wasser zum Kochen bringen. Die Orange heiß abwaschen. Die Schale mit einem Sparschäler spiralig abschälen und die Orange anschließend auspressen.

2. Orangenschale ins Glas hängen und mit dem heißen Wasser übergießen. Ingwer schälen und mit einer Knoblauchpresse zur heißen Orange drücken, Honig einrühren. Vor dem Trinken 2–3 Min. ziehen lassen. Dann das Glas mit dem Orangensaft auffüllen.

Pluspunkt Orangen enthalten jede Menge Vitamin C, das stärkt die Abwehrkräfte – ideal in der kalten Jahreszeit. Die Orangenschale ist reich an Bioaktivstoffen, die die Zellen schützen. Die ätherischen Öle des Ingwers kurbeln den Stoffwechsel an – das sorgt für wohlige Wärme von innen.

Kalte Mieze

fruchtig | frisch

15 Min. + Abkühlen

insgesamt ca. 55 kcal

1 g Eiweiß, < 1 g Fett, 13 g Kohlenhydrate

ZUTATEN FÜR 1 KINDERPORTION (250 ML)

4–5 Blätter marokkanische Minze
125 ml süßer Saft z. B. Orangen-, Mango-, Multivitamin- oder Maracujasaft

ZUBEREITUNG

1. 125 ml Wasser zum Kochen bringen. Minze gründlich waschen, trocken tupfen und in ein Glas geben. Minze mit kochendem Wasser übergießen und 10 Min. ziehen lassen.

2. Die Minzeblätter entfernen und den Tee abkühlen lassen. Zum Schluss mit dem kalten Fruchtsaft aufgießen.

Variante Sie können auch frisch gepressten Orangensaft zum Auffüllen nehmen.

Pluspunkt Minze enthält viele ätherische Öle, vor allem Menthol, außerdem Gerbstoffe, die beruhigend auf das Verdauungssystem wirken.

Praxis-Tipp Bereiten Sie gleich mehr Tee zu und füllen Sie ihn in eine Thermoskanne. So bleibt er lange kühl und eignet sich für unterwegs.

Hot Chocolate

für Schokofans | wärmend

10 Min.

insgesamt ca. 255 kcal

12 g Eiweiß, 14 g Fett, 21 g Kohlenhydrate

ZUTATEN FÜR 1 KINDERPORTION (250 ML)

250 ml Milch
1 grüne Kardamomkapsel
1–2 TL entöltes Kakaopulver
1 EL Ahornsirup

ZUBEREITUNG

1. Einen kleinen Topf mit kaltem Wasser ausspülen, die Milch hineingeben und zum Kochen bringen. Kardamomkapsel mit einem Messerrücken zusammendrücken und mitkochen. Das Kakaopulver einrühren und den Kardamom entfernen.

2. Zum Schluss die Milch mit einem Pürierstab aufschäumen und in ein Glas geben. Mit dem Sirup süßen und mit etwas Kakaopulver bestreuen.

Info Kardamom beruhigt den Magen und regt die Verdauung an. Er gibt Getränken eine erfrischende Note. Kardamom wird immer nur mitgekocht.

Praxis-Tipp Durch das Pürieren wird die Milch gut aufgeschäumt – extra Milchschaum zubereiten entfällt.

Variante Für einen Hot Vanille-Mix den Kakao weglassen und das Mark einer Vanilleschote in die Milch geben. Statt mit Sirup mit Honig süßen.

von hinten nach vorne Kalter Zitronentee, Kalte Mieze, Orangenpunsch, Hot Chocolate

Wochenbrot

braucht Zeit
2 1/2 Std. + 24 Std. Gehen
Bei 35 Scheiben pro Scheibe ca. 135 kcal
5 g Eiweiß, 2 g Fett, 25 g Kohlenhydrate

ZUTATEN FÜR EIN GROSSES BROT (CA. 1,7 KG)

1 kg Vollkornmehl (Dinkel oder Weizen)
1 Rezept Sauerteigansatz (siehe Kasten rechte Seite)
250 ml zimmerwarmer Apfelsaft
1 Würfel Hefe (42 g), ersatzweise 1 Päckchen Trockenhefe
25 g Sesamsamen
2 EL Haferflocken
2–3 TL Salz
Öl für Schüssel und Blech

ZUBEREITUNG

1. 250 g Mehl mit dem Sauerteigansatz und dem angewärmten Saft (oder Wasser) verrühren. Mit einem Tuch bedecken und 24 Std. an einem warmen Ort gehen lassen.

2. Die Hefe mit 200 ml lauwarmem Wasser in einer großen Schüssel auflösen. Sesam in einer beschichteten Pfanne rösten, bis er duftet. Mit Haferflocken und Salz zur Hefe geben. Dann zuerst den Vorteig und nach und nach das übrige Mehl unterkneten. Den Teig mindestens 10 Min. gut durchkneten, bis er nicht mehr klebt und sich elastisch anfühlt.

3. Teig in eine dünn mit Öl ausgestrichene Schüssel legen, mit Mehl bestäuben. Gehen lassen, bis er sein Volumen verdoppelt hat.

4. Teig nochmals durchkneten. Dann einen länglichen Brotlaib formen, auf ein eingeöltes Blech legen und mehrmals schräg und tief einschneiden. Mit einem Tuch bedeckt nochmals etwa 1 Std. gehen lassen.

5. Backofen auf 200° (Umluft 180°) vorheizen. Die Brotoberfläche dünn mit Wasser einpinseln. Ein kleines feuerfestes Schälchen mit Wasser füllen und zusammen mit dem Brot auf dem Blech einschieben. Nach 15 Min. die Temperatur auf 180° (Umluft 160°) reduzieren, nach weiteren 20 Min. auf 170° (Umluft 150°). Nach insgesamt 50–60 Min. ist das Brot fertig gebacken. Herausnehmen und auf einem Rost auskühlen lassen.

Variante Wenn es Ihnen zu mühsam ist, selbst einen Sauerteigansatz herzustellen, können Sie auch die entsprechende Menge gekauften Sauerteigextrakt (z. B. aus dem Reformhaus oder der Drogerie) verwenden.

Müslibrot

gehaltvoll | süß
20 Min. + 2 1/2 Std. Gehen + 1 Std. Backen
pro Scheibe ca. 60 kcal
2 g Eiweiß, 2 g Fett, 10 g Kohlenhydrate

ZUTATEN FÜR 1 GROSSE KASTENFORM (30 SCHEIBEN)

- 300 g Müslimischung mit Trockenfrüchten und Nüssen
- 500 ml zimmerwarme Buttermilch
- 1 Päckchen Trockenhefe
- 1 Apfel
- 50 g Honig
- 50 g Butter
- 500 g Weizenmehl (Type 1700)
- 1 TL Salz
- 1 TL Zimtpulver
- Fett für die Form
- 100 g Haferflocken zum Ausstreuen

ZUBEREITUNG

1. Müsli mit zimmerwarmer Buttermilch übergießen, die Hefe untermischen und das Ganze an einem warmen Ort 1 Std. gehen lassen.

2. Den Apfel waschen, vierteln, das Kerngehäuse herausschneiden. Apfelviertel grob reiben. Den Honig erwärmen und die Butter darin zerlassen. Die Mischung mit dem geraspelten Apfel, Müsli, Mehl, 100 ml Wasser und Gewürzen zu einem geschmeidigen Teig verarbeiten – am besten mit der Küchenmaschine. Nochmals 1 Std. gehen lassen.

3. Eine große Kastenform einfetten, mit Haferflocken ausstreuen. Teig hineinfüllen, mit Flocken bestreuen und wieder 30 Min. gehen lassen. Backofen auf 200° vorheizen.

4. Das Brot im vorgeheizten Backofen (Mitte, Umluft 180°) 50 Min. backen. Nach etwa 20 Min. mit Backpapier bedecken, damit die Kruste nicht zu braun wird. Brot herausholen, kurz ruhen lassen, stürzen und ausdampfen lassen.

Brötchen aus der Form

ideal für Kinderfeste
1 1/2 Std. + 20 Min. Backen
pro Stück ca. 150 kcal
5 g Eiweiß, 4 g Fett, 23 g Kohlenhydrate

ZUTATEN FÜR CA. 16 BRÖTCHEN

- 1/2 Würfel Hefe (ca. 20 g)
- 1 EL Honig
- etwa 350 ml Milch
- 50 g Butter
- 500 g Weizenmehl (Typ 1700)
- 2 TL Salz
- Fett für die Form
- Sesamsamen, Sonnenblumenkerne, Reibekäse, Mohn, Getreideflocken und Nüsse zum Bestreuen

ZUBEREITUNG

1. Hefe und Honig in 4 EL lauwarmen Wasser auflösen, 15 Min. an einem warmen Ort gehen lassen.

2. Milch erwärmen, Butter darin zerlassen und mit dem Hefeansatz, Mehl und Salz zu einem geschmeidigen Teig verkneten. Etwa 30 Min. gehen lassen.

3. Ca. 16 Brötchen formen und in eine große gefettete Springform setzen. Nach Geschmack mit unterschiedlichen Samen und Nüssen (siehe links) bestreuen. Nochmals 30 Min. gehen lassen.

4. Backofen auf 220° (Umluft 200°) vorheizen. Brötchen im heißen Ofen (Mitte) etwa 20 Min. backen.

Kinder machen mit Dieser Teig lässt sich gut kneten und formen. Lassen Sie Ihr Kind beim Brötchenformen mithelfen und sie nach Wahl bestreuen.

Sauerteigansatz

Zutaten für 1,5 kg Teig
1 kleine Kartoffel, 250 g Mehl (Weizen, Dinkel oder Roggen), 1–2 EL Honig

Die Kartoffel kochen, pellen und fein zerstampfen oder durch eine Presse drücken.

Aus Mehl, Honig, Kartoffelmus und 400 ml lauwarmem Wasser einen dickflüssigen Teig rühren. Mit Frischhaltefolie abdecken und an einen gleichmäßig warmen Ort stellen. Wenn die Mischung nach 2–3 Tagen säuerlich riecht und kleine Bläschen wirft, ist sie durchgegoren.

Brotback-Tipps

→ Das Sauerteigbrot wird fest und kompakt. Um ein luftigeres Brot zu backen, können Sie die Wassermenge in Schritt 2 etwas erhöhen. Der Teig wird so weicher. Das Brot sollte dann aber in einer Form gebacken werden, da der Teig sonst auf dem Blech auseinanderläuft.

→ Stellen Sie beim Backen eine feuerfeste Form mit Wasser in den Ofen. So geht das Brot besser auf und trocknet nicht aus.

→ Schneiden Sie den Brotlaib vor dem Backen ein, sonst reißt die Kruste.

→ Falls die Kruste während des Backens zu dunkel wird, decken Sie das Brot mit Alufolie oder Backpapier ab.

Dazu passen süße Aufstriche von Seite 44/45 und pikante Aufstriche von Seite 46/47.
Das Sauerteigbrot ist auch super für: das Würzige Gemüsebrot auf Seite 52/53.

Süßes Brötchen

beruhigt den Darm
15 Min.
insgesamt ca. 285 kcal
4 g Eiweiß, 12 g Fett, 42 g Kohlenhydrate

ZUTATEN FÜR 1 KINDERPORTION

- 1 kleiner Apfel
- 6 Walnusskerne
- 2 EL saure Sahne
- 1 TL Honig
- 1 Vollkornbrötchen

ZUBEREITUNG

1. Apfel waschen, vierteln und ohne Kerngehäuse auf der Küchenreibe fein reiben. Walnüsse klein hacken und in einer Pfanne ohne Fett rösten, bis sie duften.

2. Geraspelten Apfel mit den Walnüssen, saurer Sahne und Honig vermengen.

3. Brötchen längs halbieren. Eine Hälfte mit der Creme bestreichen und mit der anderen Brötchenhälfte bedecken. In einer Pausenbrotbox verpacken.

Variante Die Creme schmeckt auch mit Raspelbirne und anderen Nüssen.

Info Äpfel stecken voller wertvoller Bioaktivstoffe. Viele davon liegen direkt unter der Schale. Darum am besten Bio-Äpfel kaufen und die Schale möglichst mitessen.

Laugen-Dog

Kinderliebling | mit Wurst
20 Min.
pro Portion ca. 205 kcal
7 g Eiweiß, 13 g Fett, 14 g Kohlenhydrate

ZUTATEN FÜR 2 KINDERPORTIONEN

- 1 Laugenstange
- 1 Salatblatt
- 50 g Fleischwurst
- 50 g Kräuterfrischkäse
- Salz

ZUBEREITUNG

1. Am Vorabend beide Enden der Laugenstange abschneiden und das Innere mit einer Gabel herausholen. Diese Krume in kleine Stückchen schneiden.

2. Salatblatt waschen, trocken tupfen und in feine Streifen schneiden. Fleischwurst in kleine Würfel schneiden.

3. Salz, Salatstreifen, Wurst und Brotkrume mit dem Kräuterfrischkäse verrühren. Die ausgehöhlte Laugenstange damit füllen. In Alufolie einwickeln und über Nacht in den Kühlschrank legen.

4. Am nächsten Morgen die Hälfte der Stange in Röllchen schneiden und in der Pausenbrotbox verpacken. Die andere Hälfte kann am nächsten Tag mitgegeben werden oder als Nachmittags-Snack gegessen werden.

Würziges Gemüsebrot

anregend | vegetarisch
15 Min.
insgesamt ca. 205 kcal
4 g Eiweiß, 11 g Fett, 23 g Kohlenhydrate

ZUTATEN FÜR 1 KINDERPORTION

- 50 g Aubergine
- 1 EL Rapsöl
- 1 EL frische Kräuter
- Salz
- 1 Scheibe Mischbrot (z. B. Sauerteigbrot von Seite 50/51)

ZUBEREITUNG

1. Aubergine in fingerdicke Scheiben schneiden. Öl in einer Pfanne erhitzen und Auberginenscheiben auf beiden Seiten kurz anbraten. Abkühlen lassen.

2. Kräuter waschen, gut trocken tupfen und zusammen mit den Auberginenscheiben klein hacken und salzen.

3. Brotscheibe halbieren. Eine Hälfte mit den gewürzten Auberginenstücken belegen und mit der anderen Hälfte bedecken. In eine Pausenbox verpacken.

Variante Statt die Aubergine mit den Kräutern zu verhacken, können Sie eine Brothälfte auch mit gekaufter Kräuterbutter oder grünem Pesto bestreichen und die Auberginenscheiben im Ganzen darauflegen.

Austausch-Tipp Die Aubergine kann auch durch eine halbe kleine Avocado ersetzt werden. Das Fruchtfleisch der Avocado wird nicht angebraten, sondern roh zerdrückt.

Bunte Snack-Box

abwechslungsreich | zum Mitnehmen
15 Min.
insgesamt ca. 305 kcal
11 g Eiweiß, 5 g Fett, 55 g Kohlenhydrate

ZUTATEN FÜR 1–2 KINDERPORTIONEN

- 1/4 Gurke
- 1 kleine Scheibe Vollkornbrot
- 2 TL Frischkäse
- 1 Handvoll Kirschtomaten
- 2 Käsewürfel
- 5–6 dunkle Weintrauben
- 1 Mandarine
- Zahnstocher

ZUBEREITUNG

1. Die Gurke waschen und in Scheiben schneiden. Das Brot mit dem Frischkäse bestreichen und zusammenklappen, in 2 x 2 cm große Würfel schneiden. Die Brotwürfel abwechselnd mit einer Gurkenscheibe auf Zahnstocher aufspießen. Dabei mit einer Brotscheibe beginnen und enden.

2. Kirschtomaten waschen. Die Käsewürfel mit je einer Kirschtomate aufspießen. Die übrigen Tomaten dazu knabbern.

3. Weintrauben waschen. Mandarine schälen und die Schnitze auslösen. Trauben und Mandarinenschnitze abwechselnd auf Zahnstocher spießen. Alle Spieße in einer Brotdose aufbewahren.

Info In der Box sind die Snacks gut aufgehoben. So kann Ihr Kind sie essen, wann ihm danach ist. Hat es beim Frühstück nur wenig Hunger, isst es den Rest später.

Austausch-Tipp Statt Tomaten können Sie auch Erdbeeren nehmen. Das Obst können Sie je nach Saison und Belieben austauschen.

Salzige Popcorn-Bälle

gesunder Knabberspaß
20 Min. + 15 Min. Backen
pro Stück ca. 45 kcal
2 g Eiweiß, 3 g Fett, 2 g Kohlenhydrate

ZUTATEN FÜR 20 STÜCK

1 EL Maiskeimöl
50 g Maiskörner
100 g frisch geschälte Erdnusskerne
2 Eiweiße
1 TL Zitronensaft
Kräutersalz

ZUBEREITUNG

1. Das Öl in einer schweren Pfanne erhitzen. Die Maiskörner hineingeben und die Pfanne mit einem Deckel abdecken. Während die Körner platzen, die Pfanne rütteln. Wenn die »Knallerei« aufhört, das Popcorn in eine Schüssel füllen und abkühlen lassen.

2. Die Erdnüsse in einer Pfanne ohne Fett kurz rösten und in einem Blitzhacker fein zermahlen. Eiweiße mit Zitronensaft mit einem Handrührgerät steif schlagen. Anschließend die Nüsse und 1/4 TL Kräutersalz unterziehen. Alles mit dem Popcorn mischen.

3. Den Backofen auf 150° vorheizen und mit einem Löffel etwa 20 kleine Häufchen auf ein mit Backpapier ausgelegtes Blech geben. Bällchen im Ofen (Mitte, Umluft 140°) etwa 15 Min. mehr trocknen als backen.

Vollkornschneckchen

für zwischendurch | zum Mitnehmen
30 Min. + 45 Min. Gehen
pro Stück ca. 275 kcal
7 g Eiweiß, 11 g Fett, 38 g Kohlenhydrate

ZUTATEN FÜR 8 SCHNECKEN

1/2 Würfel Hefe (ca. 20 g) oder 1 Päckchen Trockenhefe
1 Msp. Zucker
1 Ei
50 ml warme Milch
2 EL Öl
4 EL Birnendicksaft
1 Prise Salz
200 g Vollkornmehl
125 g Rosinen
50 ml Orangenblütenwasser
100 g gemahlene Mandeln
3–4 EL Aprikosenkonfitüre zum Bestreichen

ZUBEREITUNG

1. Hefe mit Zucker in 4 EL lauwarmem Wasser auflösen und 15 Min. gehen lassen. Ei mit Milch, Öl und 1 EL Birnendicksaft vermischen. Hefeansatz, Salz und Mehl dazugeben, zu einem elastischen Teig kneten. Ist er zu feucht, etwas Mehl dazugeben. Zugedeckt gehen lassen, bis sich das Volumen verdoppelt hat.

2. Ofen auf 200° vorheizen und ein Backblech mit Backpapier auslegen. Rosinen heiß abwaschen und im Orangenblütenwasser einweichen, während der Teig geht. Dann die Mandeln und den restlichen Dicksaft zu den Rosinen geben und vermengen.

3. Fertigen Teig auf ca. 50 x 15 cm ausrollen. Mandelmasse darauf verstreichen und das Ganze der Breite nach aufrollen. Rolle in acht Schnecken schneiden. Jede Schnecke nochmals zusammendrücken, auf das Backblech legen und nochmals 15 Min. gehen lassen.

4. Im Ofen (Mitte, Umluft 180°) in 15 Min. goldbraun backen. Konfitüre mit 1 EL heißem Wasser anrühren und durch ein Sieb streichen. Schnecken noch warm damit bepinseln.

Apfelschnitten

für zwischendurch | zeitaufwendig
20 Min. + 1 Std. Backen + 2–3 Tage Trocknen
pro Stück ca. 75 kcal
1 g Eiweiß, 5 g Fett, 7 g Kohlenhydrate

ZUTATEN FÜR 16 SCHNITTEN

1 kg Kochäpfel
100 g Pecannusskerne
2 g Bindobin (Reformhaus)
1 EL Apfelkraut
4 rechteckige Oblaten

ZUBEREITUNG

1. Backofen auf 160° vorheizen. Äpfel schälen, vierteln, dabei das Kerngehäuse entfernen. Apfelviertel klein würfeln und mit 2–3 EL Wasser in eine große, flache Auflaufform geben und im Ofen (Mitte; Umluft 150°) ca. 1 Std. backen.

2. Inzwischen Pecannüsse in einer Pfanne ohne Fett rösten, bis sie duften. Anschließend mit einem großen Messer oder dem Blitzhacker hacken.

3. Fertiges Apfelmark mit den Nüssen, Bindobin und dem Apfelkraut verrühren.

4. Das Mark fingerdick auf 2 Oblaten streichen, jede Oblate mit einer zweiten abdecken. Abgekühlt auf einem Holzbrett 2–3 Tage im Kühlschrank nachtrocknen lassen. Zum Essen in vier Stücke schneiden.

Bananen-Muffins

für unterwegs | macht satt
20 Min. + 25 Min. Backen
pro Stück ca. 275 kcal
6 g Eiweiß, 19 g Fett, 22 g Kohlenhydrate

ZUTATEN FÜR 12 MUFFINS

1 Bio-Zitrone
2 Bananen
100 g weiche Butter oder Margarine
1/4 TL Ingwerpulver
3 Eier
50 g Vollrohrzucker
150 g gemahlene Haselnüsse
150 g Weizenmehl (Type 1050)
1 TL Backpulver
Fett für die Form
3–4 EL Aprikosenkonfitüre zum Bestreichen
30 g gehackte Nüsse zum Bestreuen

ZUBEREITUNG

1. Ofen auf 200° vorheizen. Zitrone heiß abwaschen. Schale oberflächlich abreiben. Bananen schälen, grob zerteilen und mit Butter, Ingwer und Zitronenschale cremig pürieren.

2. Eier trennen. Eigelbe und Zucker mit dem Handrührgerät in die Bananenmasse einrühren. Haselnüsse, Mehl und Backpulver mischen und nach und nach unterrühren. Eiweiße steif schlagen und unterheben.

3. Mulden der Muffinsform gründlich fetten. Teig in die Mulden füllen, Muffins im Ofen (Mitte, Umluft 180°) 20–25 Min. goldbraun backen. 5 Min. abkühlen lassen, stürzen.

4. Aprikosenkonfitüre mit 1 EL heißem Wasser verrühren. Durch ein Haarsieb streichen, auf die Muffins pinseln. Nüsse daraufstreuen.

Praxis-Tipp Statt die Muffinsform einzufetten, können Sie auch Papier- oder Silikonförmchen hineingeben. So eignen sich die Muffins noch besser zum Mitnehmen, und klebrige Kinderhände sind kein Thema.

Mahlzeit

Was eigentlich eine kleine Ruhephase im Tagesablauf sein sollte, ist für Sie oft ein Hürdenlauf: Kind abholen, einkaufen, kochen und noch zuhören, trösten oder beruhigen …
Doch die Zeit der schnellen Gläschen und Extrakinderteller ist endgültig vorbei: Gemeinsam essen ist angesagt – das tut auch Ihnen gut. Allerdings braucht es ein bisschen Planung, die richtigen Zutaten und Rezepte. Denn für zwei schiebt man keinen Auflauf in den Backofen – da sind eher Wok und Pfanne angebracht. Anregungen für schnelle, kleine Mahlzeiten, zum Mitkochen oder gut vorzubereiten finden Sie auf den folgenden Seiten. Und wenn auch der Vater, Geschwister oder Freunde mitessen? Rezepte einfach verdoppeln! Und »Schichtdienst« einführen: Gegessen und gekocht wird umschichtig, also abwechselnd, bei den besten Freunden – da schmeckt's doppelt gut!

Was mache ich, wenn …

Das warme Mittagessen ist deutsches Kulturgut, und nach wie vor gilt die Regel: 75 Prozent der Kinder essen mittags warm zu Hause. Das wird sich auch nicht so schnell ändern, denn Essgewohnheiten ändern sich nur sehr langsam. Vom Ernährungswert her ist es ganz egal, ob mittags oder abends warm gegessen wird.

→ mein Kind ohne Mittagessen bis 14 Uhr im Kindergarten ist? Geben Sie ihm etwas Gehaltvolles für die letzte halbe Stunde oder den Heimweg mit. Ein Müsli wäre ideal oder eine Banane, einen Joghurt oder ein paar wenig gesüßte Knabberkekse. Besser wäre natürlich ein gemeinsames Mittagessen gegen 13 Uhr im Kindergarten. Dann ist zu Hause erst einmal Entspannung angesagt.

→ mein Mann erst abends mitessen kann? Es kommt darauf an, ob der Partner mittags selber die Möglichkeit hat, warm zu essen. Dann gibt's abends kalt für alle. Und wenn nicht? Entweder Sie zaubern mittags dann ein ganz schnelles Essen und kochen abends für alle. Oder es gibt mittags kalt, aber mit Rohkost. In jedem Falle sollten Sie jede Gelegenheit nutzen, gemeinsam zu essen.

→ mein Kind kein Fleisch mag? Solange es Käse und andere Milchprodukte isst, kein Problem. Wichtig sind außer Vollkornprodukten auch Nüsse und Samen, die viel pflanzliches Eiweiß liefern und deren gesundes Fett sättigt. Angst vor Mangelerscheinungen brauchen Sie nicht zu haben.

→ mein Kind keinen Fisch isst? Vielleicht fehlt ihm nur das Vorbild? Guter Fisch schmeckt so mild, dass er ein ideales Kinderessen ist. Auf Seite 66/67 finden Sie ein paar Zubereitungen, die Kindern schmecken. Denn Jod, Omega-3-Fette und Eiweiß tun Ihrem Kind gut. Unverträglichkeiten haben sich im Kindergartenalter oft verloren.

→ ich mit meinem Kind gleichzeitig nach Hause komme? Wenn das häufig vorkommt, sollten Sie ein festes Ritual entwickeln – z. B. erst mal etwas zusammen gegen den ersten Hunger trinken. z. B. ein Smoothie. Danach am besten gemeinsam das Essen fertigstellen – es sollte allerdings schon vorbereitet sein, sonst ist Ihr Kind zu müde.

→ mein älteres Kind erst zwischen 13 und 14 Uhr aus der Schule kommt? Schichtessen ist für alle nervig, und aufgewärmtes Essen nicht ideal. Versuchen Sie, Ihr Kindergartenkind mit einem kleinen »Vortisch« zu vertrösten: Es bekommt seine kleine Portion Obst, Pudding oder Apfelmus vorher. Wenn bis zum Essen eine Stunde vergeht, hat es wieder genug Appetit.

Nach dem Essen Mittagsschlaf?

Tatsächlich ist unsere innere Uhr zwischen 13 und 14 Uhr auf Ruhe eingestellt – ganz unabhängig davon, ob wir etwas gegessen haben. Gerade Kindergartenkindern, die einen aufregenden Vormittag hatten, tut so eine Pause gut. Vielleicht legen Sie sich zusammen hin? Wenn das zur Gewohnheit wird, findet Ihr Kind in dieser Zeit zunehmend Ruhe. Aber nicht länger als eine halbe bis eine Stunde!

Auf dem Heimweg schnell was einkaufen?

→ **Probiererchen** Je weniger Kinder es gibt, desto größer die Häppchen, die wohlmeinende Verkäufer den süßen Kleinen andrehen. Das kann schon mal ein zweites Frühstück ersetzen, ist aber meist nicht halb so ausgewogen! Hier ist eine Grundsatzentscheidung fällig: Ablehnen oder sammeln für die Süßigkeitenkiste.

→ **Was zum Knabbern** Ihr Kind hat Hunger, wenn Sie es abholen? Dann sollten Sie die Vorspeise in einer praktischen Plastik-Box gleich mitnehmen: Knabbermöhre oder -gurke beschäftigen, nehmen den ersten Hunger und sind ein idealer Salatersatz.

→ **Wochenmarkt** Wenn Sie Ihr Kind zum Einkauf mitnehmen müssen, dann machen Sie ein gemeinsames Erlebnis daraus. Zusammen auf den Wochenmarkt zu gehen, kann ein wöchentliches Ritual werden. Doch hungrig sollten Sie beide dann nicht sein – sonst kaufen Sie zu viel ein! Also entweder ein Sandwich mitnehmen oder ein Bratwürstchen am Stand essen.

→ **Die grüne Kiste** Entspannender ist es, wenn Sie sich Lebensmittel nach Hause liefern lassen. Engpass sind ja meist frisches Gemüse, Obst und Milchprodukte. In fast allen Städten gibt es Lieferabos beim Biobauern, der in die Kiste steckt, was gerade Saison hat. Das erspart Ihnen die Qual der Wahl – und in diesem Buch finden Sie garantiert genügend Rezepte für frisches Gemüse.

→ **Vorratskäufe** Den Großeinkauf an haltbaren Lebensmitteln sollten Sie ohne Kind machen: Das ist für beide Teile einfach zu anstrengend. Gewöhnen Sie sich an, eine Liste zu schreiben – dann kann auch jemand anderes diesen Einkauf für Sie erledigen.

→ **Tiefkühlkost?** Ein kleiner, feiner Vorrat im Eis macht Sie unabhängig. Achten Sie auf möglichst ungewürzte Produkte: Fisch und Gemüse pur, aber auch Geflügel gibt's in sehr guter Qualität. Sie können sich auch TK-Produkte nach Hause liefern lassen. Außerdem nützlich: ein paar Scheiben Brot, Milch und auf Vorrat gekochte Gerichte. Überflüssig sind dagegen Gebäck, Eiscreme, Pizza und Fertiggerichte.

Kita: Marotten, Unverträglichkeiten und Allergien

→ Es ist ganz erstaunlich: Kinder, die zuvor jedes grüne Blatt abgelehnt haben, werden **in Gesellschaft** zu Salat- und Spinatfans. Was zu Hause gar nicht geht, das klappt in der Kita problemlos. Eine Situation, die in der traditionellen Großfamilie ganz normal war. Futterneid, Neugier und Ablenkung machen's möglich. Seien Sie also nicht frustriert: Das ist ganz normal!

→ Kitas haben nur begrenzte Möglichkeiten, **spezielle Kostformen** anzubieten. Dazu gehören vegetarische Gerichte, manchmal auch Kost, die frei von Gluten oder frei von Kuhmilcheiweiß ist. Besprechen Sie die Angebote. Versuchen Sie, Ihrem Kind in jedem Fall die gemeinsame Mahlzeit dort zu ermöglichen: Das erleichtert die Integration.

→ In jedem Fall sollte das Essen in der Kita **frei von Aroma-, Farb- und Konservierungsstoffen** sein; dort sollte auf Zuckriges und Fettes verzichtet werden, und immer Trinkwasser für die Kinder zur Verfügung stehen. **Die Fit-Kid-Kampagne der Deutschen Gesellschaft für Ernährung** entwickelt Richtlinien und Hilfestellungen für die Verpflegung in Kitas im Auftrag des Bundesministeriums für Ernährung (www.fitkid.de). Wer selber in der Kita kocht, findet Anregungen und Rezepte im 4. Kapitel.

Inseln im Tomatensee

schützt die Gefäße | fruchtig

20 Min.

insgesamt ca. 875 kcal

60 g Eiweiß, 37 g Fett, 77 g Kohlenhydrate

ZUTATEN FÜR 1 KINDER- UND 1 ERWACHSENEN-PORTION

200 g Magerquark
1 Ei
70 g Vollkorngrieß
20 g geriebene Walnüsse
Salz
1 EL Rapsöl
1 EL Vollkornmehl
1 kleine Dose Tomaten (400 g)
1 TL Honig
2 EL Sahne
1 Stück Parmesan

ZUBEREITUNG

1. Den Quark mit Ei, Grieß und Nüssen verrühren und leicht salzen, kurz ruhen lassen.

2. Inzwischen das Öl in einen großen, flachen Topf geben und das Mehl darin andünsten. Die Tomaten samt Saft zugeben und mit einem Kartoffelstampfer grob zerdrücken, mit Salz und Honig würzen. Aufkochen lassen und die Sahne zugeben.

3. Mit einem nassen Esslöffel Nockerln vom Quarkteig abstechen und in die Sauce legen. Bei schwacher Hitze zugedeckt 5 Min. ziehen lassen, dann wenden und weitere 5 Min. ziehen lassen. Mit Parmesan zu Tisch geben.

Varianten Statt der Nüsse Pesto oder Parmesan zugeben. Süß wird's, wenn Sie getrocknete, gehackte Aprikosen mit etwas Apfelsaft zur Sauce einkochen und die Nockerln mit einer Prise Salz abschmecken und mit Zimtzucker bestreuen.

Thai-Grießsüppchen

asiatisch | einfach

20 Min.

insgesamt ca. 510 kcal

37 g Eiweiß, 15 g Fett, 55g Kohlenhydrate

ZUTATEN FÜR 1 KINDER- UND 1 ERWACHSENEN-PORTION

3–4 Frühlingszwiebeln
200 g Möhren (oder Kürbis)
50 g Vollkorngrieß
1 EL Rapsöl
150 ml Kokosmilch
370 ml Gemüsebrühe (Instant)
1 Stück frischer Ingwer (ca. 1 cm)
1 Handvoll Zitronenmelisse
140 g gegarte Krabben (oder Hühnerfleisch)
1 Spritzer Sojasauce

ZUBEREITUNG

1. Frühlingszwiebeln waschen. Wurzelenden abschneiden und die Zwiebeln mit dem Grün in dünne Ringe schneiden. Möhren waschen, putzen und mit der Gemüsereibe in Streifen hobeln.

2. Grieß im Öl anrösten, Gemüse zugeben und mitrösten. Dann Kokosmilch und Brühe angießen. Ingwer schälen und mit der Knoblauchpresse in die Suppe drücken.

3. Süppchen etwa 8 Min. bei schwacher Hitze köcheln lassen. Inzwischen die Zitronenmelisse waschen und in feine Streifen schneiden.

4. Zitronenmelisse und Krabben in der Suppe heiß werden lassen, Suppe mit Sojasauce abschmecken und auftischen.

Würstchen im Feld

schnell | eiweißreich

20 Min.

insgesamt ca. 1050 kcal

22 g Eiweiß, 67 g Fett, 54 g Kohlenhydrate

ZUTATEN FÜR 1 KINDER- UND 1 ERWACHSENEN-PORTION

- 2–3 Putenwiener
- 1 Zwiebel
- 1 TL Butter
- 300 g TK-Erbsen
- 150 ml Milch (1,5 % Fett)
- 1/2 Packung Kartoffelflocken für Püree (40 g)
- Salz, Pfeffer

ZUBEREITUNG

1. Wiener in kochend heißes Wasser geben, Wasser aber nicht wieder kochen lassen. Wiener ziehen lassen, bis das Püree fertig ist.

2. Die Zwiebel schälen und in feine Würfel schneiden. Die Butter in einem kleinen Topf erhitzen, Zwiebel darin glasig dünsten. Die Erbsen zufügen, die Milch angießen und zum Kochen bringen.

3. Die Kartoffelflocken zugeben, das Ganze mit Salz und Pfeffer würzen und mit dem Pürierstab pürieren, nochmals abschmecken. Das Püree zu den heißen Wiener Würstchen servieren.

Austausch-Tipp Das Erbsenpüree gelingt auch mit der gleichen Menge Erbsen aus der Dose. Dazu passen geröstete Brotwürfel.

Grüne Käsenudeln

ballaststoffreich

25 Min.

insgesamt ca. 1010 kcal

48 g Eiweiß, 51 g Fett, 97 g Kohlenhydrate

ZUTATEN FÜR 1 KINDER- UND 1 ERWACHSENEN-PORTION

- Salz
- 300 g Brokkoli
- 120 g Vollkornnudeln
- 100 g cremiger, milder Edelpilzkäse
- 2 EL Erdnusskerne (ungesalzen)

ZUBEREITUNG

1. Reichlich Wasser mit Salz zum Kochen bringen. Inzwischen den Brokkoli waschen, Stiele putzen und schälen. Röschen abtrennen, Stiele in Scheiben hobeln.

2. Nudeln ins kochende Wasser geben. 4 Min. vor Ende der angegebenen Garzeit (nach Sorte und Form unterschiedlich) den Brokkoli zugeben und beides weitere 4 Min. garen.

3. Eine Schüssel im Backofen bei 50° anwärmen. Den Käse entrinden, in die Schüssel geben und diese wieder in den Ofen schieben.

4. Die Brokkolinudeln in ein Sieb gießen und dann in die Schüssel mit dem geschmolzenen Käse geben. Kurz durchmischen und mit den Erdnüssen bestreuen.

Varianten Statt Edelpilzkäse Doppelrahmfrischkäse nehmen oder Reste von Weichkäse – er muss gut schmelzen. Anstelle von Erdnüssen passen auch Kürbiskerne oder andere gehackte Nüsse.

Knusper-Zucchini mit Pestopüree

eiweißreich

35 Min.

insgesamt ca. 720 kcal

26 g Eiweiß, 53 g Fett, 36 g Kohlenhydrate

ZUTATEN FÜR 1 KINDER- UND 1 ERWACHSENEN-PORTION

- 250 g Zucchini
- Salz
- 40 g Parmesan
- 20 g Haferflocken
- 2 EL Olivenöl
- 1/2 Packung Instant-Kartoffelpüree
- 1 TL Pesto (aus dem Glas)
- Öl für die Auflaufform

ZUBEREITUNG

1. Backofen auf 200° vorheizen. Eine Auflaufform mit Öl ausreiben.

2. Zucchini waschen, putzen, in dünne Scheiben schneiden. Zucchinischeiben dachziegelartig in die Auflaufform schichten und salzen.

3. Parmesan reiben, mit den Haferflocken mischen und über die Zucchini verteilen. Alles mit Olivenöl beträufeln und im Ofen (Mitte; Umluft 180°) 20 Min. backen.

4. Das Püree nach Packungsanweisung zubereiten, Pesto einrühren und das Püree zu den Knusper-Zucchini servieren.

Tipp Für frisches Kartoffelpüree zwei mittelgroße Kartoffeln weich kochen. Mit 50 ml Milch und 1 TL Butter zerstampfen oder pürieren. Würziger wird es mit Pesto, Kräuter-, Knoblauch- Chili- oder Trüffelbutter. Aber auch frisch gehackte oder tiefgefrorene Kräuter, die untergehoben werden, machen das Püree zu einem Geschmackserlebnis.

Röschen-Polenta

schnell | einfach

20 Min.

insgesamt ca. 705 kcal

32 g Eiweiß, 28 g Fett, 83 g Kohlenhydrate

ZUTATEN FÜR 1 KINDER- UND 1 ERWACHSENEN-PORTION

- 250 g Blumenkohl
- 1 Bund Schnittlauch
- 80 g Instant-Polentagrieß
- 250 ml Milch
- Salz, Pfeffer
- 80 g Feta (Schafkäse)
- 100 g Datteltomaten

ZUBEREITUNG

1. Blumenkohl waschen, in Röschen teilen und im Blitzhacker zerkleinern. Schnittlauch waschen, trocken schütteln und in Röllchen schneiden.

2. Blumenkohl und Schnittlauch mit Polenta, Milch, Salz, Pfeffer und Feta in einer mikrowellengeeigneten Schüssel vermengen und mit mikrowellengeeigneter Frischhaltefolie bedecken.

3. Kurz vor dem Essen in der Mikrowelle bei 600 Watt 4 Min. garen. Mit einer Gabel behutsam umrühren und lockern. Weitere 4 Min. in der Mikrowelle garen.

4. Tomaten waschen und auf die Röschen-Polenta setzen.

Speed-Tipp Portionierte und verschieden gewürzte Feta- oder Kuhmilch-Weichkäsewürfel gibt es mittlerweile fertig zu kaufen.

Variante Schmeckt auch mit Raspelmöhren.

Bunter Pizza-Auflauf

ZUTATEN FÜR 1 KINDER- UND 1 ERWACHSENEN-PORTION

100 g altbackenes Vollkornbrot
1 EL Olivenöl
100 g Zucchini
1 kleine Dose Mais (140 g Abtropfgewicht)
1 kleine Dose gehackte Tomaten (400 g)
Salz, Pfeffer
1 TL Pizzagewürz
1/2 Kugel Mozzarella
30 g Parmesan
Öl für die Auflaufform

Pizza mal anders
35 Min.
insgesamt ca. 820 kcal
41 g Eiweiß, 41 g Fett, 76 g Kohlenhydrate

ZUBEREITUNG

1. Backofen auf 200° vorheizen. Eine Auflaufform mit Öl ausreiben.

2. Das Brot in grobe Würfel schneiden. Den Boden der Auflaufform damit auslegen und mit Olivenöl beträufeln. Im Ofen unter dem Grill knusprig grillen.

3. Inzwischen die Zucchini waschen, putzen und in kleine Würfel schneiden. Mais abgießen. Zucchini mit Mais und Tomaten mischen und mit Salz, Pfeffer und Pizzagewürz würzen. Mozzarella in kleine Würfel schneiden. Parmesan reiben.

4. Die Gemüsesauce und dann den Käse über dem Brot verteilen. Alles im heißen Backofen (Mitte; Umluft 180°) 20 Min. backen.

Tuning-Tipp Wer möchte, kann zum Schluss 2 bis 3 Scheiben luftgetrocknete Salami in Streifen schneiden und auf den Auflauf legen.

Kartoffeln im Versteck

ZUTATEN FÜR 1 KINDER- UND 1 ERWACHSENEN-PORTION

350 g gekochte Pellkartoffeln
1 rote Paprikaschote
2–3 Frühlingszwiebeln
1 Ei
100 ml Milch
Salz
süßes Paprikapulver
80 g körniger Frischkäse
2 EL Reibekäse
Fett für die Form

eiweißreich
30 Min.
insgesamt ca. 725 kcal
44 g Eiweiß, 32 g Fett, 65 g Kohlenhydrate

ZUBEREITUNG

1. Die Kartoffeln pellen und in Würfel schneiden. Das Gemüse waschen. Paprika halbieren, Stiel, Kerne und Zwischenwände entfernen und die Schote in Stücke schneiden. Wurzelenden von den Zwiebeln abtrennen, die Zwiebeln mit dem Grün in feine Ringe schneiden.

2. Das Ei mit Milch, Salz und 1 Prise Paprikapulver verquirlen, Frischkäse untermischen. Den Ofen auf 180° (Umluft 160°) vorheizen.

3. Eine kleine Auflaufform fetten, Kartoffeln, Paprika und Zwiebeln darin verteilen und den Frischkäsemix darüber verteilen. Mit dem Reibekäse bestreuen.

4. Kartoffeln im Versteck im heißen Backofen (Mitte) etwa 15 Min. überbacken.

Gemüsemix mit Knoblauchrahm

Gemüse satt
50 Min.
insgesamt ca. 905 kcal
13 g Eiweiß, 61 g Fett, 77 g Kohlenhydrate

ZUTATEN FÜR 1 KINDER- UND 1 ERWACHSENEN-PORTION

- 300 g kleine Kartoffeln
- 300 g junge Möhren
- Salz
- Fenchelsamen
- 1 Scheibe Brot oder 1/2 Brötchen
- 1 Knoblauchzehe
- 5 EL Olivenöl
- 1 EL Tahin (Sesampaste)
- 1 EL mildes Ajvar (Paprikapaste, aus dem Glas)

ZUBEREITUNG

1. Die Kartoffeln und Möhren waschen, dabei gründlich abbürsten. Kartoffeln mit einem Sparschäler schälen – Möhren nur schälen, wenn die Haut sehr derb ist.

2. Die Möhren in etwa 2 cm lange Abschnitte teilen, dicke Enden noch mal längs halbieren. Kartoffeln in Spalten schneiden.

3. In einem kleinen Topf 300 ml Wasser mit 1 TL Salz und 1 Prise Fenchelsamen aufkochen, Kartoffeln und Möhren zugeben und zugedeckt etwa 20 Min. garen.

4. Inzwischen vom Brot die Rinde mit einer Kronenreibe abraspeln, Brot zerpflücken oder klein schneiden. Knoblauch schälen. Kartoffeln und Möhren abgießen, Sud dabei auffangen. Etwa 8 EL Sud übers Brot träufeln.

5. Knoblauch durch die Presse zum Brot drücken. Öl, Tahin und Ajvar ebenfalls dazugeben und alles mit dem Pürierstab sehr fein pürieren. Abschmecken und zum Kartoffel-Möhrengemüse reichen.

Austausch-Tipp Statt Tahin 1 kleines hart gekochtes Ei mitpürieren.

Nuss-Kraut-Nudeln

reich an Vitamin B
30 Min.
insgesamt ca. 695 kcal
23 g Eiweiß, 31 g Fett, 81 g Kohlenhydrate

ZUTATEN FÜR 1 KINDER- UND 1 ERWACHSENEN-PORTION

- 100 g Vollkornnudeln
- Salz
- 350 g Weißkohl oder Spitzkohl
- 50 g Walnusskerne
- 2 EL Rapsöl
- Pfeffer
- 1 Zweig Thymian
- 1 EL milder Senf
- 50 g Frischkäse

ZUBEREITUNG

1. Die Nudeln in reichlich Salzwasser nach Packungsangabe garen, abgießen und abtropfen lassen.

2. Den Weißkohl waschen und mit einem großen Messer in schmale Streifen schneiden.

3. Die Walnüsse zerbrechen oder grob hacken und in einer beschichteten Pfanne braten bis sie duften. Das Öl zugeben und den Weißkohl darin andünsten. Mit 50 ml Wasser ablöschen und Salz, Pfeffer und Thymian dazugeben. Zugedeckt etwa 10 Min. garen.

4. Wenn der Kohl gar ist, Thymian entfernen und das Gemüse mit Senf und Frischkäse abschmecken. Die Nudeln kurz darin erhitzen und zu Tisch geben.

Kohlrabinudeln

für Nudelfans
30 Min.
insgesamt ca. 800 kcal
41 g Eiweiß, 21 g Fett, 111 g Kohlenhydrate

ZUTATEN FÜR 1 KINDER- UND 1 ERWACHSENEN-PORTION

- Salz
- 120 g Bandnudeln
- 250 g Kohlrabi
- 100 g Schweineschnitzel
- weißer Pfeffer
- 1 EL Rapsöl
- frisch geriebene Muskatnuss
- 100 ml frisch gepresster Apfelsaft
- 2 EL Schmant

ZUBEREITUNG

1. Wasser mit Salz zum Kochen bringen, Nudeln nach Packungsangabe bissfest kochen, abgießen und abtropfen lassen.

2. Kohlrabi waschen, zarte Blätter von den Stielen schneiden und in feine Streifen schneiden. Knolle in 1 cm dicke Scheiben, dann in Würfel schneiden. Nur schälen, wenn die Haut derb und hart ist.

3. Die Schnitzel mit Salz und Pfeffer würzen, in dünne Streifen schneiden. Öl in einer Pfanne erhitzen, die Schnitzel darin auf jeder Seite 1–2 Min. anbraten, herausheben und in Alufolie packen.

4. Die Kohlrabiwürfel in die Pfanne geben und mit Salz, Pfeffer und Muskatnuss würzen. Apfelsaft angießen, den Deckel auflegen und das Gemüse ca. 8 Min. dünsten.

5. Kohlrabigrün, Schnitzel und Schmant zugeben, abschmecken und die Nudeln in der Pfanne schwenken. Alles zu Tisch geben.

Möhren-Blinis mit Orangenschmant

leicht scharf
25 Min. + 1 Std. Gehen
insgesamt ca. 940 kcal
22 g Eiweiß, 56 g Fett, 88 g Kohlenhydrate

ZUTATEN FÜR 1 KINDER- UND 1 ERWACHSENEN-PORTION

- 1 Bio-Orange
- 75 g Schmant
- Salz
- Pul Biber (Chiliflocken)
- 100 g Dinkelvollkornmehl
- 1 TL Trockenhefe
- 1 kleines Stück frischer Ingwer (ca. 3 cm)
- 250 g Möhren
- 3–4 EL Rapsöl

ZUBEREITUNG

1. Die Orange waschen, abtrocknen und die Schale mit einer feinen Reibe oberflächlich abreiben. Die Orange halbieren und den Saft auspressen. 3 EL Orangensaft mit dem Schmant und der Orangenschale glatt rühren. Mit Salz und 1 Msp. Pul Biber abschmecken.

2. Übrigen Saft mit warmem Wasser auf 200 ml auffüllen. Mehl mit der Hefe und dem Orangenwasser verrühren und an einem warmen Ort etwa 1 Std. gehen lassen. Den Ingwer schälen. Möhren waschen und fein raspeln. Beides mit 1/2 TL Salz unter den Teig ziehen.

3. In einer beschichteten Pfanne 1 EL Öl erhitzen, mit einer Kelle 3–4 kleine Küchlein hineinsetzen, goldbraun backen, wenden und fertig backen. So lange backen, bis der Teig verbraucht ist.

4. Die fertigen Blinis mit dem Orangenschmant auftischen.

Knusperstäbchen mit Spinat-Dip

pikant
25 Min. + 30 Min. Abkühlen
insgesamt ca. 1010 kcal
40 g Eiweiß, 58 g Fett, 84 g Kohlenhydrate

ZUTATEN FÜR 1 KINDER- UND 1 ERWACHSENEN-PORTION

- 70 g TK-Rahmspinat
- 350 ml Milch
- Salz
- 80 g Vollkorngrieß
- 2 EL Sesamsamen
- 1 Paprikaschote
- 100 g Magerquark
- Pfeffer
- 3–4 EL Rapsöl

ZUBEREITUNG

1. Spinat auftauen lassen. Einen Topf kalt ausspülen, die Milch darin mit 1 TL Salz aufkochen. Grieß und Sesamsamen mit einem Schneebesen einrühren, Milch aufkochen lassen und den Grieß bei schwacher Hitze unter ständigem Rühren zu einem dicken Brei ausquellen lassen. Topf vom Herd ziehen.

2. Grießmasse auf einem Brett zu einem etwa 2 cm dicken Rechteck ausstreichen und mindestens 30 Min. auskühlen lassen.

3. Inzwischen die Paprika waschen, putzen und in Streifen schneiden. Den aufgetauten Spinat mit Quark verrühren und mit Salz und Pfeffer würzen.

4. Den Grießfladen in handliche, längliche Stäbchen schneiden. Öl in einer Pfanne erhitzen und die Stäbchen darin auf beiden Seiten ca. 2 Min. goldbraun braten. Auf Küchenpapier entfetten. Zusammen mit den Paprikastreifen und dem Spinat-Dip knabbern.

Gemüse-Krabben-Mix im Sesammantel

Fingerfood | zum Knabbern
30 Min.
insgesamt ca. 685 kcal
38 g Eiweiß, 38 g Fett, 49 g Kohlenhydrate

ZUTATEN FÜR 1 KINDER- UND 1 ERWACHSENEN-PORTION

- 200 g weiches Gemüse (z. B. Zucchini, Champignons, Brokkoli, Zuckerschoten, Tomaten, Auberginen)
- 150 g Pellkartoffeln vom Vortag
- 2 Eier, Salz
- 1 EL Sesamsamen
- 2 EL Vollkornmehl
- 1–2 EL Öl zum Ausbacken
- 50 g gegarte, geschälte Krabben

ZUBEREITUNG

1. Das Gemüse waschen bzw. putzen, Kartoffeln pellen und alles in mundgerechte Stücke schneiden.

2. Die Eier in einen tiefen Teller aufschlagen. Salzen und mit einer Gabel oder einem Schneebesen verquirlen. Die Sesamsamen untermischen.

3. Das Mehl in einen flachen Teller geben. 1 EL Öl in einer Pfanne erhitzen. Das Gemüse, die Kartoffeln und die Krabben zuerst im Mehl, dann in der Ei-Sesam-Masse wenden. Anschließend in der Pfanne goldgelb ausbacken, aus der Pfanne nehmen und auf Küchenpapier abtropfen lassen. Öl nach Bedarf zugeben.

Dazu passt Knoblauch-Rahm (S. 63), Spinat-Dip (siehe oben) oder Tomaten-Zaziki (S. 71).

Falafel mit Möhren-Dip

orientalisch
50 Min.
pro Stück ca. 40 kcal
1 g Eiweiß, 2 g Fett, 4 g Kohlenhydrate

ZUTATEN FÜR 1 KINDER- UND 1 ERWACHSENEN-PORTION (12 STÜCK)

- 4 Möhren
- 4 TL Rapsöl
- Salz
- 1 Zwiebel
- 1 Knoblauchzehe
- 1 Bund Petersilie
- 1 Dose Kichererbsen (245 g Abtropfgewicht)
- 1/2 Zitrone
- 1 EL milde Currypaste
- 2 EL Vollkornmehl
- Pfeffer
- 2 EL saure Sahne

ZUBEREITUNG

1. Die Möhren schälen, in grobe Stücke schneiden und kurz in 1 TL Öl andünsten. Mit 100 ml Wasser ablöschen, salzen und zugedeckt ca. 20 Min. dünsten.

2. Inzwischen Zwiebel und Knoblauch schälen und grob zerkleinern. Petersilie waschen, trocken tupfen und die Blätter von den Stielen zupfen. Die Kichererbsen abtropfen lassen. Die halbe Zitrone auspressen.

3. Zwiebel, Knoblauch, Petersilie und Kichererbsen mit Currypaste und Zitronensaft im Blitzhacker zerkleinern. Mehl unterheben, die Masse mit Salz und Pfeffer abschmecken.

4. Die Kichererbsenmasse zu ca. 12 kleinen Küchlein formen. Öl in einer Pfanne erhitzen und die Falafel auf jeder Seite ca. 2 Min. goldbraun braten.

5. Möhren mit der sauren Sahne pürieren, würzen und als Dip zu den Falafel servieren.

Servier-Tipp Falafel schmecken auch kalt zwischendurch oder als Belag für ein Vollkornbrötchen.

Gefüllte Fladen

Fingerfood | kalorienarm
30 Min.
insgesamt ca. 800 kcal
45 g Eiweiß, 26 g Fett, 100 g Kohlenhydrate

ZUTATEN FÜR 1 KINDER- UND 1 ERWACHSENEN-PORTION

- 1 Stück Salatgurke (ca. 10 cm)
- 100 g fettarmer Frischkäse
- Salz, Pfeffer
- 3 Blätter grüner Salat
- 50 g Putenschinken
- 3 Weizen- oder Maisfladen (Tortillas)

ZUBEREITUNG

1. Die Gurke waschen und mit einer Reibe grob raspeln. Die Gurkenraspel mit dem Frischkäse, Salz und Pfeffer vermischen. Falls die Gurke beim Reiben viel Wasser abgibt, dieses vorher abgießen.

2. Die Salatblätter waschen und in Streifen schneiden. Putenschinken klein schneiden.

3. Jeden Fladen mit Frischkäse bestreichen, mit Salat und Schinken füllen und halbieren.

Varianten Statt Tortillas können auch Teigtaschen gefüllt werden.

Tipp Tortillas bekommen Sie in jedem gut sortierten Supermarkt – aber nur aus hellem Mehl. Wie man selbst Vollkornfladen backt, erfahren Sie auf Seite 104/105.

Thunfisch-Frikadellen

aus dem Vorrat | preiswert

25 Min.

insgesamt 615 kcal

40 g Eiweiß, 34 g Fett, 38 g Kohlenhydrate

ZUTATEN FÜR 1 KINDER- UND 1 ERWACHSENEN-PORTION

3 getrocknete Tomaten (in Öl)
1–2 Frühlingszwiebeln
1 Dose Thunfisch im eigenen Saft (145 g Abtropfgewicht)
2–3 EL Magerquark
Salz, Pfeffer
2–3 EL Vollkornsemmelbrösel
2–3 EL Öl

ZUBEREITUNG

1. Getrocknete Tomaten abtropfen lassen und grob hacken. Frühlingszwiebeln waschen, Wurzelende und welke Blätter entfernen und Zwiebeln in dünne Ringe schneiden. Thunfisch abtropfen lassen.

2. Tomaten, Zwiebeln, Thunfisch und Quark mit einer Gabel zu einer festen, formbaren Masse vermengen. Mit Salz und Pfeffer abschmecken.

3. Aus der Masse 4–5 Frikadellen formen. Semmelbrösel auf einen flachen Teller geben und Frikadellen darin wenden.

4. Öl in einer Pfanne erhitzen. Frikadellen bei schwacher Hitze auf jeder Seite 2–3 Min. braten. Achtung: Sie werden sehr schnell braun.

Dazu passt Brot oder Bratkartoffeln und grüner Salat.

Lachsstücke in Möhrenrahm

schmeckt frisch | eiweißreich

25 Min.

insgesamt ca. 680 kcal

54 g Eiweiß, 42 g Fett, 21 g Kohlenhydrate

ZUTATEN FÜR 1 KINDER- UND 1 ERWACHSENEN-PORTION

4 Möhren
1 Zwiebel
1 TL Rapsöl
Salz, Pfeffer
1 Bio-Orange
250 g Lachsfilet (frisch oder TK)
1 EL Schmant

ZUBEREITUNG

1. Die Möhren gründlich waschen und mit einer Gemüsebürste abbürsten. Enden abschneiden und die Möhren in dünne Scheiben schneiden. Zwiebel schälen und würfeln.

2. Zwiebel im Öl glasig dünsten, die Möhren zufügen, salzen, pfeffern und bei schwacher Hitze ca. 10 Min. zugedeckt dünsten.

3. Die Orange heiß abwaschen, die Schale oberflächlich dünn abreiben, den Saft auspressen. Etwas Saft zu den Möhren geben, damit sie nicht anbrennen.

4. Den Lachs mundgerecht würfeln, mit Orangensaft beträufeln und salzen.

5. Wenn die Möhren gar sind, mit dem Pürierstab pürieren, dabei Schmant zugeben und mit Orangensaft zu einer Sauce verdünnen. Mit Orangenschale, Salz und Pfeffer abschmecken.

6. Lachsstückchen in der Sauce nicht kochen, sondern bei schwacher Hitze in 5 Min. gar ziehen lassen. Dazu passen Kartoffeln, Reis oder Nudeln.

Fischpäckchen

raffiniert | sehr bekömmlich

45 Min.

insgesamt ca. 685 kcal

72 g Eiweiß, 29 g Fett, 35 g Kohlenhydrate

ZUTATEN FÜR 1 KINDER- UND 1 ERWACHSENEN-PORTION

250 g Erbsen oder Zuckerschoten (frisch oder TK)
1 Bund Frühlingszwiebeln
1 Bund Thai-Basilikum
250 g Pangasiusfilet (oder ein anderes festes Fischfilet)
Pfeffer, Salz
1–2 EL Olivenöl
Backpapier

ZUBEREITUNG

1. Die Erbsen antauen lassen. Frühlingszwiebeln waschen, Wurzelenden und welke Blätter abschneiden und Zwiebeln mit dem Grün in feine Ringe schneiden. Basilikumblätter abzupfen, waschen und in Streifen schneiden.

2. Den Backofen auf 180° vorheizen. Das Fischfilet auf beiden Seiten pfeffern und salzen und im Basilikum wälzen.

3. Ein großes Stück Backpapier oder Pergament einölen. Die Hälfte der Erbsen und die Zwiebeln darauf verteilen, würzen, den Kräuterfisch daraufsetzen, mit dem übrigen Gemüse bedecken und mit 1 TL Olivenöl beträufeln. Das Päckchen schließen.

4. Fisch im Päckchen 30 Min. im Ofen (Mitte, Umluft 160°) garen, erst am Tisch auspacken. Dazu passen Stampfkartoffeln (Seite 71).

Austausch-Tipp Schmeckt auch mit »normalem« Basilikum.

Flockenfischchen

einfach | jodreich

20 Min.

insgesamt ca. 885 kcal

56 g Eiweiß, 56 g Fett, 38 g Kohlenhydrate

ZUTATEN FÜR 1 KINDER- UND 1 ERWACHSENEN-PORTION

250 g festes, flaches Fischfilet (z. B. Zander oder Scholle)
1 Zitrone
Salz
4–5 EL feine Haferflocken
4–5 EL Rapsöl zum Braten

ZUBEREITUNG

1. Fischfilet in 4–5 cm große Stücke teilen. Die Zitrone halbieren, eine Hälfte auspressen und den Saft über den Fisch träufeln. Fisch auf beiden Seiten salzen.

2. Die Fischstückchen rundherum in den Haferflocken wälzen, Flocken fest andrücken.

3. Die Flockenfischchen in einer beschichteten Pfanne im heißen Öl bei mittlerer Hitze auf jeder Seite in jeweils 3 Min. goldgelb braten.

4. Auf Küchenpapier kurz abtropfen lassen. Übrige Zitronenhälfte in Scheiben schneiden und zum Fisch reichen. Dazu passen Stampf-Gemüse-Kartoffeln und Kräuterquark oder Tomaten-Zaziki (Seite 71).

Kokos-Hühnchen

einfach | magenmild
30 Min.
insgesamt ca. 630 kcal
51 g Eiweiß, 17 g Fett, 68 g Kohlenhydrate

ZUTATEN FÜR 1 KINDER- UND 1 ERWACHSENEN-PORTION

1 Fenchelknolle
1 Hähnchenbrustfilet (150 g)
Salz
1 EL Rapsöl
200 ml ungesüßte Kokosmilch
50 ml Ananassaft
75 g Quinoa
Pfeffer

ZUBEREITUNG

1. Den Fenchel waschen und putzen, das zarte Grün entfernen, klein schneiden und beiseitelegen. Die Knolle halbieren, vierteln, den harten Strunk entfernen und Fenchel in Streifen schneiden.

2. Das Hähnchenbrustfilet salzen. Das Öl in einer beschichteten Pfanne erhitzen, das Fleisch auf beiden Seiten 2–3 Min. im Öl braten und herausnehmen.

3. Den Fenchel kurz im Fleischsud andünsten. Mit der Kokosmilch und dem Ananassaft ablöschen. Einmal kurz aufkochen lassen, den Quinoa einrühren und das Fleisch wieder dazugeben. Alles bei schwacher Hitze zugedeckt ca. 15 Min. garen.

4. Zum Schluss das Fenchelgrün dazugeben und alles mit Salz und Pfeffer abschmecken. Die Hähnchenbrust in Streifen schneiden und auf dem Gemüse anrichten.

Hühner-Linsen-Süppchen

schnell | eiweißreich
30 Min.
insgesamt ca. 585 kcal
51 g Eiweiß, 15 g Fett, 62 g Kohlenhydrate

ZUTATEN FÜR 1 KINDER- UND 1 ERWACHSENEN-PORTION

1 große Möhre
1 kleine Zwiebel
100 g Hähnchenbrustfilet
Salz, Currypulver
1 EL Öl
550 ml Gemüsebrühe (Instant)
100 g rote Linsen
1 TL frisch gehackte Petersilie oder Koriander

ZUBEREITUNG

1. Die Möhre waschen, Enden abschneiden. Möhre im Blitzhacker zerkleinern oder grob raspeln. Zwiebel schälen und fein würfeln.

2. Das Hähnchenbrustfilet in mundgerechte Stückchen schneiden, mit Salz und Curry würzen.

3. Öl in einem Topf erhitzen, Fleisch darin kräftig rundum anbraten, herausnehmen und in Alufolie wickeln. Die Zwiebel im Fond glasig andünsten und mit der Gemüsebrühe ablöschen. Dann die Linsen zugeben. Alles bei schwacher Hitze 15 Min. köcheln lassen.

4. Möhre und Hühnerfleisch zur Suppe geben und heiß werden lassen. Nochmals abschmecken. Mit Petersilie oder Koriander bestreuen.

Info Rote Linsen sind geschält und haben deshalb eine kurze Garzeit. Sie bekommen eine breiige Konsistenz – ideal für Eintöpfe. Wer mag, kann sie auch fein pürieren, bevor die Einlage hineinkommt.

Buletten im Gemüsebett

einfach | für Fleischfans
30 Min.
insgesamt ca. 825 kcal
45 g Eiweiß, 55 g Fett, 41 g Kohlenhydrate

ZUTATEN FÜR 1 KINDER- UND 1 ERWACHSENEN-PORTION

- 150 g gemischtes Hackfleisch
- 4 EL Magerquark
- 1 TL mittelscharfer Senf
- 1/4 TL Salz
- 1/2 TL süßes Paprikapulver
- 3 EL Haferflocken
- 2 EL frisch gehackte Petersilie
- 3 TL Öl
- 1 Maiskolben
- 1 kleine Zwiebel
- 1 rote Paprikaschote
- Salz, Pfeffer

ZUBEREITUNG

1. Das Hackfleisch mit Quark, Senf, Salz, Paprikapulver und 2 EL Haferflocken zu einem Teig verkneten. Petersilie daruntermischen. Mit einem Esslöffel aus der Hackmasse drei kleine, flache Buletten formen.

2. 2 TL Öl in einer Pfanne erhitzen und die Buletten von beiden Seiten in ca. 1–2 Min. goldbraun anbraten. Dann herausnehmen und in Alufolie einwickeln.

3. Den Mais mit einem Messer vom Kolben schneiden. Die Zwiebel schälen und klein würfeln. Die Paprika waschen, halbieren, putzen und längs in dünne Streifen schneiden, diese nochmals halbieren.

4. Das übrige Öl in der Pfanne erhitzen, die Zwiebel glasig andünsten. Paprika und Mais zugeben. Salzen und pfeffern. Alles zugedeckt 10 Min. dünsten. Nach 8 Min. die übrigen Haferflocken unter das Gemüse rühren. Die Buletten kurz in der Pfanne erwärmen.

Süßkartoffeln mexikanisch

raffiniert | eiweißreich
25 Min.
insgesamt ca. 810 kcal
38 g Eiweiß, 32 g Fett, 93 g Kohlenhydrate

ZUTATEN FÜR 1 KINDER- UND 1 ERWACHSENEN-PORTION

- 300 g Süßkartoffeln
- 200 g Zucchini oder grüne Paprikaschoten
- 1 Zwiebel
- 1 TL Öl
- 100 g Rinderhackfleisch
- Salz, Pfeffer
- 2 TL Mehl
- 250 ml Gemüsebrühe (Instant)
- 1 EL Erdnussbutter
- Zimtpulver

ZUBEREITUNG

1. Süßkartoffeln und Zucchini waschen und in dünne Scheiben schneiden oder hobeln. (Oder die Paprikaschote waschen, mit dem Sparschäler schälen und würfeln.) Zwiebel schälen, halbieren und in kleine Würfel schneiden.

2. Öl in einem Topf erhitzen und Zwiebel darin glasig dünsten. Hackfleisch dazugeben und krümelig braten. Mit Salz und Pfeffer würzen.

3. Süßkartoffeln und Zucchini zum Fleisch geben und kurz mitbraten. Mit Mehl bestäuben und mit Gemüsebrühe ablöschen. Erdnussbutter einrühren. Alles bei schwacher Hitze zugedeckt ca. 15 Min. garen. Mit Salz, Pfeffer und 1 Prise Zimt abschmecken.

Grundrezept Pellkartoffeln

Sattmacher | eiweißreich
25–45 Min.
insgesamt ca. 305 kcal
9 g Eiweiß, 1 g Fett, 67 g Kohlenhydrate

ZUTATEN FÜR 1 KINDER- UND 1 ERWACHSENENPORTION

500 g kleine, vorwiegend festkochende Kartoffeln
1 TL Salz

ZUBEREITUNG

1. Die Kartoffeln unter fließendem kaltem Wasser mit einer Gemüsebürste vom Schmutz befreien. In einen Topf geben, zur Hälfte mit Salzwasser bedecken und den Deckel auflegen. Das Wasser zum Kochen bringen. Die Kartoffeln bei schwacher Hitze je nach Größe in 20–40 Min. weich kochen.

2. Zur Kontrolle die Kartoffeln mit einem kleinen, spitzen Messer anstechen. Sie sind gar, wenn kein Widerstand mehr zu spüren ist. Kartoffeln mit kaltem Wasser abschrecken und pellen.

Speed-Tipp Mit dem Schnellkochtopf verkürzt sich die Garzeit je nach Kartoffelgröße auf 8–10 Min.

Dazu passt
Lachs-Dip (S. 17 »Rosa Rüssel«), Tomaten-Zaziki (S. 71) oder **Kräuterquark:** Dafür 250 g Magerquark mit 1 TL Rapsöl oder etwas Wasser oder Milch glatt rühren. 5 EL klein gehackte Kräuter, z. B. Schnittlauch, Petersilie, Dill oder Kresse unterheben. Den Quark mit Salz und Pfeffer würzen.
Für einen **Avocado-Dip** 1/2 reife Avocado schälen, mit der Gabel zermusen und mit 150 g Magerquark glatt rühren. Mit Zitronensaft, Salz und Pfeffer abschmecken.

Varianten
Pellkartoffeln längs halbieren. 1 Bund Rucola und 9 Walnusskerne im Blitzhacker zerkleinern. Auf den Kartoffelhälften verteilen und mit geriebenem Käse bestreuen.
Oder Kartoffelhälften mit grünem oder rotem Pesto oder Ajvar (Paprikapaste) oder Tomatenmark bestreichen und mit geriebenem Käse bestreuen. Kartoffelschiffchen in der Mikrowelle erwärmen, bis der Käse geschmolzen ist. Die Kartoffelschiffchen schmecken auch ungepellt.

Kartoffelhälften mit Rucola

Stampfkartoffeln

einfach | preiswert
30 Min.
insgesamt 400 kcal
10 g Eiweiß, 10 g Fett, 68 g Kohlenhydrate

ZUTATEN FÜR 1 KINDER- UND 1 ERWACHSENEN-PORTION

500 g mehlig kochende Kartoffeln
Salz
3 EL Milch
1 TL Butter
Pfeffer
frisch geriebene Muskatnuss

ZUBEREITUNG

1. Die Kartoffeln waschen, mit einem Sparschäler schälen und in gleich große Stücke schneiden. In einem Topf mit 150 ml Wasser bedecken. 1/2 TL Salz dazugeben. Wasser zugedeckt zum Kochen bringen. Kartoffeln bei schwacher Hitze in 20 Min. weich kochen. Eventuell noch Wasser zugeben.

2. Milch und Butter dazugeben und alles mit einem Kartoffelstampfer grob zerstampfen. Mit Salz, Pfeffer und Muskatnuss abschmecken.

Kartoffelpüree

einfach | preiswert
30 Min.
insgesamt ca. 515 kcal
14 g Eiweiß, 18 g Fett, 74 g Kohlenhydrate

ZUTATEN FÜR 1 KINDER- UND 1 ERWACHSENEN-PORTION

1 Grundrezept Pellkartoffeln (mit mehlig kochenden Kartoffeln)
150 ml Milch
1 EL Butter
Salz, Pfeffer
frisch geriebene Muskatnuss

ZUBEREITUNG

1. Gegarte Pellkartoffeln abgießen und mit kaltem Wasser abschrecken. Anschließend pellen und in einer Schüssel oder einem Topf grob zerstampfen.

2. Milch und Butter dazugeben und mit einem Rührgerät rasch cremig rühren. Mit Salz, Pfeffer und Muskatnuss abschmecken

Praxis-Tipp Die Zutaten nur kurz verrühren, da das Püree sonst klebrig wird.

Fisch-Kartoffel-Puffer mit Tomaten-Zaziki

raffiniert | Resteverwertung
35 Min.
insgesamt ca. 830 kcal
47 g Eiweiß, 49 g Fett, 48 g Kohlenhydrate

ZUTATEN FÜR 1 KINDER- UND 1 ERWACHSENEN-PORTION

1/2 Rezept Stampfkartoffeln
2–3 Tomaten
2 EL Kräuterfrischkäse
1 TL Tomatenmark
Salz, Pfeffer
150–200 g gegarter Fisch
1 Handvoll Minze
1–2 EL Vollkornmehl
3–4 EL Rapsöl

ZUBEREITUNG

1. Die Stampfkartoffeln laut Grundrezept zubereiten.

2. Tomaten waschen, Stielansatz entfernen und die Tomaten mit dem Frischkäse und Tomatenmark pürieren. Mit Salz und Pfeffer abschmecken.

3. Den Fisch zerpflücken und mit dem Kartoffelstampf vermengen, dabei abschmecken. Minze waschen, trocken tupfen, die Blättchen fein hacken und untermischen. Etwa 5 flache Puffer aus der Masse formen und in Mehl wenden.

4. In einer beschichteten Pfanne das Öl erhitzen und die Puffer von beiden Seiten je ca. 3 Min. goldbraun braten. Mit Tomaten-Zaziki servieren.

Tuning-Tipp

Zwei in einem und noch bunt dazu: Sehr fein geriebenes rohes Gemüse unter den Stampf oder das Püree heben:

Grün	100–150 g Zucchini
Lila	100–150 g Rote Bete
Orange	100–150 g Möhren
Weiß	100–150 g Kohlrabi

Oder 100–150 g Kartoffeln durch klein geschnittenes frisches oder tiefgekühltes Gemüse, z. B. Kürbis, Erbsen oder Brokkoli ersetzen. Gemüse nach der Hälfte der Garzeit mitkochen und mitzerstampfen.

Mit einem Spiegelei dazu oder bestreut mit einem gerösteten Nuss-Mix, hat man so ein vollständiges Gericht.

Gefahr Solanin

Egal, ob Früh- oder Spätkartoffel – die leckere Knolle muss kühl, aber frostsicher, trocken und lichtgeschützt aufbewahrt werden. Denn unter Lichteinwirkung bildet sich in der Kartoffel Solanin, wodurch die Kartoffel grüne Stellen bekommt. Solanin ist ab einer bestimmten Menge giftig für den Menschen. Schälen verringert den Solaningehalt. Mit der Schale entfernt man aber auch viele Vitamine, Mineralstoffe und Ballaststoffe. Frische Kartoffeln pellen oder ab und zu mit Schale essen. Lagerkartoffeln und Kartoffeln mit grünen Flecken und Trieben unbedingt großzügig schälen.

Maiskrustelkuchen

vegetarisch | Beta-Karotin-reich
30 Min.
insgesamt ca. 635 kcal
26 g Eiweiß, 32 g Fett, 64 g Kohlenhydrate

ZUTATEN FÜR 1 KINDER- UND 1 ERWACHSENEN-PORTION

- 1 Ei (Größe L)
- 100 g Naturjoghurt (3,5 % Fett)
- 80 g Dinkelflocken (oder Haferflocken)
- Salz
- frisch geriebene Muskatnuss
- 1 Maiskolben
- 150 g TK-Spinatstückchen
- 1 TL Butter
- 1 TL Rapsöl

ZUBEREITUNG

1. Das Ei mit dem Joghurt verquirlen und die Getreideflocken unterziehen. Mit Salz und Muskatnuss würzen und kurz quellen lassen.

2. Die Außenblätter vom Maiskolben ziehen, Fäden dabei entfernen, Kolben waschen. Auf ein Brett legen und die Körner mit einem großen Messer nach und nach vom Kolben schneiden. Dazu den Kolben immer ein Stück weiterrollen.

3. Den Joghurt-Dinkelfladen-Teig mit 50 ml Wasser glatt rühren. Maiskörner und Spinatstückchen unterheben. In einer großen beschichteten Pfanne Butter und Öl erhitzen. Den Teig hineingeben und zugedeckt ca. 10 Min. bei schwacher Hitze braten.

4. Kuchen auf einen großen Deckel gleiten lassen und umgekehrt wieder in die Pfanne gleiten lassen. Fertig backen und auftischen.

Piperade

ohne Fleisch | baskisch
25 Min.
insgesamt ca. 500 kcal
26 g Eiweiß, 40 g Fett, 9 g Kohlenhydrate

ZUTATEN FÜR 1 KINDER- UND 1 ERWACHSENEN-PORTION

- 100 g TK-Zuckerschoten
- 1 Zwiebel
- 2 Tomaten
- 3 Eier
- Salz, Pfeffer
- 2 EL Rapsöl

ZUBEREITUNG

1. Die Zuckerschoten auftauen lassen. Zwiebel schälen, halbieren und in Streifen schneiden. Tomaten waschen, halbieren und ohne Stielansatz in Scheiben schneiden.

2. Die Eier in eine Schüssel aufschlagen, salzen und pfeffern und mit Gabel oder Schneebesen verquirlen. Die Tomaten und Zuckerschoten dazugeben und vorsichtig vermengen.

3. Das Öl in einer großen beschichteten Pfanne erhitzen und die Zwiebel darin glasig dünsten. Die Eier-Gemüse-Masse gleichmäßig in die Pfanne gießen und bei schwacher Hitze zugedeckt ca. 10 Min. stocken lassen. Wenn das Ei dann noch nicht vollständig gar ist, die Pfanne vom Herd nehmen und das Ganze ein paar Min. ruhen lassen.

4. Die Piperade mit Vollkornbrot servieren.

Samt-Amaranth mit Pilzragout

eisenreich | braucht Zeit
55 Min.
insgesamt ca. 765 kcal
38 g Eiweiß, 23 g Fett, 101 g Kohlenhydrate

ZUTATEN FÜR 1 KINDER- UND 1 ERWACHSENEN-PORTION

- 2 getrocknete Tomaten (in Öl)
- 150 g Amaranth
- Salz
- 200 g Champignons oder Pfifferlinge
- 1 Zwiebel
- 1 Bund Schnittlauch
- 1 TL Rapsöl
- 1 EL saure Sahne (10 % Fett)
- Pfeffer
- 2 EL Magerquark

ZUBEREITUNG

1. Die getrockneten Tomaten abtropfen und klein hacken. Den Amaranth waschen und mit 450 ml Salzwasser und den Tomaten in einen Topf geben. Offen 30 Min. bei schwacher Hitze köcheln. Nach Ende der Garzeit 10 Min. quellen lassen.

2. Inzwischen die Pilze mit einer Pilzbürste säubern, putzen und vierteln bzw. klein schneiden. Zwiebel schälen und klein würfeln. Schnittlauch waschen, trocken tupfen und in kleine Röllchen schneiden.

3. Öl in einer beschichteten Pfanne erhitzen. Zwiebel darin glasig dünsten. Pilze dazugeben, kurz anbraten, mit einem Schuss Wasser ablöschen und zugedeckt bei schwacher Hitze 5 Min. garen. Saure Sahne und Schnittlauch unterrühren, mit Salz und Pfeffer würzen.

4. Quark unter den Amaranth rühren und mit Salz und Pfeffer würzen. Zusammen mit dem Pilzragout servieren.

Kräuter-Nuss-Couscous

für starke Nerven
25 Min.
insgesamt ca. 840 kcal
16 g Eiweiß, 54 g Fett, 72 g Kohlenhydrate

ZUTATEN FÜR 1 KINDER- UND 1 ERWACHSENEN-PORTION

- 1 Aufgussbeutel Pfefferminztee
- Salz
- 100 g Instant-Couscous
- 1/2 Bund Petersilie
- 1 Avocado
- 1 EL Zitronensaft
- Pfeffer
- Ajvar (Paprikapaste)

ZUBEREITUNG

1. Den Teebeutel mit 200 ml heißem Wasser in einer Schüssel aufgießen, ca. 5 Min. ziehen lassen und salzen. Anschließend den Couscous zugeben und ca. 5 Min. quellen lassen.

2. Inzwischen die Petersilie waschen, trocken tupfen und klein hacken. Die Avocado schälen, mit einem Messer vom Kern lösen und in kleine Würfel schneiden.

3. Die Avocadowürfel mit Zitronensaft beträufeln und unter den Couscous mischen. Das Ganze kurz in der Mikrowelle erhitzen.

4. Zum Schluss die Petersilie zugeben und alles mit Salz und Pfeffer abschmecken.

Dazu passt 1 Klecks Ajvar.

Grundrezept Pfannkuchen

ZUTATEN FÜR 1 KINDER- UND 1 ERWACHSENEN-PORTION (3–4 STÜCK)

120 g Vollkornmehl
Salz
1 Ei
200 ml Milch
3 TL Öl zum Braten

kinderleicht
25 Min.

bei 4 Stück pro Stück ca. 200 kcal
7 g Eiweiß, 9 g Fett, 23 g Kohlenhydrate

ZUBEREITUNG

1. Mehl, 1 Prise Salz und das Ei in eine Schüssel geben. Nach und nach die Milch dazugießen und alle Zutaten mit einem Handrührgerät zu einem glatten Teig verrühren. Ca. 10 Min. quellen lassen.

2. 1 TL Öl in einer Pfanne erhitzen. Eine Schöpfkelle Pfannkuchenteig in die Pfanne geben und durch kreisende Bewegungen der Pfanne zu einer gleichmäßigen, dünnen Schicht in der Pfanne verteilen.

3. Die Pfannkuchen bei mittlerer Hitze auf jeder Seite ca. 2 Min. goldbraun backen. Fertige Pfannkuchen im Ofen warm stellen und nacheinander 3–4 Pfannkuchen backen, bis der Teig aufgebraucht ist.

Pluspunkt Vollkornmehl enthält die Randschichten des Getreides und dadurch viele Mineralstoffe, Vitamine und Ballaststoffe, die in weißem Mehl nicht mehr enthalten sind.

Austausch-Tipp Das Mehl mit der Type 1050 bietet eine gute Alternative zu Vollkorn und weißem Mehl. Nussig wird es mit Buchweizenmehl. Sie können auch 50 g Mehl durch gemahlene Nüsse ersetzten.

Tuning-Tipp **Pfannkuchen-Schichttorte**
Ein doppeltes Grundrezept Pfannkuchenteig zubereiten. 250 g frische Beeren oder anderes Lieblingsobst waschen bzw. schälen, putzen und in kleine Stückchen schneiden. 500 g Magerquark mit 5 EL Fruchtsaft glatt rühren und das Obst unterrühren.
In eine Springform (28 cm Durchmesser) abwechselnd Pfannkuchen und Fruchtquark schichten. Jede Quarkschicht kann auch mit einer anderen Obstsorte gefüllt werden. Mit Quark abschließen und 3–4 EL gerösteten Buchweizen oder Nüsschen, Kokosflocken, Krokant oder Schokoflocken darüberstreuen. Die Pfannkuchen-Schichttorte wie einen Kuchen aufschneiden und servieren.

Füllungen, süß und pikant

Für süße Pfannkuchenfüllungen eignen sich Fruchtquark, Fruchtmus, Fruchtkompott, Zimtzucker, Schoko- oder Nusscreme. Herzhaft wird es mit Kräuterquark, Pastasauce (S. 90/91), Ratatouille oder Ragout. Oder Sie backen Käse, Schinken oder Kräuter in den Teig ein.

Buchweizen-Schmarrn mit Aprikosen

ZUTATEN FÜR 1 KINDER- UND 1 ERWACHSENEN-PORTION

40 g Vollkorngrieß
100 ml Milch
200 g Aprikosen, 2 Eier
1 EL Agavendicksaft, Salz
100 g Magerquark
40 g Mehl
1 EL Butter
2 EL Buchweizen
Puderzucker oder Zimtzucker zum Bestreuen

Gehirn- und Nervennahrung
30 Min.

insgesamt ca. 915 kcal
44 g Eiweiß, 31 g Fett, 114 g Kohlenhydrate

ZUBEREITUNG

1. Den Vollkorngrieß in eine Schüssel geben, mit der Milch übergießen und 15 Min. quellen lassen.

2. Inzwischen die Aprikosen waschen, halbieren, entkernen und vierteln. Die Eier trennen. Die Eigelbe, den Agavendicksaft, 1 Prise Salz und den Quark in einer Schüssel mit dem Handrührgerät glatt rühren.

3. Den gequollenen Grieß und das Mehl einrühren. Dann die Eiweiße steif schlagen und vorsichtig unter den Teig heben.

4. Die Butter in einer Pfanne erhitzen. Die Aprikosenviertel in der Pfanne verteilen und 3 Min. andünsten. Den Teig gleichmäßig über die Aprikosen gießen. Mit Buchweizen bestreuen. Zugedeckt bei schwacher Hitze 3–4 Min. backen, bis der Teig stockt.

5. Den Pfannkuchen mit Hilfe eines Topfdeckels oder eines großen Tellers wenden und auf der anderen Seite 2–3 Min. backen. Dann mit zwei Holzlöffeln zu einem Schmarrn zerreißen und die Stücke rundherum goldbraun braten. Vor dem Servieren mit Puderzucker oder Zimtzucker bestäuben.

Bananenrolle

reichhaltig | schokoladig
35 Min.
insgesamt ca. 220 kcal
32 g Eiweiß, 49 g Fett, 163 g Kohlenhydrate

ZUTATEN FÜR 1 KINDER- UND 1 ERWACHSENEN-PORTION

- 1 Grundrezept Pfannkuchen
- 2 kleine Bananen
- 2 TL Honig
- 40 g dunkle Schokocreme (Bioladen)

ZUBEREITUNG

1. Einen Pfannkuchenteig wie im Grundrezept links beschrieben zubereiten. Vier sehr dünne Pfannkuchen backen und im Ofen warm halten.

2. Die Bananen schälen und längs halbieren. Bananenhälften überall mit Honig beträufeln und in der heißen Pfannkuchen-Pfanne rundherum anbraten, bis der Honig karamellisiert.

3. Die Pfannkuchen auf einer Seite mit der Schokocreme bestreichen, eine Bananenhälfte an einen äußeren Rand legen, in den Pfannkuchenteig einwickeln und die Bananenrolle in kleine Röllchen schneiden.

Variante Statt gekaufter Schokocreme können Sie auch den Schokoschmelz von S. 45 zubereiten.

Orangenscheiben im Schoko-Ausbackteig

blitzschnell | kinderleicht
30 Min.
insgesamt ca. 875 kcal
24 g Eiweiß, 43 g Fett, 98 g Kohlenhydrate

ZUTATEN FÜR 1 KINDER- UND 1 ERWACHSENEN-PORTION

- 2–3 Bio-Orangen
- 70 g Vollkornmehl
- Salz, 1 Ei
- 100 ml Milch
- 2 TL entöltes Kakaopulver
- 5–6 EL Öl
- 3 EL Weizenmehl

ZUBEREITUNG

1. Orangen heiß abwaschen. Ca. 1 TL Schale abreiben. Aus Vollkornmehl, 1 Prise Salz, Ei und Milch, wie im Grundrezept links beschrieben, einen Teig zubereiten.

2. Kakao und Orangenschale unter den fertigen Teig rühren. Orangen ganz schälen und in ca. 1 cm dicke Scheiben schneiden.

3. Öl in einer Pfanne erhitzen. Mehl in einen flachen Teller geben und Orangenscheiben zuerst darin, dann im Schokoteig wenden. Im heißen Öl ausbacken und auf Küchenpapier auslegen, damit das überflüssige Fett aufgesaugt wird. Schmeckt kalt und warm.

Austausch-Tipp Sie können auch die gleiche Menge Äpfel, im Sommer Nektarinen oder Pfirsiche oder eine Mischung aus den Früchten ausbacken.

Es gibt Abendbrot!

Nach und nach wird das Abendbrot zur Familienmahlzeit. Kindergartenkinder sollten spätestens um 19 Uhr essen – schließlich sollten sie um 20 Uhr oder früher im Bett liegen. Schön, wenn die ganze Familie das gemeinsam hinkriegt. Gerade abends gibt es oft Tränen: Alle sind müde, das Kind mag kein Ende finden … Eine gemütliche gemeinsame Mahlzeit erleichtert den Abschied vom Tag. Manchmal hilft auch ein wohlig-warmes Wannenbad zuvor und eine kleine Vorlesestunde danach oder das »Sandmännchen«. Nehmen Sie sich diese zwei Stunden Zeit – Sie werden den Abend danach für sich haben und eine ruhige Nacht. Klar, dass beide Eltern ihren Teil dazu beitragen müssen, sonst kann ein harmonisches Abendessen nicht gelingen. Also: Einer kocht, der andere badet, liest etwas vor, hört zu …

Was mache ich, wenn …

Das Abendbrot wird zunehmend zur Familienmahlzeit, ist in Deutschland aber in der Regel »kalt«, besteht also aus Brot und Aufschnitt mit Käse. Selbst wenn es Vollkornbrot gibt, fehlt Gemüse und ist die »Energiedichte« zu hoch. Versuchen Sie, einen Kompromiss zu finden.

→ ich nicht zweimal täglich kochen will? Mittags gleich die doppelte Portion Gemüse, Kartoffeln oder Pasta kochen und abends zum Salat machen, Brotaufstriche im Vorrat haben, für Vollkornbrot sorgen. Aus Resten lassen sich mit dem Pürierstab Süppchen zaubern.

→ mein Kind nicht zur Ruhe kommt? Spontane Aktionen, anregende Geräuschkulisse, Fernsehen, Toben und Hektik lassen den Adrenalinspiegel steigen. Kein Wunder, wenn dann nichts mehr geht. Aber auch ein Nachmittag, der passiv zu Hause verbracht worden ist, oder ein zu langer Mittagsschlaf kann aus dem Rhythmus bringen. Kinder brauchen nachmittags frische Luft und Bewegung, abends Ruhe und Regelmäßigkeit. Übrigens: Kakao und Schokolade enthalten kleine Mengen Koffein: auch das kann ihr Kind aufregen.

→ mein Partner sehr spät und unregelmäßig nach Hause kommt? Dann sollten Sie das Abendessen mit Ihrem Kind unabhängig davon planen und die gemeinsamen Mahlzeiten auf das Wochenende verlegen. Für einige Jahre geht jetzt das Kind vor. Im Prinzip sind aber alle Rezepte auch für Erwachsene geeignet. Kochen Sie die doppelte Portion und wärmen das Essen als Tellerportion in der Mikrowelle auf: Das ist die schonendste Methode.

→ mein Kind zu müde ist zum Essen? Wenn das nur ab und zu vorkommt und Ihr Kind gesund ist, dann geht Schlaf vor: ab ins Bett. Doch dann nicht nachts eine Extrawurst braten! Das kann nämlich zur schlechten Angewohnheit werden. Verhungern wird Ihr Kind nicht. Aber wenn das häufig passiert, sollten Sie den Tagesablauf überdenken.

→ mein Kind keine Brote essen will? Manche Kinder hängen noch an ihrem Babybrei. Es ist nichts einzuwenden gegen Grießbrei, Polenta, Grütze, Müsli, Pfannkuchen – aber bitte aus Vollkorn und zuckerarm.

→ mein Kind nach dem Essen immer noch etwas knabbern will? Nach dem Zähneputzen ist Schluss! Lieber für genug Kauarbeit beim Abendbrot sorgen. Und dem Kind nichts vornaschen!

→ mein Kind abends keinen Hunger hat? Wenn es trotzdem durchschläft, ist das in Ordnung. Sonst alles Naschen streichen.

Was macht müde und liegt nicht schwer im Magen?

→ **Getreidegrützen** Vollkorngrieß oder -mehl, Getreideflocken, Polenta oder Graupen sind magenmild, liegen zart auf der Zunge und beruhigen. Verzichten Sie auf süße Instantprodukte: Sie haben eine niedrige Nährwertdichte, sind teuer und künstlich. Lieber mit mildem, säurearmem Obst, Vanille und Honig süßen.

→ **Milch** ist als Schlummertrunk ideal, weil sie leicht verdaulich ist, trotzdem sättigt und das Kalzium über Nacht vom Körper besonders gut aufgenommen wird. Kakao lieber nicht: er enthält Koffein.

→ **mildes Gemüse** Es muss ja nicht unbedingt Rohkost sein: Die beschäftigt den Kindermagen doch sehr. Aber gegrilltes und mariniertes Gemüse wie in Italien wirkt basenbildend im Körper – selbst mit etwas Balsamico oder Zitronensaft.

→ **Blattsalate** enthalten tatsächlich beruhigende Substanzen. Sie gären auch nicht etwa im Magen, sondern sind schnell verdaut. Und neben viel Flüssigkeit liefern sie auch noch jede Menge Vitamine und Mineralstoffe.

→ **Tomaten** Sie sind keine echten Müdemacher – aber leicht verdaulich, gut zu essen und ein echter Kinderliebling. Sie helfen, wirklich auf 2 bis 3 Portionen Gemüse am Tag zu kommen!

→ **Kartoffeln** Als Pellkartoffeln mit Quark oder anderen Dips, als Suppe oder Püree sind sie ein »Magenpflaster«. Vorsicht mit Bratkartoffeln oder Puffer: Die sind sehr fettreich und liegen deshalb schwer im Magen. Restkartoffeln vom Mittagessen deshalb lieber als Suppe mit etwas Gemüse, Bouillon und Milch pürieren oder in wenig Butter in der Pfanne schwenken, bis sie warm sind.

→ **Nudeln** dürfen abends auch einmal aus hellem Mehl sein – dann sind sie noch leichter verdaulich. Wichtig: Die Sauce sollte aus mildem Gemüse und wenig Fett bestehen. Scharf angeröstete Zutaten reizen den Magen!

→ **Fisch** Sein Eiweiß ist besonders leicht verdaulich. Doch fette Fische wie Lachs und Hering können schwer im Magen liegen. Thunfisch naturel dagegen oder Krabben sind abends gut verträglich.

Zähne putzen nicht vergessen!

Und zwar am besten erst 30 Minuten nach dem Essen. Also erst vorlesen, dann Zähne putzen. Und vor allem: nicht mit Druck und kurz, sondern sanft kreisend und 3 Minuten. Stellen Sie eine Eieruhr ins Badezimmer oder spendieren Sie eine Elektro-Kinderzahnbürste mit Zeitautomatik. Wenn Ihr Kind keine Fluortabletten nimmt, fluoridhaltige Zahnpasta benutzen. Und einmal im Jahr Fluoridlack aufbringen.

Welche Wurst und welcher Käse?

→ **Aufschnitt** ist bei Kindern beliebt. Einmal pro Tag ist das okay. Aber ziehen Sie keine Wurstesser heran – der WCRF-Report (siehe Glossar) zählt dunkles und gepökeltes Fleisch zu den **Risikofaktoren für Krebs.** Der zweite Nachteil ist der teilweise hohe Gehalt an tierischem Fett. Gerade die bei Kindern beliebte Schmierwurst und Fleischwurst enthält bis zu 25 Prozent davon. Fettreduzierte Ware dagegen ist oft reich an Zusatzstoffen. Am besten unter Schmierwurst das Fett weglassen und Salami hauchdünn schneiden, bei Brühwurst Ware **unter 20 Prozent Fett** bevorzugen. Letzter Meckerpunkt: **Nitritpökelsalz** macht Wurst rosig und haltbar, kann aber beim Erhitzen zur Bildung von krebserregenden Nitrosaminen führen. Biowurst und luftgetrocknete Ware sind oft frei von Nitritpökelsalz. Fazit: **Edler Aufschnitt in Minimengen.**

→ **Käse** lieben Kinder mild und cremig. Schmelzkäse lassen Sie lieber liegen – zu salzig und phosphathaltig. Schnittkäse mit max. 40 Prozent Fett i. Tr. ist in Ordnung, bei Frischkäse lieber die fettreduzierte Variante wählen. Lassen Sie Ihr Kind immer wieder mal guten Weichkäse probieren. Der Schimmel ist wohl essbar, schmeckt aber etwas scharf: besser abschneiden. **Machen Sie Ihr Kind zum Käsekenner** – das tut seinen Knochen gut!

Grundrezept Waffeln

ZUTATEN FÜR 1 KINDER- UND 1 ERWACHSENENPORTION

50 g weiche Butter
1 Ei, 1 Msp. Backpulver
Salz, 1 TL Honig
150 g Dinkel-Vollkornmehl (oder 100 g + 50 g geriebene Nüsse)
200 ml Wasser, Saft oder Milch
etwas Öl für das Waffeleisen

blitzschnell | kinderleicht
30 Min.

insgesamt ca. 1210 kcal
34 g Eiweiß, 68 g Fett, 115 g Kohlenhydrate

ZUBEREITUNG

1. Die Butter schaumig schlagen, dann das Ei unterrühren.

2. Backpulver, 1 Prise Salz und den Honig mit dem Mehl vermengen. Diese Mehlmischung und die Flüssigkeit abwechselnd nach und nach unter die Butter-Ei-Masse rühren. Den Teig ca. 10 Min. quellen lassen.

3. Das Waffeleisen vorheizen, die Backflächen mit wenig Öl einpinseln. Portionsweise 3–4 EL Teig in die Mitte des Waffeleisens geben, Deckel schließen und Waffeln in ca. 3–5 Min. goldgelb ausbacken. So viele Waffeln backen, bis der Teig verbraucht ist.

Praxis-Tipp Dieser Grundrezept-Teig ist weder besonders süß noch salzig. Für süße Waffeln den Teig mit 50 g Zucker oder Honig süßen. Weitere Varianten finden Sie im Kasten auf der rechten Seite.

Grüne Waffeln

raffiniert | braucht Zeit
50 Min.
insgesamt ca. 1120 kcal
28 g Eiweiß, 54 g Fett, 132 g Kohlenhydrate

ZUTATEN FÜR 1 KINDER- UND 1 ERWACHSENEN-PORTION

- 150 g Buchweizen- oder Grünkernmehl
- 1 Päckchen Trockenhefe
- Salz, 1 EL Honig
- 250 ml lauwarme Molke oder Buttermilch
- 1 Bund Rucola
- 4 EL Rapsöl
- etwas Öl für das Waffeleisen

ZUBEREITUNG

1. Das Mehl mit Hefe und 1 TL Salz mischen. Honig in der lauwarmen Molke auflösen und mit dem Mehl zu einem glatten Teig verrühren. Teig an einem warmen Ort zugedeckt ca. 30 Min. gehen lassen.

2. Rucola waschen, trocken schütteln und mit dem Rapsöl pürieren. Dann unter den Teig ziehen.

3. Das Waffeleisen vorheizen, die Backflächen mit wenig Öl einpinseln. Portionsweise 3–4 EL Teig in die Mitte des Waffeleisens geben, Deckel schließen, Waffeln in 3–5 Min. ausbacken, bis der Teig verbraucht ist.

Dazu passt Pikante Aufstriche von Seite 46/47. Die runde Waffel in die einzelnen Herzchen zerteilen. Ein Herzchen mit dem »Grünen Traum« bestreichen und mit einem weiteren Herzchen zudecken. Fertig ist die grüne Waffel-Stulle für zwischendurch!

Tuning-Tipps für das Waffel-Grundrezept

Zu süßen Waffeln mit in den Teig können z. B. kleine Würfel frisches oder getrocknetes Obst, Mohn-Back, Schokoraspel, Rumrosinen oder Vanillemark. Würzig wird es mit abgeriebener Zitronen- oder Orangenschale, Zimtpulver oder frischer Minze. Für einen nussigen Geschmack können 50 g des Mehls durch gemahlene Nüsse z. B. Mandeln, Haselnüsse oder Cashewkerne ausgetauscht werden. Das geht sowohl bei süßen als auch bei pikanten Waffeln.

Zu pikanten Waffeln mit in den Teig können z. B. geraspeltes Gemüse und Käse, Röstzwiebeln, Speck-, Schinkenwürfel, gehackte getrocknete Tomaten (in Öl), Oliven oder Mais. Würzig wird es mit frisch gehackten Kräutern wie Rosmarin oder Basilikum oder Knoblauch.

Kartoffelwaffeln

blitzschnell | kinderleicht
30 Min.
insgesamt ca. 1070 kcal
25 g Eiweiß, 70 g Fett, 85 g Kohlenhydrate

ZUTATEN FÜR 1 KINDER- UND 1 ERWACHSENEN-PORTION

- 150 g Pellkartoffeln vom Vortag
- 2–3 EL Olivenöl, 1 Ei
- Salz, Pfeffer
- 80 g Vollkornmehl
- 1 Msp. Backpulver
- 2 EL Tomatenflocken oder rotes Pesto
- 1 Msp. Pul Biber (Chiliflocken)
- 150 ml Milch
- etwas Öl für das Waffeleisen

ZUBEREITUNG

1. Kartoffeln schälen und durch eine Kartoffelpresse oder ein Sieb drücken oder mit dem Stampfer zerdrücken.

2. Das Olivenöl mit dem Ei schaumig rühren. Dann die Kartoffeln, 1 TL Salz und Pfeffer einrühren. Mehl, Backpulver, Tomatenflocken und Pul Biber mischen und abwechselnd mit der Milch nach und nach unter die Masse rühren. Ca. 10 Min. quellen lassen.

3. Das Waffeleisen vorheizen und die Backflächen mit wenig Öl einpinseln. Portionsweise 3–4 EL Teig in die Mitte des Waffeleisens geben, den Deckel schließen und Waffeln in 3–5 Min. goldgelb ausbacken, bis der Teig verbraucht ist.

Austausch-Tipp Nur 1 Prise Salz nehmen, auf die Tomaten- und Chiliflocken verzichten und stattdessen 1–2 EL Honig zugeben. Mit Zimtzucker und Apfel-, Aprikosen- oder Pflaumenmus servieren.

Maracujaquark-Waffeln

fruchtig | kinderleicht
30 Min.
insgesamt ca. 1125 kcal
33 g Eiweiß, 63 g Fett, 106 g Kohlenhydrate

ZUTATEN FÜR 1 KINDER- UND 1 ERWACHSENEN-PORTION

- 1 Ei
- 3 EL Apfeldicksaft oder Honig
- 50 g weiche Butter
- 100 g Magerquark
- 50 g Mehl (Type 1050)
- 50 g feine Haferflocken
- Salz
- 150 ml Maracujasaft
- etwas Öl für das Waffeleisen

ZUBEREITUNG

1. Das Ei mit dem Dicksaft schaumig rühren. Die Butter und den Quark unterrühren.

2. Das Mehl mit den Haferflocken und 1 Prise Salz vermengen. Diese Mischung und den Maracujasaft abwechselnd nach und nach unter die Ei-Quark-Masse rühren. Den Teig ca. 10 Min. quellen lassen.

3. Das Waffeleisen vorheizen und die Backflächen mit wenig Öl einpinseln. Portionsweise 3–4 EL Teig in die Mitte des Waffeleisens geben, den Deckel schließen und Waffeln in 3–5 Min. goldgelb ausbacken, bis der Teig verbraucht ist.

Blitzkuchen aus dem Glas

für den Vorrat
20 Min. + 30 Min. Backen
pro Stück ca. 390 kcal
12 g Eiweiß, 15 g Fett, 52 g Kohlenhydrate

ZUTATEN FÜR CA. 6 GLÄSER (JE 250 ML INHALT, S. TIPP)

250 g Blaubeeren
4 Eier, 80 g Zucker
250 g Vollkornmehl
2 TL Backpulver
300 g Vanillejoghurt
4 EL Rapsöl, Salz
Butter und Semmelbrösel für die Gläser
Puderzucker zum Bestäuben

ZUBEREITUNG

1. Backofen auf 200° vorheizen. Blaubeeren waschen und auf Küchenpapier abtropfen lassen. Gläser einfetten und mit Semmelbröseln ausstreuen.

2. Die Eier trennen. Eigelbe mit Zucker, Mehl, Backpulver, Joghurt und Rapsöl mit den Quirlen des Handrührgerätes verrühren. Die Eiweiße mit 1 Prise Salz steif schlagen und unter den Teig heben. Blaubeeren vorsichtig unterziehen.

3. Den Teig gleichmäßig in die vorbereiteten Gläser füllen – jedes Glas nur zur Hälfte füllen. Die Gläser ohne Deckel in den Backofen (Mitte; Umluft 180°) stellen und die Minikuchen 25–30 Min. backen. Die Deckel während der letzten 10 Min. dazulegen, um sie zu sterilisieren. Gläser nach dem Backen sofort verschließen und auskühlen lassen. Vor dem Servieren Minikuchen mit etwas Puderzucker bestäuben.

Praxis-Tipp Verwenden Sie möglichst gerade Twist-off-Gläser mit breiter Öffnung – sie lassen sich besser einfetten und füllen.

Variante Aus dem gleichen Teig können auch Muffins gebacken werden.

Gefüllte Aprikosen

für eine gute Verdauung
40 Min.
pro Stück ca. 40 kcal
1 g Eiweiß, 2 g Fett, 6 g Kohlenhydrate

ZUTATEN FÜR 20 STÜCK

25 g gemahlene Mandeln
1/2 Bio-Orange
1 TL Honig
20 g Instant-Couscous
20 getrocknete Soft-Aprikosen
3 EL gehackte Pistazien

ZUBEREITUNG

1. Mandeln in einer Pfanne ohne Fett anrösten bis sie duften.

2. Orange heiß abwaschen, Schale oberflächlich abreiben und Saft auspressen. 60 ml Orangensaft mit Honig und Couscous verrühren und etwa 15 Min. ziehen lassen.

3. Geröstete Mandeln, Orangenschale und Orangen-Couscous mit einem Pürierstab cremig pürieren.

4. Die Aprikosen der Länge nach aufschneiden, auseinanderdrücken und mit der Masse füllen, Füllung mit den Pistazien bestreuen.

Kürbis-Muffins

herbstlich | mild
30 Min. + 30 Min. Backen
pro Stück ca. 215 kcal
4 g Eiweiß, 10 g Fett, 26 g Kohlenhydrate

ZUTATEN FÜR 12 MUFFINS

200 g Hokkaidokürbis
250 g Vollkornmehl
2 TL Backpulver
1/2 TL Natron, Salz
1/2 TL Zimtpulver
2 Eier (Größe M)
100 g Zucker
100 g weiche Butter
100 ml Orangensaft
100 g Joghurt (1,5 % Fett)
30 g gehackte Mandeln
Fett oder Papierförmchen für das Muffinsblech

ZUBEREITUNG

1. Den Backofen auf 190° vorheizen. Die Mulden eines Muffinsblechs ausfetten oder mit Papierförmchen auskleiden. Das Kürbisfleisch fein raspeln (am besten mit einer Küchenmaschine).

2. Mehl, Backpulver, Natron, 1 Prise Salz und Zimt mischen. Die Eier verquirlen. Zucker, Butter, Orangensaft und Joghurt kurz unterrühren. Mehlmischung dazugeben und alles nur so lange verrühren, bis die Zutaten sich eben verbunden haben. Zuletzt die Kürbisraspel unterheben.

3. Teig gleichmäßig in die Mulden füllen und mit den Mandeln bestreuen. Auf der 2. Schiene von unten (Umluft 160°) 30 Min. backen.

4. Etwas abkühlen lassen. Muffins aus den Vertiefungen lösen und auf einem Gitter vollständig erkalten lassen.

Austausch-Tipp Schmeckt auch mit Möhren statt Kürbis.

Bananen-Maracuja-Makronen

vollwertig | fruchtig
55 Min. + 25 Min. Backen
pro Stück ca. 45 kcal
1 g Eiweiß, 2 g Fett, 5 g Kohlenhydrate

ZUTATEN FÜR CA. 30 MAKRONEN

50 g getrocknete Bananen
100 g Walnusskerne
3 Eier
3 EL Honig
3 EL Öl
100 g Haferflocken
Salz, 1–2 Maracujas
ca. 30 kleine Papierförmchen oder Oblaten

ZUBEREITUNG

1. Bananen und Walnüsse mit einem Blitzhacker zerkleinern. Eier trennen. Die Eigelbe mit Honig und Öl cremig rühren. Die Haferflocken unterrühren. Den Teig etwa 30 Min. quellen lassen.

2. Den Backofen auf 150° (Umluft 130°) vorheizen. Papierförmchen oder Oblaten auf zwei mit Backpapier belegten Backblechen verteilen. Eiweiße mit Salz steif schlagen.

3. Die Maracujas schälen und das Fruchtfleisch fein pürieren. Maracujamark, gehackte Bananen und Nüsse, dann den Eischnee unter den Teig heben. Mit zwei Teelöffeln Häufchen in die Förmchen oder auf die Oblaten setzen. Die Makronen im Backofen in 20–25 Min. goldbraun backen. Herausholen und ganz abkühlen lassen.

Praxis-Tipp Makronen in einer gut verschließbaren Dose trocken aufbewahren.

Bunte Gemüsechips

für Knabberfans
20 Min.
pro Portion ca. 145 kcal
3 g Eiweiß, 3 g Fett, 26 g Kohlenhydrate

ZUTATEN FÜR 4 PORTIONEN

200 g Rote Bete
200 g Pastinaken oder Möhren
200 g Süßkartoffeln
200 g Topinambur oder Kartoffeln
Sojaöl zum Ausbacken
Meersalz

ZUBEREITUNG

1. Rote Bete, Pastinaken, Süßkartoffeln und Topinambur kräftig unter fließendem Wasser abbürsten. Mit Hilfe einer Küchenmaschine oder eines Küchenhobels in ca. 0,3 cm dicke Scheiben hobeln.

2. Zwei große Arbeitsbretter oder zwei Backbleche mit Küchenpapier auslegen. Eine große unbeschichtete Pfanne ca. 3 cm hoch mit Öl füllen und heiß werden lassen.

3. Die Gemüsescheiben mit Küchenpapier trocken tupfen, portionsweise in das heiße Öl geben und in 1–3 Min. goldgelb frittieren. Mit der Siebkelle herausfischen und auf dem Küchenpapier auslegen, damit überflüssiges Fett aufgesaugt werden kann. Vor dem Servieren mit Meersalz bestreuen.

Info Achten Sie darauf, dass das Öl heiß genug ist bzw. dass Sie nicht zu viel Gemüse auf einmal hineingeben. Dann saugt sich das Gemüse mit Fett voll, bevor es knusprig werden kann. Die Temperatur stimmt, wenn ein Brotkrümel im Öl sprudelnd brät.

Dazu passt Orangenschmant (S. 63), Kräuterquark und Avocado-Dip (S. 46, Grüner Traum).

Avocado zum Löffeln

reich an gesunden Fettsäuren
20 Min.
pro Portion ca. 275 kcal
7 g Eiweiß, 27 g Fett, 1 g Kohlenhydrate

ZUTATEN FÜR 4 PORTIONEN

2 reife, schnittfeste Avocados
Saft von einer halben Zitrone
100 g Kirschtomaten
2 Frühlingszwiebeln oder 1 Bund Schnittlauch
100 g Hüttenkäse
Salz, Pfeffer

ZUBEREITUNG

1. Die Avocados waschen, halbieren und den Kern entfernen. Dann mit einem Löffel das Fruchtfleisch bis knapp unter die Schale herauskratzen, klein hacken und sofort mit dem Zitronensaft beträufeln.

2. Die Kirschtomaten waschen und vierteln. Frühlingszwiebeln waschen, Wurzelenden und welke Blätter entfernen und die Zwiebeln in dünne Ringe schneiden.

3. Das Avocadofruchtfleisch mit allen anderen Zutaten vermengen, mit Salz und Pfeffer abschmecken und gleichmäßig in die ausgehöhlten Avocadohälften füllen.

Zucchiniröllchen

stärkt das Immunsystem
gut vorzubereiten
20 Min.
pro Röllchen ca. 67 kcal
2 g Eiweiß, 6 g Fett, 2 g Kohlenhydrate

ZUTATEN FÜR CA. 10 RÖLLCHEN

2 Zucchini, Salz
2 EL Olivenöl
3 EL Sesamsamen
20 g Putenschinken
1 Handvoll Basilikumblätter
100 g Schmant
Pfeffer

ZUBEREITUNG

1. Zucchini waschen, Enden abschneiden und Zucchini längs in ca. 0,5 cm dicke Scheiben schneiden. Scheiben auf ein mit Backpapier ausgelegtes Backblech legen, beidseitig salzen und mit Olivenöl bepinseln. Im Backofen von jeder Seite 3–5 Min. grillen, bis sie bräunen.

2. Inzwischen Sesamsamen in einer Pfanne rösten, bis sie duften. Putenschinken fein hacken. Basilikumblätter waschen, ebenfalls hacken. Alles mit dem Schmant verrühren und mit Salz und Pfeffer abschmecken.

3. Ausgekühlte Zucchinischeiben mit der Schmantcreme bestreichen und aufrollen.

Variante Die Röllchen können genau so auch mit Auberginen gemacht werden. Statt Schinken können Sie auch geriebenen Parmesan verwenden.

Eier-Schiffchen

eiweißreich | würzig
15 Min.
pro Portion ca. 105 kcal
9 g Eiweiß, 7 g Fett, 1 g Kohlenhydrate

ZUTATEN FÜR 4 PORTIONEN

4 Eier
2 EL Thunfisch (aus der Dose, im eigenen Saft)
2 EL mittelscharfer Senf
1 TL Kapern (aus dem Glas)
Salz
frisch geriebene Muskatnuss

ZUBEREITUNG

1. Die Eier in 8 Min. hart kochen, kalt abschrecken und pellen. Anschließend die Eier längs halbieren und mit einem kleinen Löffel die Eigelbe aus den Hälften heben.

2. Die Eigelbe mit einer Gabel zerdrücken. Thunfisch und Senf dazugeben und alles gut vermischen. Die Kapern zerdrücken und unter die Masse rühren. Alles mit Salz und Muskatnuss abschmecken.

3. Die Masse mit einem kleinen Löffel wieder in die Eierhälften füllen.

Austausch-Tipp Kapern haben ein säuerliches, bitteres Aroma, das den Speisen einen pikanten Geschmack gibt. Ob Ihr Kind das mag, müssen Sie ausprobieren. Ansonsten einfach bei einem Teil der Eier die Kapern durch Schnittlauch ersetzen.

Pluspunkt Kapern haben eine appetitanregende und verdauungsfördernde Wirkung.

Eier-Schiffchen (links oben), Zucchiniröllchen (rechts oben), Avocado zum Löffeln (links unten), Bunte Gemüsechips (rechts unten)

Mandelblättchen rot-weiß

blitzschnell | vegetarisch
15 Min.
insgesamt ca. 460 kcal
20 g Eiweiß, 31 g Fett, 24 g Kohlenhydrate

ZUTATEN FÜR 1 KINDERPORTION

1 Kartoffel
1–2 Möhren
1–2 EL Rapsöl
2 EL Mandelblättchen
Salz, Pfeffer
100 g fertiger Frühlingsquark

ZUBEREITUNG

1. Kartoffel und Möhren waschen, schälen und auf einem Küchenhobel in dünne Scheiben hobeln.

2. Öl in einer Pfanne erhitzen. Kartoffel, Möhren und Mandelblättchen bei mittlerer Hitze 5–7 Min. braten, bis die Kartoffelscheiben goldbraun sind. Mit Salz und Pfeffer würzen.

3. Gemüse auf einem Teller verteilen und Frühlingsquarkkleckse daraufsetzen.

Pluspunkt Möhren enthalten das gelbe Karotin, das mit Fett am besten aufgenommen wird.

Austausch-Tipp Falls Sie genügend Zeit haben, können Sie auch ein halbes Rezept Kräuterquark von S. 70 zubereiten.

Ei im Scheiterhaufen

Resteverwertung
15 Min.
insgesamt ca. 300 kcal
9 g Eiweiß, 27 g Fett, 6 g Kohlenhydrate

ZUTATEN FÜR 1 KINDERPORTION

1 Zwiebel
1 Scheibe altbackenes Vollkornbrot
100 g Kirschtomaten
2 EL Rapsöl, Salz
Pfeffer, 1 Ei

ZUBEREITUNG

1. Zwiebel schälen und würfeln. Brotscheibe in Würfel schneiden. Tomaten waschen und halbieren.

2. Öl in einer Pfanne erhitzen. Zwiebel bei mittlerer Hitze glasig dünsten. Brotwürfel dazugeben und zu goldbraunen Croûtons rösten. Mit Salz und Pfeffer würzen.

3. Tomaten mit der Schnittfläche nach unten um die Croûtons in die Pfanne setzen. Ei über den Croûtons aufschlagen und zugedeckt stocken lassen. Falls es unten zu dunkel wird, Pfanne vom Herd nehmen und das Ganze einige Min. gar ziehen lassen.

Variante Mit den Brotwürfeln kann auch etwas Speck oder Knoblauch angebraten werden.

Gebratene Apfelschnitze mit Honig-Polenta

gehaltvoll | gut vorzubereiten
15 Min.
insgesamt ca. 510 kcal
12 g Eiweiß, 23 g Fett, 66 g Kohlenhydrate

ZUTATEN FÜR 1 KINDERPORTION

1 Apfel
1 EL Pinienkerne (10 g)
200 ml Milch
40 g Instant-Polenta
1 TL Butter
1 TL Honig

ZUBEREITUNG

1. Den Apfel waschen, vierteln und das Kerngehäuse entfernen. Die Pinienkerne in einer Pfanne ohne Fett rösten, bis sie duften. Dann beiseitestellen.

2. Inzwischen einen Topf mit kaltem Wasser ausspülen. Die Milch hineingießen und zum Kochen bringen. Die Polenta einrühren und einmal aufkochen lassen. Dann den Topf vom Herd nehmen und die Polenta ca. 5 Min. quellen lassen.

3. Inzwischen Butter in einer Pfanne schmelzen. Apfelschnitze hineinlegen und rundherum braten.

4. Zum Schluss Honig unter die Polenta rühren, Pinienkerne darüber verteilen und mit den gebackenen Apfelschnitzen servieren.

Servier-Tipp schmeckt auch kalt.

Grießpudding

blitzschnell | kinderleicht
10 Min.
insgesamt ca. 355 kcal
12 g Eiweiß, 13 g Fett, 48 g Kohlenhydrate

ZUTATEN FÜR 1 KINDERPORTION

250 g Milch
30 Vollkorngrieß
1 TL Vollrohrzucker
2 gehackte Haselnüsse
2 EL Mirabellen (aus dem Glas) oder Mandarinen (aus der Dose) oder frische Beeren

ZUBEREITUNG

1. Einen Topf mit kaltem Wasser ausspülen. Milch hineingießen und zum Kochen bringen. Grieß und Zucker einrühren und einmal aufkochen lassen. Den Topf vom Herd nehmen, die Nüsse unterrühren und die Mischung ca. 5 Min. quellen lassen.

2. Grießpudding in ein Schälchen füllen und die Früchte daraufgeben.

Speed-Tipp Sie können den Brei auch ganz einfach in der Mikrowelle zubereiten. Dafür Milch, Zucker und Grieß in eine geeignete Schüssel geben und bei 600 Watt 3 Min. garen. Herausnehmen, mit einem Schneebesen kurz durchrühren, die Nüsse untermischen und den Brei 10 Min. quellen lassen.

Varianten Schokofans können statt der Nüsse 1–2 TL entölten Kakao in den Grieß rühren. Dazu gibt's statt Mirabellen Bananenscheiben.

Grüne Suppe

hilft beim Wachsen | braucht etwas Zeit
40 Min.
insgesamt ca. 685 kcal
37 g Eiweiß, 42 g Fett, 37 g Kohlenhydrate

ZUTATEN FÜR 1 KINDER- UND 1 ERWACHSENEN-PORTION

- 40 g Perlgraupen
- 300 ml Gemüsebrühe (Instant)
- 300 g TK-Grünkohl
- 100 g Kabanossi
- Salz, Pfeffer
- 2 TL Schmant

ZUBEREITUNG

1. Die Graupen in einem Sieb kurz mit warmem Wasser abspülen. Mit der Brühe in einem Topf zum Kochen bringen. Zugedeckt 20 Min. köcheln lassen. Eventuell noch etwas Flüssigkeit zugeben. Inzwischen den tiefgefrorenen Grünkohl antauen lassen. Die Kabanossi in Scheiben schneiden.

2. Nach 20 Min. den Grünkohl zu den Graupen geben und erwärmen, bis er aufgetaut ist. Dann das Ganze weitere 10 Min. köcheln lassen, bis die Graupen weich sind. Mit Wasser auffüllen, bis die Suppe die gewünschte Konsistenz hat. Noch einmal aufkochen.

3. Zum Schluss Kabanossischeiben in der Suppe erwärmen und mit Salz und Pfeffer abschmecken. Suppe mit einem Klecks Schmant servieren.

Austausch-Tipp Der Grünkohl kann auch durch tiefgefrorenen Wirsing ersetzt werden. Statt Kabanossi schmeckt auch die gleiche Menge Wiener Würstchen oder Fleischwurst.

Kicher-Suppe

orientalisch | eiweißreich
30 Min.
insgesamt ca. 1185 kcal
72 g Eiweiß, 50 g Fett, 116 g Kohlenhydrate

ZUTATEN FÜR 1 KINDER- UND 1 ERWACHSENEN-PORTION

- 200 g Hähnchenbrustfilet
- Salz, 1 EL Honig
- 2 EL Sesamsamen
- 2 EL Rapsöl
- 1 Knoblauchzehe
- 1 Zwiebel
- 1/2 Bio-Zitrone
- 1 Dose Kichererbsen (400 g)
- 2 EL Tahin (Sesampaste)
- 2 EL saure Sahne
- Pfeffer
- etwas gemahlener Kreuzkümmel
- 2 kleine Schaschlikspieße

ZUBEREITUNG

1. Das Hähnchenbrustfilet in ca. 2 cm große Stücke schneiden, salzen und auf die Schaschlikspieße stecken. Die Spieße zuerst in Honig, dann in Sesam wenden. 1 EL Öl in einer Pfanne erhitzen und Fleischspieße rundherum kurz anbraten. Spieße herausnehmen und in Alufolie wickeln.

2. Knoblauch und Zwiebel schälen und klein schneiden. Zitronenhälfte heiß abspülen, Schale oberflächlich abreiben und Saft auspressen. Übriges Öl erhitzen. Zwiebel mit dem Knoblauch und der Zitronenschale glasig dünsten. Die Kichererbsen mit Sud dazugeben, zum Kochen bringen und mit einem Pürierstab pürieren. Falls die Suppe zu dick ist, noch etwas Flüssigkeit dazugeben.

3. Tahin und saure Sahne einrühren. Mit Salz, Pfeffer und Kreuzkümmel abschmecken. Suppe mit den Fleischspießen servieren.

Rote Suppe

Klassiker | einfach
20 Min.
insgesamt ca. 660 kcal
35 g Eiweiß, 38 g Fett, 44 g Kohlenhydrate

ZUTATEN FÜR 1 KINDER- UND 1 ERWACHSENEN-PORTION

- 1 Bio-Orange
- 1 Zwiebel
- 1 Knoblauchzehe
- 1 EL Olivenöl
- 1 EL Mehl
- 500 ml passierte Tomaten
- 1 Handvoll Basilikumblätter
- Salz, Pfeffer
- Zucker
- 2 EL Sahne
- 125 g Mozzarellakügelchen

ZUBEREITUNG

1. Orange heiß abwaschen, Schale oberflächlich abreiben, Saft auspressen. Zwiebel und Knoblauch schälen und sehr klein hacken.

2. Olivenöl in einem Topf erhitzen. Zwiebel, Knoblauch und Orangenschale dazugeben und dünsten, bis die Zwiebel glasig ist. Mehl darüberstäuben und kurz mitdünsten.

3. Mit dem Orangensaft ablöschen und vom Herd ziehen. Die Tomaten dazugeben und aufkochen lassen. Bei schwacher Hitze zugedeckt ca. 5 Min. köcheln lassen.

4. Inzwischen Basilikumblätter waschen und trocken schütteln. Suppe mit Salz, Pfeffer und Zucker abschmecken und Sahne einrühren. In Schalen füllen, Basilikumblätter mit einer Küchenschere darüberschneiden, Mozzarellakügelchen hineinsetzen, die Suppe servieren.

Klümpchen-Suppe

traditionell
35 Min.
insgesamt ca. 805 kcal
35 g Eiweiß, 17 g Fett, 129 g Kohlenhydrate

ZUTATEN FÜR 1 KINDER- UND 1 ERWACHSENEN-PORTION

- 1 Handvoll Basilikumblätter
- 1 Ei
- 150 g Mehl (Type 1050) + Mehl zum Arbeiten
- Salz, Pfeffer
- 100 g Möhren
- 100 g TK-Erbsen
- 1 TL Rapsöl
- 1 EL Tomatenmark
- 500 ml Gemüsebrühe (Instant)
- frisch geriebene Muskatnuss

ZUBEREITUNG

1. Die Basilikumblätter waschen, trocken tupfen und klein hacken. Ei mit Mehl, Salz, Pfeffer und Basilikum in einer Schüssel mit den Händen zu einem sehr trockenen Teig verkneten. Eventuell mehr Mehl zugeben. Hände mit viel Mehl bestäuben und den Teig mit den Fingerspitzen zu kleinen Klümpchen zupfen.

2. Die Möhren waschen, schälen und würfeln. Die Erbsen antauen lassen.

3. Öl in einem Topf erhitzen. Tomatenmark und Möhren kurz darin andünsten. Brühe angießen und zum Kochen bringen.

4. Die Teigklümpchen in die Brühe geben. Sofort umrühren und 5–10 Min. bei schwacher Hitze köcheln lassen, bis sie gar sind. Zum Schluss Erbsen dazugeben und erwärmen. Mit Muskatnuss abschmecken.

Austausch-Tipp Satt Erbsen können Sie auch einen kleinen Zucchino (100 g) würfeln und wie die Möhren weiterverarbeiten. Statt Basilikum schmeckt auch frische Petersilie.

Gelb-grüne Wokpfanne

für Veggie-Fans
35 Min.
insgesamt ca. 850 kcal
36 g Eiweiß, 49 g Fett, 69 g Kohlenhydrate

ZUTATEN FÜR 1 KINDER- UND 1 ERWACHSENEN-PORTION

250 g Kartoffeln
200 g grüne Busch- oder Stangenbohnen
1 kleine Dose Mais (150 g)
100 g Raclettekäse am Stück
2 EL Rapsöl
Salz, Pfeffer
2 EL Sojasauce

ZUBEREITUNG

1. Kartoffeln waschen, schälen und in gleich große Würfel schneiden. Bohnen waschen, Enden abschneiden und Bohnen – je nach Größe – halbieren oder vierteln. Mais abtropfen lassen. Raclettekäse in kleine Würfel schneiden.

2. Den leeren Wok bei starker Hitze heiß werden lassen. Öl zugeben und erhitzen. Kartoffeln und Bohnen unter ständigem Rühren 5 Min. darin braten. Mit Salz und Pfeffer würzen. Den Mais dazugeben und mit 200 ml Wasser ablöschen. Alles bei mittlerer Hitze zugedeckt 7–10 Min. dünsten, bis das Gemüse gar ist. Ab und zu rühren. Eventuell etwas Flüssigkeit nachgießen.

3. Zum Schluss mit Sojasauce abschmecken. Den Wok vom Herd nehmen und den Raclettekäse unterrühren, bis er Fäden zieht.

Kokosreis mit fruchtigen Krabben

für Fischfans
30 Min.
insgesamt ca. 830 kcal
40 g Eiweiß, 26 g Fett, 110 g Kohlenhydrate

ZUTATEN FÜR 1 KINDER- UND 1 ERWACHSENEN-PORTION

100 g Langkornreis
150 ml ungesüßte Kokosmilch
Salz
1 Bio-Orange
150 g geschälte Krabben (aus dem Kühlregal)
1 Zwiebel
1 kleine rote Paprikaschote
150 g feste Aprikosen oder Mangofruchtfleisch
2 EL Rapsöl
1/2 TL Currypulver oder Currypaste
Pfeffer

ZUBEREITUNG

1. Langkornreis mit 150 ml Wasser, Kokosmilch und Salz offen zum Kochen bringen. Hitze auf die niedrigste Stufe schalten und den Reis zugedeckt 15–20 Min. köcheln, bis er gar ist. Evtl. etwas Flüssigkeit zugeben.

2. Orange heiß abwaschen, Schale oberflächlich abreiben und Saft auspressen. Krabben in die Hälfte des Safts einlegen. Zwiebel schälen und würfeln. Paprika waschen, halbieren und putzen. Paprika in dünne Streifen schneiden, diese einmal halbieren. Aprikosen waschen, entkernen und in dünne Spalten schneiden.

3. Leeren Wok bei starker Hitze heiß werden lassen. Das Öl darin erhitzen. Paprika, Zwiebel, Orangenschale und Currypulver oder -paste unter Rühren 2 Min. braten. Aprikosen und Reis dazugeben und alles 1 Min. pfannenrühren.

4. Zum Schluss Krabben und übrigen Orangensaft unterrühren. Erwärmen, mit Salz und Pfeffer abschmecken und sofort servieren.

Wald-Wok-Pfanne

eiweißreich | für schöne Haut
30 Min.
insgesamt ca. 650 kcal
19 g Eiweiß, 34 g Fett, 70 g Kohlenhydrate

ZUTATEN FÜR 1 KINDER- UND 1 ERWACHSENEN-PORTION

- Salz
- 1 Platte Mie-Nudeln (ca. 80 g)
- 100 g Frühlingszwiebeln
- 300 g Champignons
- 50 g Macadamianüsse
- 20 g frischer Ingwer
- 2 EL Rapsöl
- 1 EL Aceto balsamico
- 3 EL Sojasauce

ZUBEREITUNG

1. 500 ml Salzwasser zum Kochen bringen. Den Topf vom Herd nehmen und Nudeln darin 4 Min. ziehen lassen. Die Nudeln mit zwei Gabel auseinanderziehen, mit Hilfe einer Küchenschere kürzen und in ein Sieb abgießen. Dabei 50 ml Nudelwasser auffangen.

2. Die Frühlingszwiebeln waschen, putzen und in Ringe schneiden. Die Champignons mit trockenem Küchenpapier abreiben, Stiele nachschneiden und die Pilze je nach Größe halbieren oder vierteln. Die Macadamianüsse hacken. Den Ingwer schälen und auf einer Küchenreibe fein reiben.

3. Den leeren Wok bei starker Hitze heiß werden lassen. Die Macadamianüsse ohne Fett darin rösten, bis sie duften. Das Öl dazugießen und heiß werden lassen. Champignons und Ingwer dazugeben und unter Rühren 2 Min. braten.

4. Frühlingszwiebeln, Aceto balsamico und Sojasauce dazugeben und 2 Min. pfannenrühren. Zuletzt Nudeln und Nudelwasser untermischen, erwärmen und sofort servieren.

Durchsichtige Nudeln mit Erdnussbutter

für ein kräftiges Immunsystem
20 Min.
insgesamt ca. 695 kcal
42 g Eiweiß, 39 g Fett, 43 g Kohlenhydrate

ZUTATEN FÜR 1 KINDER- UND 1 ERWACHSENEN-PORTION

- Salz
- 50 g Glasnudeln
- 400 g frischer oder TK-Blattspinat
- 1 Zwiebel
- 1–2 Knoblauchzehen
- 1 TL Rapsöl
- 100 g Rinderhackfleisch
- Pfeffer
- 2 EL Erdnussbutter
- 2 EL Sojasauce

ZUBEREITUNG

1. 500 ml Wasser mit Salz zum Kochen bringen. Die Glasnudeln bei mittlerer Hitze 3–4 Min. darin kochen. In ein Sieb abgießen, abschrecken und mit einer Schere kürzer schneiden.

2. Den Spinat waschen, putzen und nach Belieben grob hacken. Die Zwiebel schälen und in kleine Würfel schneiden. Den Knoblauch schälen und durch die Knoblauchpresse drücken.

3. Den leeren Wok bei starker Hitze heiß werden lassen. Das Öl hineingeben und erhitzen. Das Hackfleisch mit Zwiebel und Knoblauch darin krümelig braten. Mit Salz und Pfeffer würzen, die Erdnussbutter einrühren.

4. Den Spinat dazugeben und unter Rühren zusammenfallen lassen. Zum Schluss die Glasnudeln untermischen und das Ganze mit Sojasauce abschmecken.

Der Wok

Die halbkugelförmige Pfanne kommt aus Asien und eignet sich ideal, um kleinere Portionen für zwei Personen zuzubereiten. Kurze Garzeiten und die Technik des Pfannenrührens/Rührbratens machen den Wok aus. So bleiben wichtige Vitamine und der Geschmack erhalten. Sie müssen nur einige Dinge beachten:

1. Vor dem Start alle Zutaten klein schneiden und bereitstellen.

2. Dann muss der leere Wok erhitzt werden. Test: Er ist heiß genug, wenn Wassertropfen darin sofort verdampfen.

3. Anschließend das Öl erhitzen. Verwenden Sie nur hoch erhitzbare Öle wie Raps-, Sonnenblumen-, Erdnuss- und Sojaöl.

4. Zutaten mit längeren Garzeiten zuerst, Zutaten mit kürzeren Garzeiten zuletzt in den Wok geben.

5. Immer rühren! So brennt nichts an und alles wird schnell gar.

6. Am besten schmecken die Gerichte, wenn man sie sofort serviert und nicht warm hält.

Grundrezept Tomatensauce

für den Vorrat | braucht etwas Zeit
45 Min.
insgesamt ca. 1615 kcal
48 g Eiweiß, 130 g Fett, 62 g Kohlenhydrate

ZUTATEN FÜR 4 KINDER- UND 4 ERWACHSENENPORTIONEN (CA. 1,5 L)

1 kg reife Tomaten
300 g Zucchini
2 Zwiebeln
4 Knoblauchzehen
Je 1 Zweig frischer Rosmarin und Thymian
1 Handvoll Basilikumblätter
200 g gemahlene Mandeln
2 EL Olivenöl
5 EL Tomatenmark
Salz, Pfeffer
2 EL Zucker

ZUBEREITUNG

1. Tomaten waschen, vierteln und ohne Stielansatz in Würfel schneiden. Die Zucchini waschen, putzen und auf einer Küchenreibe grob raspeln. Zwiebeln und Knoblauch schälen und in kleine Würfel schneiden. Kräuter waschen, trocken tupfen, Nadeln bzw. Blätter vom Stiel entfernen und klein hacken.

2. Die Mandeln in einem Topf ohne Fett rösten, bis sie duften. Öl dazugeben, erhitzen und Zwiebeln und Knoblauch darin glasig dünsten. Die Zucchiniraspel und Tomatenmark dazugeben und kurz mitdünsten.

3. Die Tomatenwürfel samt Saft, die Kräuter und 300 ml Wasser dazugeben. Aufkochen und bei schwacher Hitze mindestens 30 Min. offen köcheln lassen. Mit Salz, Pfeffer und Zucker abschmecken und nach Belieben geschmacklich variieren (siehe Kasten unten).

Speed-Tipp Die Sauce gelingt auch mit der gleichen Menge Tomaten aus der Dose.

Austausch-Tipp Statt frischer Kräuter können ersatzweise 3 TL getrocknete italienische Kräuter verwendet werden.

Praxis-Tipp Die Sauce lässt sich gut vorkochen. Für den Vorrat Sauce in Portionen teilen und je eine Kinder- und Erwachsenenportion in einen Gefrierbeutel füllen, gut verschließen und einfrieren. Wieder aufgetaut kann man die Sauce als Grundlage für verschiedene Varianten verwenden oder pur genießen.

Varianten für Grundrezept Tomatensauce:
Bolognese-Sauce 100 g gemischtes Hackfleisch und 1/2 Zwiebel anbraten. 1 Portion aufgetaute Tomatensauce dazugeben, erwärmen und abschmecken.
Veggie-Sauce 100 g Aubergine oder Champignons waschen und in kleine Würfel schneiden. Mit etwas Öl anbraten. 1 Portion aufgetaute Tomatensauce dazugeben, erwärmen und abschmecken.

Dazu passt Für eine Mutter-Kind-Portion 120 g Vollkornnudeln in 2 Liter kochendes Salzwasser geben und 8–10 Min. kochen. Ab und zu umrühren. In ein Sieb abgießen und mit der Sauce servieren.

Nudeln mit grüner Sauce

schnell | reich an gesunden Fettsäuren
25 Min.
insgesamt ca. 1030 kcal
36 g Eiweiß, 62 g Fett, 81 g Kohlenhydrate

ZUTATEN FÜR 1 KINDER- UND 1 ERWACHSENEN-PORTION

- Salz
- 120 g Vollkornbandnudeln
- 1 Bund Rucola
- 100 g Schmant
- 1/2 reife Avocado
- Pfeffer
- 2 EL frisch geriebener Parmesan oder gehackte Pistazien

ZUBEREITUNG

1. In einem großen Topf 2 l Wasser mit 1 TL Salz zum Kochen bringen und die Nudeln nach Packungsanweisung darin garen.

2. Rucola waschen, trocken tupfen und mit dem Schmant pürieren. Avocado waschen, halbieren, Kern entfernen und Fruchtfleisch schälen. Dann in kleine Würfel schneiden und unter die Rucolacreme ziehen. Mit Salz und Pfeffer abschmecken.

3. Die Nudeln abgießen und sofort mit der grünen Sauce vermengen, evtl. kurz erhitzen. Mit Parmesan oder gehackten Pistazien bestreut servieren.

Austausch-Tipp Den Rucola nach Belieben durch frische oder tiefgefrorene Kräuter wie Basilikum, Schnittlauch, Petersilie, Bärlauch oder auch Spinat ersetzen.

Gelbe Nudelsauce

stärkt die Abwehrkräfte
20 Min.
insgesamt ca. 630 kcal
23 g Eiweiß, 16 g Fett, 102 g Kohlenhydrate

ZUTATEN FÜR 1 KINDER- UND 1 ERWACHSENEN-PORTION

- Salz
- 120 g Vollkornbandnudeln
- 1 kleine gelbe Paprikaschote
- 1 TL Rapsöl
- 1/2 TL Currypulver
- 1 kleine Dose Mais (140 g)
- 50 ml Gemüsebrühe (Instant)
- Pfeffer
- 1 EL Doppelrahmfrischkäse

ZUBEREITUNG

1. In einem großen Topf 2 l Wasser mit 1 TL Salz zum Kochen bringen und die Nudeln nach Packungsanweisung darin garen.

2. Paprikaschote waschen, halbieren, putzen und in grobe Würfel schneiden.

3. Öl in einem Topf erhitzen. Paprikawürfel mit Curry kurz darin anbraten. Mais mit Sud und die Brühe dazugeben und alles bei schwacher Hitze zugedeckt 5–7 Min. dünsten. Ab und zu umrühren.

4. Wenn die Paprika gar ist, das Gemüse mit einem Pürierstab zu einer feinen Sauce pürieren. Mit Salz und Pfeffer abschmecken, Frischkäse einrühren und die Sauce zu den Nudeln servieren.

Pluspunkt Vollkornnudeln enthalten mehr Ballaststoffe als normale Nudeln und machen daher schneller und länger satt. Zur Gewöhnung können Sie zu Anfang normale oder farbige Nudeln mit den Vollkornnudeln mischen. So fallen sie gar nicht auf.

Bunte Nudeln

einfach | raffiniert
25 Min.
insgesamt ca. 745 kcal
33 g Eiweiß, 32 g Fett, 81 g Kohlenhydrate

ZUTATEN FÜR 1 KINDER- UND 1 ERWACHSENEN-PORTION

- Salz
- 120 g Vollkornbandnudeln
- 300 g gelbe Zucchini
- 3 TL Olivenöl
- Pfeffer
- 2 EL frisch geriebener Parmesan

ZUBEREITUNG

1. In einem großen Topf 2 l Wasser mit 1 TL Salz zum Kochen bringen und die Nudeln nach Packungsanweisung darin garen.

2. Zucchini waschen, beide Enden abschneiden. Das Gemüse mit dem Sparschäler der Länge nach in ganz dünne Streifen schneiden.

3. 1 TL Öl in einer Pfanne erhitzen. Die Zucchinistreifen hineingeben und bei schwacher Hitze zugedeckt 3–5 Min. dünsten. Ab und zu umrühren. Mit Salz und Pfeffer würzen.

4. Fertige Nudeln abgießen. Dabei 50 ml Nudelwasser auffangen. Beides sofort mit den Zucchinistreifen vermengen. Auf Teller verteilen. Mit dem übrigen Olivenöl beträufeln und mit Parmesan bestreuen.

Austausch-Tipps Statt gelber Zucchini können Sie auch grüne Zucchini oder Möhren in Streifen schälen oder Lauch längs in dünne Streifen schneiden, oder eine Mischung dieser Gemüse unter die Nudeln geben. Das Olivenöl kann durch Butter und der Parmesan durch klein gehackte und geröstete Nüsse und Kerne ersetzt werden.

Gelbe Nudelsauce

Rahmcurry mit Möhren-Couscous

orientalisch
45 Min.
pro Portion ca. 505 kcal
38 g Eiweiß, 14 g Fett, 59 g Kohlenhydrate

ZUTATEN FÜR 4 PORTIONEN

- 500 g Hähnchenbrustfilet
- Salz
- 2 EL Currypulver
- 1 EL Rapsöl
- 200 g saure Sahne (20 % Fett)
- 400 ml Orangensaft
- 200 g Couscousgrieß
- 2–3 EL Rosinen
- 1/2 TL Zimtpulver
- 400 g Möhren
- 1 EL Butter

ZUBEREITUNG

1. Das Hähnchenbrustfilet in mundgerechte Stücke schneiden. Mit Salz und Currypulver würzen, rundherum im Öl anbraten, herausnehmen und in Alufolie wickeln.

2. Den Bratfond mit der sauren Sahne und 2 EL Orangensaft lösen. Mit Salz und Curry würzen.

3. Den Couscous mit dem übrigen Orangensaft, 1 TL Salz, Rosinen und Zimt mischen und 10–15 Min. ziehen lassen. Inzwischen die Möhren waschen, putzen und fein raspeln – am besten mit der Küchenmaschine.

4. Das Couscous mit der Butter erhitzen. Möhren unterziehen und die Mischung zugedeckt einige Min. durchziehen lassen. Inzwischen das Fleisch in der Sahnecreme bei schwacher Hitze erwärmen. Das Curry mit Möhren-Couscous servieren.

Filet im Gemüseschaum

leicht | Sonntagsessen
30 Min.
pro Portion ca. 210 kcal (ohne Beilage)
29 g Eiweiß, 8 g Fett, 6 g Kohlenhydrate

ZUTATEN FÜR 4 PORTIONEN

- 1 kleine Zwiebel oder Schalotte
- 1 Knoblauchzehe
- 100 g Chinakohl
- 1 kleine mehlig kochende Kartoffel
- 1 kleine Möhre
- 1 Schweinefilet (ca. 500 g)
- Salz, 1 EL Öl
- Pfeffer
- 200 ml Gemüsebrühe (Instant)
- 100 g saure Sahne

ZUBEREITUNG

1. Zwiebel und Knoblauch schälen und klein hacken. Chinakohlblätter waschen und in dünne Streifen schneiden. Kartoffel und Möhre waschen, schälen und würfeln. Das Filet von den Sehnen befreien, in ca. 3 cm breite Medaillons schneiden und salzen.

2. Das Öl in einer Pfanne erhitzen, Filet portionsweise je Seite 1–2 Min. anbraten. Aus der Pfanne nehmen, pfeffern und in Alufolie wickeln. Zwiebel, Knoblauch, Gemüse und Brühe in der Fleischpfanne zum Kochen bringen. Hitze reduzieren und alles zugedeckt ca. 10 Min. köcheln lassen, bis das Gemüse gar ist.

3. Die saure Sahne angießen und alles mit einem Pürierstab pürieren. Mit Salz und Pfeffer abschmecken. Die Medaillons mit dem Fleischsaft kurz in der Sauce erwärmen.

Dazu passt Nudeln, Reis, Kartoffeln und Bohnen oder Möhren mit Erbsen.

Möhrenraketen

Kinderliebling
25 Min.
pro Portion ca. 375 kcal (ohne Beilage)
38 g Eiweiß, 21 g Fett, 7 g Kohlenhydrate

ZUTATEN FÜR 4 PORTIONEN

- 4 kleine Möhren
- Salz
- 4 Putenschnitzel
- 4 TL Tomatenmark
- Pfeffer
- 4 dünne Scheiben Gouda
- 1 EL Mehl
- 2 EL Rapsöl
- 100 g Sahne
- etwas Sojasauce
- Holzspieße

ZUBEREITUNG

1. Möhren waschen und schälen. In wenig Salzwasser zugedeckt ca. 3 Min. dünsten, sodass sie noch Biss haben.

2. Putenschnitzel flach klopfen, dünn mit je 1 TL Tomatenmark bestreichen, leicht salzen und pfeffern. Je 1 Scheibe Käse und 1 gedünstete Möhre auf das Fleisch legen. Möhren in die Putenschnitzel einrollen. Röllchen mit Holzspießen feststecken und in Mehl rollen.

3. Öl in einer beschichteten Pfanne erhitzen. Die Möhrenraketen darin in ca. 6 Min. rundherum goldbraun braten, herausheben und in Alufolie wickeln.

4. Bratfond mit Sahne und etwas Wasser ablöschen, mit Sojasauce abschmecken. Raketen zugeben und kurz erwärmen. Die Sauce zu den Raketen reichen. Dazu passen Nudeln oder Kartoffeln und noch mehr Möhren.

Pluspunkt Beta-Karotin wird aus gedünsteten Möhren besonders gut aufgenommen.

Urlaubshuhn für Kinder

braucht etwas Zeit | Festtagsessen
20 Min. + 30 Min. Schmoren
pro Portion ca. 350 kcal (ohne Beilage)
26 g Eiweiß, 22 g Fett, 12 g Kohlenhydrate

ZUTATEN FÜR 4 PERSONEN

- 1 Gemüsezwiebel
- 1 Knoblauchzehe
- 350 g Champignons
- je 1 Zweig Rosmarin und Thymian
- 4 kleine oder 3 große Hähnchenschenkel
- 2 EL Mehl
- Salz, Pfeffer
- 3 EL Rapsöl
- 200 ml Geflügelbrühe (Instant)
- 200 ml Orangensaft

ZUBEREITUNG

1. Zwiebel und Knoblauch schälen und klein hacken. Champignons mit Küchenpapier abreiben, Stiele nachschneiden und Pilze je nach Größe halbieren oder vierteln. Kräuter waschen und abtropfen lassen.

2. Hähnchenschenkel im Gelenk trennen, Haut entfernen. Mehl, 1 TL Salz und Pfeffer in einem tiefen Teller mischen. Öl in einem Brattopf erhitzen. Fleisch portionsweise im gewürzten Mehl wenden und ca. 5 Min. im Brattopf rundherum anbraten, herausnehmen und beiseitestellen.

3. Die Hitze reduzieren. Zwiebel, Knoblauch und Champignons im Brattopf anbraten. Mit Brühe und Orangensaft ablöschen. Die Kräuter und Hähnchenteile zugeben und aufkochen lassen. Die Hitze reduzieren und alles zugedeckt ca. 30 Min. schmoren.

4. Kräuterzweige herausnehmen und die Hühnerschenkel servieren.

Spaghetti-Pastete

braucht etwas Zeit | gut vorzubereiten
30 Min. + 1 Std. Backen
pro Portion ca. 430 kcal
24 g Eiweiß, 20 g Fett, 43 g Kohlenhydrate

ZUTATEN FÜR 4 PORTIONEN

200 g Vollkornspaghetti
Salz, 1 Aubergine
400 g Champignons
1 TL getrocknete Kräuter der Provence
2 EL Olivenöl
100 g Feta (Schafkäse)
4 Eier, 100 ml Milch
Pfeffer
frisch geriebene Muskatnuss
süßes Paprikapulver
Backalufolie
Butter für die Form

ZUBEREITUNG

1. Die Nudeln nach Packungsanweisung in Salzwasser garen, abgießen und abschrecken.

2. Ein Blech mit Backpapier auslegen. Aubergine waschen, putzen, längs in ca. 1 cm dicke Scheiben schneiden und diese würfeln. Die Pilze putzen und halbieren oder vierteln. Gemüse mit Kräutern, Öl und Salz vermengen. Auf dem Blech verteilen und im Ofen 15–20 Min. grillen.

3. Inzwischen den Feta mit Eiern und Milch pürieren und mit Salz, Pfeffer, Muskatnuss und Paprikapulver würzen. Backofen auf 200° vorheizen. Eine Auflaufform (2 l Inhalt) mit Alufolie auskleiden und einfetten.

4. Spaghetti nach und nach spiralförmig auf den Boden und an den Rand der Auflaufform legen. Dabei immer wieder Gemüsemix einfüllen und etwas zusammendrücken. Eier-Feta-Mischung darübergießen. Backalufolie darüberklappen. Die Pastete im Ofen (unten, Umluft 180°) ca. 1 Std. backen, bis die Eier gestockt sind. Pastete 5 Min. ruhen lassen, dann stürzen und die Backalufolie vorsichtig entfernen.

Dazu passt Tomatensauce S. 90.

Zucchini-Schinken-Lasagne

stärkt das Immunsystem
30 Min. + 35 Min. Backen
pro Portion ca. 395 kcal
27 g Eiweiß, 20 g Fett, 26 g Kohlenhydrate

ZUTATEN FÜR 4 PORTIONEN

800 g Zucchini
1 Bund Petersilie
1 Kugel Mozzarella
150 g Kräuterfrischkäse
250 ml Milch
Salz, Pfeffer
6 Lasagneblätter (ca. 100 g, ohne Vorkochen)
150 g hauchdünn geschnittener gekochter Schinken
Butter für die Form

ZUBEREITUNG

1. Ofen auf 200° vorheizen. Zucchini waschen, putzen, in Scheiben hobeln. Petersilie waschen, trocken schütteln, Blätter abzupfen und fein hacken. Mozzarella klein würfeln.

2. Frischkäse mit Milch glatt rühren. Petersilie und Mozzarella einrühren, salzen und pfeffern. Zucchinischeiben darunterheben.

3. Eine eckige Auflaufform (ca. 20 x 30 cm) mit Butter ausfetten. Zuerst eine Schicht Zucchini-Creme, dann Schinken und 3 Lasagneblätter einlegen. Wiederholen, das Ganze mit einer Schicht Zucchinicreme abschließen. Im Ofen (Mitte; Umluft 180°) 30–35 Min. backen.

Kohlrabi-Polenta-Auflauf

reich an Vitamin C und Eisen
40 Min.
pro Portion ca. 540 kcal
35 g Eiweiß, 27 g Fett, 39 g Kohlenhydrate

ZUTATEN FÜR 4 PORTIONEN

500 ml Milch, Salz
150 g Polentagrieß
800 g Kohlrabi
250 g Ricotta
Pfeffer
frisch geriebene Muskatnuss
4 gefrorene Lachsfilets (250 g)
200 ml Gemüsebrühe (Instant)
50 g frisch geriebener Parmesan oder anderer geriebener Käse
Butter für die Form

ZUBEREITUNG

1. Backofen auf 200° vorheizen. Milch, 200 ml Wasser und Salz zum Kochen bringen. Polenta einrühren, aufkochen lassen, vom Herd nehmen und ca. 15 Min. quellen lassen.

2. Den Kohlrabi von Stielen und Blättern befreien. Zarte Blätter aufheben. Knollen schälen und in Scheiben hobeln. Blätter und Ricotta im Blitzhacker zerkleinern und mit Salz, Pfeffer und Muskatnuss würzen.

3. Eine Auflaufform (ca. 20 x 28 cm) gut ausbuttern. Die Kohlrabischeiben auf dem Boden der Form auslegen. Gefrorene Fischfilets einschichten, mit der Brühe übergießen. Ricottacreme unter die Polenta rühren und auf dem Fisch verstreichen. Zuletzt den Käse darüberstreuen und den Auflauf auf dem Ofenboden (Umluft 180°) ca. 20 Min. backen.

Shepherds Pie

für kräftige Knochen und Zähne
50 Min.
pro Portion ca. 540 kcal
18 g Eiweiß, 36 g Fett, 35 g Kohlenhydrate

ZUTATEN FÜR 4 PORTIONEN

600 g Süßkartoffeln
Salz
500 g Staudensellerie
2 Zwiebeln
2 EL Rapsöl
250 g Rinderhackfleisch
3 EL Tomatenmark
3 EL Crème fraîche
Pfeffer
1 Bio-Orange
frisch geriebene Muskatnuss
80 g Butter

ZUBEREITUNG

1. Süßkartoffeln waschen, mit 250 ml Salzwasser zugedeckt aufkochen. Bei schwacher Hitze in 15–20 Min. weich kochen. Die Selleriestangen von den Blättern befreien und waschen. Die zarten hellgrünen Blätter aus der Mitte und die Stangen in Streifen schneiden. Zwiebeln schälen und würfeln.

2. Ofen auf 200° vorheizen. Öl in einer Pfanne erhitzen. Hackfleisch mit Tomatenmark und Zwiebeln darin krümelig braten. Sellerie und 200 ml Wasser dazugeben, alles bei schwacher Hitze ca. 15 Min. schmoren. Zum Schluss Crème fraîche einrühren. Salzen und pfeffern.

3. Orange heiß abwaschen und abtrocknen. Schale oberflächlich abreiben, Saft auspressen. Kartoffeln abschrecken, pellen und mit Orangensaft und -schale, Salz, Pfeffer und Muskatnuss mit einem Stampfer zerdrücken.

4. Eine Pie-Form (Ø 26 cm) ausbuttern, Fleisch einfüllen, Kartoffelstampf darauf verstreichen. Butter in Flöckchen darüber verteilen. Pie im Ofen (Mitte, Umluft 180°) in ca. 20 Min. goldbraun backen.

Für die Anforderungen in der Schule muss Ihr Kind fit sein. Einflüsse von Freunden werden wichtig, die Werbung sitzt mit am Tisch, der Tagesrhythmus wird unruhiger. Halten Sie durch: Noch ist Ihr Kind empfänglich für Ihren Rat und bereit zum Ausprobieren und Mitmachen.

Schulkinder

haben einen strammen Tagesplan. Das Frühstück macht stark – nutzen Sie diese Chance. Das Abendessen wird wichtiger – deshalb gibt's dafür besonders viele Anregungen. Mittags ist alles möglich – von alleine essen über Schulverpflegung bis zum gemeinsamen Mahl: Passen Sie sich an. Aber achten Sie auf pünktliche Teilnahme und werden Sie nicht zum Hotel Mama: Mithilfe muss sein – ebenso Probieren und Beteiligen am Speiseplan.

Ihr Kind wird selbstständig

Der Eintritt in die Schule ist der Beginn einer stürmischen Entwicklung für Ihr Kind – nicht nur in geistiger Hinsicht. Auch die körperliche Ausdauer, Geschicklichkeit, Balance und Kraft nehmen zu. Sie können ihm etwas zutrauen!

→ **Uhrzeit** Ihr Kind kann die Uhr lesen – schließlich muss es mit dem Stundenplan in der Schule zurechtkommen und pünktlich sein. Es wird bald selbstständig Verabredungen treffen und Zeiträume abschätzen lernen.

→ **Schulweg** Begleiten Sie Ihr Kind anfangs auf dem Schulweg. Nach einiger Zeit sollte es den Gang – gemeinsam mit Nachbarskindern – selbst bewältigen können. Auf keinen Fall sollten Sie Ihr Kind regelmäßig zur Schule fahren: Das macht unselbstständig und trägt zur Bewegungsarmut bei.

→ **Umgang mit Geld** Ihr Kind lernt zählen und rechnen. Sorgen Sie dafür, dass es auch mit der praktischen Anwendung zurechtkommt. Es sollte einkaufen, bezahlen und das Wechselgeld kontrollieren können. Gar nicht so einfach! Taschengeld gibt's erst, wenn das klappt.

→ **Lesen und schreiben** Das ist die Grundvorausetzung für Selbstständigkeit. Zeigen Sie Ihrem Kind, was es dadurch an Informationen bekommt. Nur wer Packungsaufschriften richtig liest, kann bewusst einkaufen.

→ **Eigenes Urteil** Zuvor waren die Eltern tonangebend, nun nimmt diese Rolle oft die erste Lehrerin ein – und dann die besten Freunde. Das sind wichtige Schritte auf dem Weg zu einer eigenen Meinung und Persönlichkeit.

→ **Konservativ** So experimentierfreudig ein Kleinkind beim Essen sein kann, so konservativ sind oft die Älteren. Erste Vorlieben und Abneigungen haben sich gebildet und die Bereitschaft etwas auszuprobieren sinkt. Es ist gut, wenn Ihr Kind bei Freunden, manchmal auch in Schule oder Kita, sehr unterschiedliche Arten zu kochen und zu essen kennenlernt.

→ **Selber kochen** Ihr Kind kann jetzt schon eigenständig kochen – theoretisch. Wenn es lesen kann, sogar nach Rezept. Fördern Sie das jetzt – spätestens mit 12 Jahren wird anderes spannender und die Freizeit knapper.

Werbung wird wichtig!

Kinder haben nicht nur eine Menge Taschengeld – sie bestimmen auch beim Einkauf mit, vor allem bei Süßigkeiten, Milchprodukten, Getränken, Müslis und Brotaufstrichen. Entsprechend wird in Zeiten, in denen Kinder TV sehen, besonders intensiv für diese Produkte geworben. Dabei sind die unter 8-Jährigen laut Kiggs-Verbraucheranalyse besonders gutgläubig, mit zunehmendem Alter wächst die Kritikfähigkeit. Fast die Hälfte möchte Lebensmittel ausprobieren, die sie in der Werbung gesehen hat und hält sie für gesund. Das Problem: Für einfache Grundlebensmittel wie Apfel, Möhre oder Brot gibt's keine Werbung. Eltern sollten deshalb mit Kindern kritisch Werbeaussagen überprüfen – und das Interesse an »gesunden« Lebensmitteln wecken: durch Einkauf, probieren, aktive Teilnahme. Gesundheit als Argument zieht bei Kindern überhaupt nicht!

Der Einfluss der anderen ...

→ Während im Kindergartenalter noch die Familie die erste Geige spielte, gewinnen in der Schulzeit **zunehmend die Freunde an Einfluss:** Was die »Peergroup« cool findet, das ist ungeschriebenes Gesetz. Es ist wichtig, den Freundeskreis Ihres Kindes zu kennen und einzubeziehen. Übrigens auch deren Eltern: Nicht immer dürfen nämlich die anderen wirklich viel mehr, bekommen mehr Taschengeld und längeren Ausgang. Ein Anruf schafft da häufig Klarheit.

→ Nicht nur die Schule, auch Sport, Kirche, Pfadfinder und Kunst oder Musik schaffen Cliquen. Fördern Sie Mannschaftssportarten – **Gemeinschaft tut Ihrem Kind gut** und hilft ihm, weitere Freunde zu finden. Auch das gemeinsame Kochen tut gut!

→ Ihr Kind entwickelt einen **Sinn für Gerechtigkeit und für seine Umwelt.** Tiere spielen als Mitlebewesen eine wichtige Rolle. Die Bereitschaft, sich für die unmittelbare Umgebung zu engagieren, wächst. **Urlaub auf dem Bauernhof** ist in diesem Alter genau das Richtige und eine gute Gelegenheit zu erleben, wie Obst, Gemüse und Getreide wachsen, wo Milch und Eier herkommen – und das Fleisch.

Jetzt ist Frühstück noch wichtiger

Gut versorgt in den Tag zu starten ist für Ihr Schulkind besonders wichtig: Es kann nicht mehr schnell etwas essen, wenn es Hunger hat, sondern muss sich an vorgegebene Zeiten halten. Außerdem ist der Schultag so aufregend, dass Essen und Trinken oft vergessen werden. Machen Sie Ihr Kind deshalb morgens fit für den Tag. Nach der langen Nacht sind seine Kohlenhydratspeicher leer – Müsli, Obst, Milch, aber auch Vollkornbrot mit gesunden süßen Aufstrichen sind top. Das sorgt für ausreichend Kalzium und »langsame« Kohlenhydrate, die lange vorhalten, aber nicht belasten. Kleine »Eulen«, die morgens noch nichts essen können, sollten zumindest etwas Gehaltvolles trinken – wie einen Smoothie oder Milchmix. Schwer Verdauliches wie fette Wurst, Ei oder Croissant lieber für den Brunch am Wochenende reservieren.

Was mache ich, wenn ...

Klar hat jeder sein Standardfrühstück. Aber das kann sich ändern. Fragen Sie deshalb zwischendurch immer wieder nach, was Ihr Kind gerne hätte und sorgen Sie für Abwechslung.

→ mein Kind morgens gar nichts essen will? Mindestens eine Viertelstunde gilt Anwesenheitspflicht am Frühstückstisch – egal, was gegessen wird. Also rechtzeitig aufstehen und vorbereiten. Zumindest einen Becher Milch oder Kakao, einen Smoothie oder Milchmix sollte das Kind trinken. Ein extragehaltvolles Frühstück mitgeben!

→ mein Kind Kaffee trinken will? Eine Tasse Kaffee enthält etwa 100 mg Koffein, Schwarztee 50 mg und Kakao 5 mg. Ein bisschen anregendes Koffein am Morgen schadet nicht – aber höchstens als Milchkaffee mit 50 ml Kaffee. Besser: Getreidekaffee mit Milch zubereiten. Und auf die Tagesbilanz achten. Denn Koffein reichert sich an und muss vom Körper erst abgebaut werden.

→ mein Kind keine Milch mag? Vielleicht liegt es an der Temperatur: Viele Kinder mögen Milch am liebsten kalt – und das ist okay. Sonst Getreidekaffee oder Kakao ausprobieren.

→ mein Kind am liebsten gebratenen Speck isst? Beim Sonntagsbrunch okay – abe nicht zu dunkel braten, weil sonst Nitrosamine entstehen. Untersuchungen ergaben, dass bis z einem Drittel der Schulkinder erhöhte Cholesterinspiegel hatten – deshalb lieber nicht so vie tierische Fette tanken!

→ mein Kind nur Weißbrot mit Nussnugatcreme isst? Auf Vollkorntoast umsteigen, der immerhin zu einem Drittel Vollkorn enthält und leicht zu kauen ist. Bei der Creme auf einen hohen Nussanteil achten – oder selber machen (Rezept Schokoschmelz Seite 45)!

→ mein Kind nur die pappsüßen Kindermüslis mag? Einkaufssperre für Zuckerflocken! Einen Müslimix-Nachmittag einplanen, unsere Müslis ausprobieren und variieren (www.mymuesli.com.).

→ mein Kind sein Schulbrot nicht isst? Ab und zu ist das normal – nicht ärgern! Lieber di Ursachen erforschen, für Abwechslung sorgen. Salatblätter halten das Sandwich saftig, getrocknete Tomaten oder Senf sorgen für Würze.

→ es in der Schule Cola und Süßigkeiten gibt? Ärgerlich, wenn das Angebot in der Schule Ihre Ernährungserziehung unterläuft – ein Thema für den Elternbeirat. Eine gute Argumentationshilfe: die DGE-Standards für di Schulverpflegung (www.schuleplusessen.de)

Großer Müsli-Check

Das Ur-Müsli ist richtiges Kraftfutter: roh eingeweichter Getreideschrot mit Joghurt, Trockenobst, Nüssen und Honig gemischt. Cerealien – nach der römischen Göttin Ceres – ist der Oberbegriff für Frühstücksgetreide. Übrigens: Kindercerealien sind besonders süß und künstlich!

→ **Süße** In der Zutatenliste stehen die Zutaten in der Reihenfolge ihres Anteils. Wären alle Zuckerarten adddiert, stünden sie oft an erster Stelle! Folgendes ist dem Zucker zuzurechnen, also ebenso kalorienreich, kariogen und arm an wesentlichen Nährstoffen: Glukose(sirup) = Dextrose = Traubenzucker, Fructose (sirup) = Fruchtzucker, Laktose = Milchzucker, Maltodextrine, Invertzucker. Honig in dieser stark bearbeiteten Form zählt auch dazu. Ein Grundschulkind sollte täglich nicht mehr als 25 g Zucker o. Ä. bekommen. Wenn diese Menge schon im Müsli ist, müsste es auf süße Milchprodukte, Kakao, Süßgetränke und Süßes verzichten – völlig unrealistisch!

→ **Aroma** Kaum eine Kindercerealie kommt ohne Aromen aus. Auch natürliche Aromastoffe werden chemisch produziert – nach natürlichem Vorbild. Erdbeeraroma wird z. B. aus Holzabfall gewonnen. Doch wirklich gute Produkte kommen ohne Aromen aus! Die stumpfen nämlich nur die zarten Geschmacksnerven ab und gewöhnen an starkes Kunstaroma.

→ **Vollkorn** Je mehr, desto besser. Denn Vollkorn liefert die knappen Ballaststoffe und natürliche Vitamine und Mineralstoffe. Haferflocken sind 100-prozentiges Vollkorn – die meisten Cerealien sind Mixe.

→ **Anreicherung** Kindercerealien werden wild mit Vitaminen und Mineralstoffen angereichert – manches Produkt liefert schon drei Viertel der benötigten Tagesmenge. Die Angaben auf der Packung beziehen sich nämlich oft auf den Bedarf eines Erwachsenen! Außerdem ist die Anreicherung völlig willkürlich und berücksichtigt nicht eine tatsächliche Mangelversorgung.

→ **Überraschung!** Die Industrie ködert mit Sammelartikeln und kleinem Spielzeug. Machen Sie klar, was dahintersteckt (www.kinderkampagne.de). Versprechen Sie Ihrem Kind lieber pro Tüte Vollkornmüsli ein kleines Extra.

Trinken nicht vergessen!

Manchmal vergessen Kinder, ausreichend zu trinken: Knapp 1 Liter Flüssigkeit braucht Ihr Kind am Tag. Das ist auch Voraussetzung für Konzentration und Leistungsfähigkeit. Deshalb ist es wichtig, dass auch in der Schule Trinkwasser verfügbar ist – das ist nämlich der ideale Durstlöscher! Ideal sind »Zapfautomaten« oder regelrechte Trinkbrunnen. Auch Mineralwasser ist empfehlenswert. Süße Limonaden lassen den Blutzuckerspiegel hochschnellen, danach aber umso fixer sinken. Zudem sind sie wahre Dickmacher. Die gute alte Schulmilch dagegen sättigt und versorgt zugleich mit Flüssigkeit. Setzen Sie sich dafür ein, dass Milch und Joghurt angeboten werden. Säfte sind gesund, aber enthalten relativ viel natürlichen Zucker. Deshalb am besten verdünnt als Schorle anbieten.

Augen auf beim Smoothie-Kauf

Smoothies sind dickflüssige Mixgetränke aus Obst oder Gemüse, die am Tag eine Portion Obst oder Gemüse ersetzen können – allerdings nur unter bestimmten Voraussetzungen. In jedem Fall ist Obst und Gemüse frisch und pur wertvoller. Aber wenn Ihr Kind dafür zu begeistern ist, kann ein Smoothie ihm helfen, **5 Portionen Obst und Gemüse pro Tag** zu erreichen. Für Allergiker ist ein Smoothie manchmal besser verträglich als Rohkost – oft wird er bei der Herstellung kurz erhitzt.

→ Ein guter Smoothie sollte mindestens die **Hälfte an »ganzem« Obst oder Gemüse** als stückige Bestandteile oder Püree enthalten. Darüber hinaus sollte er **nicht durch Entzug von Flüssigkeit konzentriert** sein – sonst wird er zu kalorienreich. Toll, wenn er nicht erhitzt wurde, sondern frisch gepresst oder püriert ist – aus rohen Früchten und Gemüse.

→ Er sollte **keinen zugesetzten Zucker** oder andere Zuckerarten (siehe oben) enthalten. Dazu gehört auch Fruchtsüße, ein Fruchtzuckersirup oder andere Dicksäfte. Ebenso sollten **keine isolierten Nährstoffe** wie Vitamine, Mineral- oder Ballaststoffe zugegeben werden. **Farb-, Aroma- und Konservierungsstoffe** haben im Smoothie nichts zu suchen.

→ Am gesündesten ist es, **Smoothies selber herzustellen.** Sie brauchen dazu nur Mixer oder Pürierstab (Rezepte Seite 100/101). Übrigens eine tolle Methode, überreifes Obst zu verwerten.

Gulliver-Shake

wärmend | reich an Vitamin C
10 Min.
insgesamt ca. 200 kcal
3 g Eiweiß, 9 g Fett, 27 g Kohlenhydrate

ZUTATEN FÜR 1 KINDERPORTION (CA. 200 ML)

100 g frische Erdbeeren
3 EL probiotischer Naturjoghurt
1 TL Honig
3 EL Vanilleeis
eine Msp. Chilipulver oder Pul Biber (Paprikaflocken)
Beeren für die Deko

ZUBEREITUNG

1. Die Erdbeeren waschen, die Stielänsatze entfernen, die Früchte grob zerkleinern und in einen Mixer geben. Joghurt und Honig zugeben und alles fein pürieren.

2. Zum Schluss das Eis und das Chilipulver in den Mixer geben und alles noch einmal gut aufmixen. Smoothie in ein Glas geben. Mit Beeren garnieren.

Pluspunkt Erdbeeren sind reich an Folsäure, die braucht der Körper gerade für die Blutbildung und das Zellwachstum. Das Eiweiß aus dem Joghurt sättigt, Chili kurbelt Kreislauf und Verdauung an.

Pink Banana

stärkt die Abwehrkräfte
10 Min.
insgesamt ca. 130 kcal
2 g Eiweiß, 1 g Fett, 29 g Kohlenhydrate

ZUTATEN FÜR 1 KINDERPORTION (CA. 200 ML)

1 kleine Banane
1 Stück Vanilleschote (oder Vanillepulver)
50 ml kalter Rote-Bete-Saft
50 ml kalter Granatapfelsaft
50 g gefrorene Himbeeren
3–4 Eiswürfel
Himbeeren für die Deko

ZUBEREITUNG

1. Die Banane schälen und grob zerkleinern. Die Vanilleschote längs aufschneiden, mit einem Messer das Mark herauskratzen.

2. Die Banane mit Vanillemark, Rote-Bete-Saft, Granatapfelsaft, gefrorenen Himbeeren und Eiswürfeln in den Mixer geben.

3. Alles gut durchmixen und den Smoothie in ein Glas geben. Mit Beeren garnieren.

Pluspunkt Bioaktivstoffe im Granatapfelsaft wirken antibakteriell und helfen bei Harnwegsentzündungen – auch gut zur Vorbeugung geeignet.

Häschen-Mix

Beta-Karotin-reich
10 Min.
insgesamt ca. 170 kcal
3 g Eiweiß, 1 g Fett, 36 g Kohlenhydrate

ZUTATEN FÜR 1 KINDERPORTION (CA. 200 ML)

2 getrocknete Soft-Aprikosen
1 EL Orangen- oder Apfelsaft
100 g Mangofruchtfleisch
50 ml Naturmolke
50 ml Möhrensaft
1 TL Haferflocken
Zimtpulver
Mango für die Deko

ZUBEREITUNG

1. Die Aprikosen hacken und mit dem Orangensaft beträufeln. Die Mango schälen und in grobe Stücke schneiden.

2. Die Früchte mit Molke, Möhrensaft und Haferflocken in einen hohen Rührbecher oder einen Mixer geben und mit dem Pürierstab oder im Mixer fein pürieren. Mit 1 Prise Zimt abschmecken, mit Mango garnieren und sofort servieren.

Austausch-Tipp Wenn Sie keine Soft-Aprikosen bekommen, können Sie auch normale Trockenaprikosen nehmen. Diese müssen Sie über Nacht in Saft einweichen.

Pluspunkt Trockenfrüchte und der Milchzucker aus der Molke regen die Verdauung auf natürliche Weise an und helfen bei Verstopfung. Der Möhrensaft enthält viel Karotinoide, die Vorstufe des Vitamin A.

Ananas-Kokos-Drink

macht vital | für Kuhmilchallergiker
5 Min.
insgesamt ca. 130 kcal
2 g Eiweiß, 1 g Fett, 30 g Kohlenhydrate

ZUTATEN FÜR 1 KINDERPORTION (CA. 200 ML)

1 Stück Ingwer (ca. 1 cm)
1 kleine Banane
100 ml Ananassaft
50 ml ungesüßte Kokosmilch
1–2 Eiswürfel
Bananenscheiben für die Deko

ZUBEREITUNG

1. Den Ingwer schälen und auf der Küchenreibe fein reiben. Die Banane schälen und in grobe Stücke schneiden.

2. Geriebenen Ingwer und Bananenstücke zusammen mit dem Ananassaft, der Kokosmilch und den Eiswürfeln in einen Mixer geben und alles cremig pürieren.

3. Mit Bananenscheiben dekorieren und sofort servieren.

Pluspunkt Kokosmilch ist reich an den Mineralien Magnesium, Natrium, Selen und Eisen. Eisen ist jetzt besonders wichtig für die zusätzliche Blutbildung. Ingwer regt durch seine Schärfe die Verdauung und die Durchblutung an – das macht warm.

Gulliver-Shake (oben), Pink Banana (rechts), Häschen-Mix (links), Ananas-Kokos-Drink (unten)

Honig-Pops

für anfällige Kids
10 Min.
insgesamt ca. 365 kcal
5 g Eiweiß, 16 g Fett, 45 g Kohlenhydrate

ZUTATEN FÜR 1 KINDERPORTION

2 Walnusskerne
50 g Mangofruchtfleisch
1 EL getrocknete Berberitzen
3 EL ungesüßte Amaranth-Pops
125 g probiotischer Naturjoghurt
1 TL Honig nach Geschmack

ZUBEREITUNG

1. Die Walnüsse mit einem Messer grob zerkleinern und in einer Pfanne ohne Fett anrösten, bis sie anfangen zu duften.

2. Die Mango schälen und in mundgerechte Stücke schneiden. Die Mangostücke mit den Berberitzen, Walnusskernen und Amaranth-Pops in einer Schüssel mischen. Zum Schluss den Joghurt unterrühren und das Ganze mit dem Honig süßen.

Info Amaranth-Pops gibt es im Bioladen und im Drogeriemarkt. Man bekommt sie auch mit Honig, dann können Sie auf das Nachsüßen im Rezept verzichten.

Milchreis 1001 Nacht

für Spätstarter
40 Min.
pro Portion ca. 475 kcal
14 g Eiweiß, 12 g Fett, 77 g Kohlenhydrate

ZUTATEN FÜR 2 KINDERPORTIONEN

500 ml Milch (1,5 % Fett)
125 g Milchreis
1 EL Sesamsamen
1/4 frische Ananas
1 Granatapfel
1 TL Honig

ZUBEREITUNG

1. Einen Topf mit kaltem Wasser ausschwenken, Milch und Reis hineingeben und aufkochen lassen. Bei schwacher Hitze ca. 30 Min. quellen lassen. Ab und zu umrühren. Dann abkühlen lassen.

2. Sesam in einer Pfanne ohne Fett anrösten, bis er anfängt zu duften. Anschließend unter den Milchreis mischen.

3. Die Ananas schälen und in mundgerechte Stückchen schneiden. Granatapfel wie eine Orange halbieren, eine Hälfte auspressen, aus der anderen die Kerne herausdrücken. Granatapfelsaft, -kerne und Ananas mischen, mit Honig nach Bedarf süßen. Den Milchreis mit der Ananas-Granatapfel-Sauce essen.

Praxis-Tipp Die zweite Portion lässt sich im Kühlschrank für den nächsten Morgen aufbewahren. Wichtig: das Obst separat lagern. Denn Ananas macht Milch bitter.

Speed-Tipp Geben Sie Reis und Milch in ein mikrowellengeeignetes Gefäß; der Reis ist bei 600 Watt in 20 Min. fertig.

Pluspunkt Granatäpfel wirken antibakteriell und helfen Harnwegsentzündungen vorzubeugen.

Pflaumen-Müsli

bei träger Verdauung
10 Min. + 12 Std. Einweichen
insgesamt ca. 435 kcal
9 g Eiweiß, 23 g Fett, 44 g Kohlenhydrate

ZUTATEN FÜR 1 KINDERPORTION

4 Trockenpflaumen
100 ml Molke
2 ungeschälte Mandeln
150 g Naturjoghurt
Zimtpulver
3 EL Haferkleieflocken
1 EL Leinsamen

ZUBEREITUNG

1. Die Trockenpflaumen am Vorabend grob zerkleinern, entsteinen und über Nacht in der Molke einweichen.

2. Am nächsten Morgen Mandeln grob zerkleinern. Die eingeweichten Pflaumen samt Molke mit dem Joghurt, 1 TL Zimt und den Mandeln mischen, anschließend mit einem Pürierstab pürieren.

3. Haferkleie und Leinsamen zum Schluss unter die Joghurtmasse mischen und kurz quellen lassen.

Pluspunkt Molke enthält Milchsäure, und diese fördert das Wachstum der gesunden Bakterien im Darm. Die verdauungsfördernde Wirkung wird unterstützt durch die Ballaststoffe in den Pflaumen und den Haferkleieflocken.

Knusperquark

für Moppel
10 Min.
insgesamt ca. 270 kcal
25 g Eiweiß, 3 g Fett, 35 g Kohlenhydrate

ZUTATEN FÜR 1 KINDERPORTION

1 Bio-Orange
1 TL Sanddornsaft
150 g Magerquark
1 Stück frischer Ingwer (1 cm)
Zimtpulver
3 EL Haferfleks

ZUBEREITUNG

1. Die Orange heiß abwaschen, vorsichtig etwas Schale von der Oberfläche abreiben, dann die Frucht halbieren. Eine Hälfte auspressen, die andere in Stücke teilen.

2. Orangensaft und -schale mit dem Sanddornsaft und dem Quark mischen und cremig schlagen – das geht am besten mit einer Gabel. Dann die Orangenstückchen untermischen.

3. Zum Schluss den Ingwer schälen und mit der Knoblauchpresse in den Quark drücken, mit 1 Prise Zimt unterrühren. Zum Schluss die Haferfleks untermischen.

Pluspunkt Ingwer enthält ätherische Öle, die dafür sorgen, dass der Kreislauf richtig in Schwung kommt. Das macht warm und lässt Pfunde purzeln.

Praxis-Tipp Beim Abreiben der Schale von Zitrusfrüchten darauf achten, dass nicht auch die weiße Unterhaut abgerieben wird. Sie macht die Speisen bitter.

Pflaumen-Müsli (oben links), Honig-Pops (oben rechts), Milchreis 1001 Nacht (unten links), Knusperquark (unten rechts)

Auch ideal zum Vorbereiten

Bereiten Sie gleich eine größere Menge Teig zu. Er ist in Folie gepackt im Kühlschrank ca. 1 Woche haltbar und wird sogar besser, weil der Teig »reift«.

Grundrezept für Wraps

einfach | Fingerfood
20 Min.

pro Stück ca. 110 kcal
4 g Eiweiß, 1 g Fett, 22 g Kohlenhydrate

ZUTATEN FÜR 3 STÜCK

100 g Weizenmehl (Type 1700)
Salz
100–150 ml Wasser
Mehl für die Arbeitsfläche

ZUBEREITUNG

1. Das Mehl und 1/2 TL Salz in eine Schüssel geben. Das Wasser nach und nach zugeben und die Zutaten zu einem Teig verkneten. Der Teig soll weich und gut knetbar sein. Den Teig in Frischhaltefolie gewickelt etwas ruhen lassen.

2. Den Teig dritteln und auf einer bemehlten Arbeitsfläche mit dem Nudelholz zu drei möglichst dünnen Fladen ausrollen.

3. In einer beschichteten Pfanne die Fladen von jeder Seite kurz backen, Alufolie auflegen, Fladen in Folie einzeln einrollen und abkühlen lassen.

4. Nach dem Füllen die Fladen wieder eng in die Alufolie wickeln und die Enden zusammendrehen. Bleibt gut gekühlt bis zu 8 Std. frisch. Zum Essen in der Mitte durchschneiden.

Speed-Tipp Wenn es schnell gehen soll, können Sie auch fertige Wraps kaufen. Die gibt's aber nur aus weißem Mehl.

Sesam öffne dich

orientalisch | Fingerfood
15 Min.
insgesamt ca. 280 kcal
13 g Eiweiß, 13 g Fett, 27 g Kohlenhydrate

ZUTATEN FÜR 1 KINDERPORTION

20 g Putenschinken
1 Blatt Eisbergsalat
1 TL Sesamsamen
1 zarte Möhre
1 EL Schmant
1 EL Tahin (Sesampaste)
1 Wrap (siehe oben)
gemahlener Kreuzkümmel

ZUBEREITUNG

1. Den Schinken in Streifen schneiden. Das Salatblatt waschen und in Streifen schneiden.

2. Sesamsamen ohne Fett in einer beschichteten Pfanne rösten, bis er anfängt zu duften. Möhre waschen und fein reiben. Beides mit Schmant und Tahin vermischen.

3. Den Wrap mit dem Mix bestreichen, mit dem Eisbergsalat und den Schinkenstreifen bestreuen. Mit Kreuzkümmel würzen. Den Fladen eng einrollen und in Alufolie wickeln.

Variante Statt Möhre passt auch Apfel oder Frühlingszwiebel, statt Tahin und Sesam schmecken auch Senf und ein Saatenmix.

Mitnehm-Tipp Der Wrap eignet sich auch zum Mitnehmen. Dann ganz in Alufolie wickeln und in eine Plastikbox packen.

Italien-Rolle

vegetarisch | Fingerfood
15 Min.
insgesamt ca. 340 kcal
20 g Eiweiß, 18 g Fett, 24 g Kohlenhydrate

ZUTATEN FÜR 1 KINDERPORTION

1 Tomate
1/2 Kugel Mozzarella
1 Handvoll Basilikumblätter
1 Wrap (siehe oben)
1 EL rotes oder grünes Pesto (aus dem Glas)
1 TL Aceto balsamico
Salz, Pfeffer

ZUBEREITUNG

1. Die Tomate waschen, den Stielansatz entfernen und die Tomate in Würfel schneiden. Den Mozzarella abtropfen lassen und ebenfalls würfeln. Basilikumblätter waschen.

2. Den Wrap mit dem Pesto bestreichen, mit Tomaten- und Mozzarellawürfeln belegen, mit Aceto balsamico beträufeln, mit Salz und Pfeffer würzen und die Basilikumblätter darüberstreuen. Den Wrap einrollen und in Alufolie wickeln.

Pluspunkt Die Tomaten enthalten reichlich Lykopin. Dieser Bioaktivstoff schützt Herz und Gefäße.

Variante Für Wurstfans den Mozzarella durch Fleischwurstwürfel ersetzen.

Mexicana-Wrap

vegetarisch | ohne Milch & Ei
15 Min.
insgesamt ca. 385 kcal
8 g Eiweiß, 27 g Fett, 27 g Kohlenhydrate

ZUTATEN FÜR 1 KINDERPORTION

1/2 rote Paprikaschote
1 Frühlingszwiebel
1/2 reife Avocado
1–2 EL Zitronensaft
1 Wrap (siehe oben)
Salz, Pul Biber (Chiliflocken)

ZUBEREITUNG

1. Das Gemüse waschen. Paprika putzen und klein würfeln. Zwiebeln ohne Wurzel und welke Blattenden in dünne Ringe schneiden.

2. Das Avocadofleisch aus der Schale kratzen, mit einer Gabel zermusen und sofort mit dem Zitronensaft mischen.

3. Den Wrap mit Avocadomus bestreichen, mit Salz und Pul Biber würzen, Paprika und Zwiebeln darüberstreuen. Fladen eng zusammenrollen und in Alufolie wickeln.

Austausch-Tipps Statt Paprika Maiskörner nehmen. Wird gehaltvoller mit Schinkenwürfeln. Statt Avocado schmeckt auch kernweich gekochtes, gehacktes Ei. Wrap dann mit Grillsenf oder Ajvar bestreichen.

Info Pul Biber sind türkische Chiliflocken, die leicht süßlich schmecken. Mexikanische Jalapeños sind zu scharf.

Erdnussbutter-Turm

pikant | zum Mitnehmen

5 Min.

insgesamt ca. 325 kcal

12 g Eiweiß, 17 g Fett, 32 g Kohlenhydrate

ZUTATEN FÜR 1 KINDERPORTION

- 1 EL Erdnussbutter
- 1 EL Schmant
- 1 Scheibe Roggenvollkornbrot
- 1 EL ungesalzene Erdnusskerne
- 2 zarte Möhren
- 1 Schaschlikspieß

ZUBEREITUNG

1. Die Erdnussbutter mit dem Schmant mischen und auf das Brot streichen, die Erdnüsse hacken und darüberstreuen. Das Brot halbieren, die Hälften zusammenklappen und in vier Stücke schneiden.

2. Die Brotstücke auf den Spieß stecken. Die Möhren waschen und zum Brot knabbern.

Pluspunkt Die Ballaststoffe des Brotes sorgen für eine ausreichende Sättigung. Außerdem lassen sie den Blutzuckerspiegel nach dem Essen nur langsam ansteigen – das verhindert einen raschen Leistungsabfall.

Mitnehm-Tipp Das Brot eignet sich auch zum Mitnehmen – dann in eine Brotdose packen.

Doppeldecker

eiweißreich

10 Min.

insgesamt ca. 305 kcal

11 g Eiweiß, 22 g Fett, 16 g Kohlenhydrate

ZUTATEN FÜR 1 KINDERPORTION

- 1 Ei
- 1/2 TL süßes Paprikapulver
- Salz
- 2 TL Rapsöl
- 1 EL Schnittlauchröllchen
- 2 Vollkorntoasts
- 2 TL Tomatenmark
- 3–4 Kirschtomaten

ZUBEREITUNG

1. Das Ei in einem Schälchen aufschlagen, das Paprikapulver, 1 Prise Salz, 1 TL Öl, 1 Schuss Wasser und die Schnittlauchröllchen zugeben und alles mit einer Gabel verquirlen.

2. Das übrige Öl in einer kleinen Pfanne (Durchmesser 20 cm) erhitzen. Das verquirlte Ei hineingeben und von beiden Seiten goldgelb anbraten.

3. Die Toastscheiben mit je 1 TL Tomatenmark bestreichen. Eine Scheibe mit dem Ei belegen, die zweite Toastscheibe darauflegen und das Ganze diagonal in zwei Hälften schneiden. Die Kirschtomaten waschen und dazu knabbern.

Pluspunkt Das Ei liefert reichlich Eiweiß – das sorgt für die nötige Sättigung und ist außerdem wichtig für das Wachstum.

Lachsbrötchen

für Fischfans
5 Min.
insgesamt ca. 340 kcal
18 g Eiweiß, 18 g Fett, 23 g Kohlenhydrate

ZUTATEN FÜR 1 KINDERPORTION

- 50 g Räucherlachs
- 2 EL Meerrettich-Frischkäse
- 1 Vollkornbrötchen
- 1/4 Salatgurke

ZUBEREITUNG

1. Den Räucherlachs mit einem Messer hacken und unter den Frischkäse mischen.

2. Das Brötchen aufschneiden, etwas Brotkrume herauszupfen, mit dem Frischkäsemix mischen. Die Brötchenhälften damit füllen und zusammenklappen.

3. Das Gurkenstück waschen und der Länge nach vierteln. Die Gurkensticks zum Brötchen essen.

Pluspunkt Die Ballaststoffe im Brötchen machen nicht nur satt, sondern unterstützen die Verdauung.

Variante Statt Lachs können Sie auch Thunfisch (naturell) oder Putenschinken unter den Frischkäse mischen.

Rübenkäs' auf Dinkelschnittchen

sättigend
10 Min.
insgesamt ca. 185 kcal
13 g Eiweiß, 3 g Fett, 26 g Kohlenhydrate

ZUTATEN FÜR 1 KINDERPORTION

- 1 EL Reibekäse
- 1 EL Magerquark
- Kräutersalz
- 1 kleine Möhre
- 1 Scheibe Dinkelvollkornbrot
- 1 Scheibe Putenbrust

ZUBEREITUNG

1. Reibekäse und Magerquark miteinander mischen. Mit 1 Prise Kräutersalz würzen. Die Möhre waschen, auf einer Reibe fein raspeln und mit dem Käse mischen.

2. Das Brot mit der Käse-Quark-Mischung bestreichen und halbieren. Auf eine Hälfte die Putenbrust legen und mit der zweiten Hälfte zudecken.

Pluspunkt Die Möhre macht das Brot leicht süßlich. Ihr Beta-Karotin ist gut für die Augen. Der Reibekäse schließt den Magen.

Variante Statt der Putenbrust schmeckt auch ein gehacktes, hart gekochtes Ei.

Rüblihonigkuchen

für den Vorrat
15 Min. + 1 Std. Backen
bei 20 Stücken pro Stück ca. 155 kcal
4 g Eiweiß, 9 g Fett, 16 g Kohlenhydrate

ZUTATEN FÜR EINE KASTENFORM (29 x 10,5 CM; 1,5 L INHALT)

4 Eier
200 g Honig
100 g warme Butter oder Margarine
1 Prise Lebkuchengewürz, Salz
3 EL Zitronensaft
100 g gemahlene Mandeln
200 g fein geriebene Möhre
200 g Dinkelmehl
1/2 Päckchen Backpulver
Fett für die Form

ZUBEREITUNG

1. Den Backofen auf 180° vorheizen. Eine Kastenform einfetten.

2. Eier trennen, Eigelbe mit Honig cremig rühren. Nach und nach Butter oder Margarine unterschlagen. Lebkuchengewürz, 1 Prise Salz, Zitronensaft, Mandeln und Möhren nach und nach zugeben. Mehl mit Backpulver mischen und unter den Teig rühren. Die Eiweiße steif schlagen und unter die Masse heben.

3. Teig in die vorbereitete Form füllen und im vorgeheizten Ofen (Mitte, Umluft 180°) 50–60 Min. backen. Kuchen erkalten lassen, in einer Dose gut verschlossen im Kühlschrank lagern. Bleibt bis zu 2 Wochen frisch.

Varianten Sie können den Kuchen auch mit Rosinen oder anderen Trockenfrüchten anreichern. Bei Kindern kommen Küchlein gut an: Dafür den Teig in Papierförmchen füllen. Die Backzeit verringert sich dann auf 15–20 Min. Mit Hirsemehl wird's glutenfrei.

Schneewittchen-Schnitten

für Knabberfans
25 Min. + 25 Min. Backen
pro Stück ca. 75 kcal
1 g Eiweiß, 4 g Fett, 9 g Kohlenhydrate

ZUTATEN FÜR 1 ECKIGE FORM (CA. 35 STÜCKE)

75 g Walnusskerne
125 g weiche Butter oder Margarine, 1 Ei
100 g Vollrohrzucker
200 g Weizenmehl (Type 1700)
2 kleine Äpfel
einige Tropfen Zitronensaft
50 g Apfel- oder Quittengelee
Fett und Mehl für die Form

ZUBEREITUNG

1. Die Walnüsse mittelfein hacken. In einer Pfanne ohne Fett rösten, bis sie duften.

2. Ofen auf 200° vorheizen. Eine eckige ofenfeste Form (ca. 20 x 30 cm) einfetten und mit Mehl ausstäuben. Butter oder Margarine mit dem Ei verrühren. Zucker zugeben, die Masse schaumig rühren. Das Mehl nach und nach unterarbeiten. Zum Schluss die Äpfel waschen, vierteln, dabei das Kerngehäuse entfernen. Äpfel fein reiben, mit ein paar Tropfen Zitronensaft beträufeln und unter den Teig ziehen.

3. Teig in die vorbereitete Form geben und mit den Fingerspitzen sehr flach drücken. Gelee etwas erwärmen, damit es flüssiger wird, Teig damit bestreichen. Walnüsse auf den Teig streuen. Den Kuchen im heißen Backofen (Mitte, Umluft 180°) in etwa 25 Min. goldbraun backen. Den Kuchen heiß in etwa 2 x 4 cm große Streifen schneiden und auf einem Kuchengitter auskühlen lassen.

Müsli-Muffins

für den Vorrat
20 Min. + 15 Min. Backen
pro Stück ca. 195 kcal
4 g Eiweiß, 10 g Fett, 23 g Kohlenhydrate

ZUTATEN FÜR 10 STÜCK

100 g weiche Butter oder ungehärtete Margarine
80 g Honig
2 Eier (Größe S)
100 g Weizenmehl (Type 1700)
2 TL Backpulver
150 g Müslimischung ohne Zucker
2 kleine säuerliche Äpfel
1 TL Zitronensaft
50 ml Apfelsaft
Fett für die Muffinsform oder Papierförmchen

ZUBEREITUNG

1. Backofen auf 200° vorheizen. Muffinsform fetten oder Papierförmchen in die Mulden setzen. Form auf ein Backblech stellen.

2. Das Fett mit dem Honig cremig rühren. Die Eier unter die Fettmasse rühren. Das Mehl mit dem Backpulver und dem Müsli mischen. Die Äpfel waschen und vierteln. Kerngehäuse entfernen und Viertel grob raspeln. Apfelraspel mit Zitronen- und Apfelsaft vermischen. Alle Zutaten rasch mischen.

3. Den Teig in die Muffinsform füllen und die Muffins in 20–25 Min. goldbraun backen. Evtl. die letzten 5 Min. abdecken.

Infos Die Muffins halten sich in einer gut schließenden Dose im Kühlschrank etwa 1 Woche. Für eine längere Lagerdauer lieber einfrieren. Für kleine Dickerchen ist nussfreies, ballaststoffreiches Müsli geeignet.

Zwetschgen-Crumble

ohne Milch und Ei
20 Min. + 25 Min. Backen
bei 12 Portionen pro Portion ca. 320 kcal
5 g Eiweiß, 17 g Fett, 38 g Kohlenhydrate

ZUTATEN FÜR 1 SPRINGFORM (Ø 26 CM)

750 g Zwetschgen
150 g Margarine
100 g gehackte Mandeln
150 g Zucker
2 Päckchen Vanillezucker, Salz
100 g Haferflocken
200 g Weizenmehl (Type 1700)
Fett für die Form
1–2 EL Puderzucker

ZUBEREITUNG

1. Die Zwetschgen waschen, aufschneiden und entsteinen. Den Backofen auf 200° vorheizen und die Backform einfetten.

2. Margarine bei schwacher Hitze schmelzen und in einer Schüssel mit gehackten Mandeln, Zucker, 1 Päckchen Vanillezucker, 1 Prise Salz, Haferflocken und dem Mehl zu Krümeln zerreiben. Die Hälfte der Brösel in die Form streuen und die Zwetschgen darauf verteilen. Mit den übrigen Bröseln bedecken.

3. Kuchen im Ofen (Mitte, Umluft 180°) in 25 Min. knusprig backen. Ofen abstellen, Tür öffnen, den Kuchen im Ofen abkühlen lassen. Puderzucker mit übrigem Vanillezucker mischen, lauwarmen Kuchen damit bestreuen.

Variante Klappt auch mit Stachel- oder Johannisbeeren, Äpfeln und Kirschen.

Servier-Tipp Crumble ist ein Löffelkuchen – einfach mit einem großen Löffel Portionen auf die Teller geben.

Mittags was Warmes?

Täglich einmal warm essen ist wichtig, weil Lebensmittel wie Fleisch, Fisch, Ei, Vollkorn und derbes Gemüse nur gegart gut verdaulich sind. Außerdem werden durchs Kochen zwar einerseits einige empfindliche Nährstoffe zerstört, aber andererseits manch andere erst verfügbar gemacht. Kochen ist also sinnvoll. Aber ob das mittags oder abends passiert, das ist egal. Finden Sie die beste Lösung für Ihre Familie. Vielleicht können Sie das auch je nach Stundenplan variabel regeln. Nur die Essenszeiten an sich sollten möglichst stabil bleiben. Ihr Schulkind kann mittlerweile schon einiges selbstständig vorbereiten und später auch aufwärmen oder kochen. In weiterführenden Schulen wird zunehmend ein Mittagessen angeboten. Das sollten Sie unterstützen, weil Schule immer öfter auch nachmittags stattfindet.

Was mache ich, wenn ...

Mit wachsender Selbstständigkeit wird leider das Essen etwas ungesünder, wie die Kiggs-Studie ergab. Versuchen Sie, zu Hause weiter eine Vielfalt anzubieten, setzen Sie auf Vollkorn und verengen Sie den Speiseplan nicht auf Standardgerichte wie Pizza, Pasta und Pommes.

→ mein Kind mittags vor mir nach Hause kommt? Treffen Sie klare Absprachen, was schon mal zu tun ist: Tisch decken, Salat putzen und waschen oder das Dressing rühren. Vielleicht schreiben Sie am Vorabend einen Zettel, wenn noch etwas zu besorgen ist. Ab der vierten Klasse könnte das klappen.

→ mein Kind auf dem Heimweg beim Bäcker zuschlägt? Ärgerlich, wenn das halbe Mittagessen stehen bleibt, weil unbedingt vorher das Schokocroissant gegessen werden musste. Machen Sie Ihrem Kind klar, dass eine Stunde vor dem Essen nur etwas Obst oder Rohkost geknabbert werden darf, um den Appetit nicht zu verderben.

→ mein Kind nicht in der Schule isst, sondern am Imbiss? Das Schulgelände während der Schulzeit zu verlassen, ist verboten – und für Fastfood sollten Sie Ihrem Kind kein Kostgeld geben. Entweder es bringt seine Stulle von zu Hause mit – oder es isst in der Schule.

→ mein Kind immer nur Pizza will? Die Pizza kann ein Ersatz fürs Schulbrot sein, aber nicht für ein warmes Essen – dazu enthält sie zu wenig Eiweiß und Gemüse. Deshalb höchstens einmal die Woche Pizza!

→ ihm das Schulessen nicht schmeckt? Oft ist es uncool, in der Schule zu essen. Gehen Sie kritisch mit den Aussagen um, vergleichen Sie die Qualität des Essens mit Döner- oder Pizzaecke. Ist die Kritik begründet, heißt es Druck machen, um die Dinge zu verbessern.

→ mein Kind immer nur Cola, Limo oder Eistee kauft? Machen Sie den Zuckertest – wie viel Würfel sind im Glas? Rechnen Sie Ihrem Kind die Kosten vor – dann soll es entscheiden, ob es sein Taschengeld dafür opfern will. Zum Haushaltseinkauf sollten diese Drinks nicht gehören. Es sind eher Genussmittel und nur im Urlaub oder Restaurant erlaubt.

→ mein Kind überraschend Freunde zum Essen mitbringt? Im Prinzip toll – aber bitte vorher Bescheid sagen. Beim ersten Mal improvisieren: eine kleine Vorsuppe aus Tomatenpüree kochen oder einen extra großen Nachtisch auftischen. Das gilt auch für den Fall, dass Ihr Kind woanders isst und Sie vergeblich warten: einmal geht durch, das zweite Mal Ihr Kind nach Hause zitieren.

Mittags allein zu Haus?

→ **Bitte warten** Wenn Sie kurze Zeit nach Ihrem Kind kommen, dann kann es durchaus warten – oder schon mal etwas vorbereiten. Verabreden Sie, was es gegen den Bärenhunger als Vorspeise essen darf: einen kleinen Joghurt oder etwas Obst oder ein Glas Milch oder Saft. Vielleicht bereiten Sie auch eine kleine Vorspeisenbox vor, die im Kühlschrank »wartet«.

→ **Kalte Kraftnahrung** Wenn Sie regelmäßig abends oder am Spätnachmittag kochen, reicht mittags eine kalte Mahlzeit. Die sollte aber vollwertig sein! Für Süßschnäbel ideal ist ein Müsli: Morgens einweichen, das Obst gibt Ihr Kind mittags dazu (Seite 102). Für Fans von Pikantem: haltbare Salate aus Kartoffeln, Reis, Mais, Gemüse oder Hülsenfrüchten, die mit etwas Extradressing und grünem Salat vor dem Essen aufgepeppt werden (Seite 112/113).

→ **Reste essen?** Wenn am Vorabend etwas übrig bleibt, können Sie oder Ihr Kind daraus ebenfalls einen Salat mixen. Oder aber Sie füllen alles in eine Mikrowellenbox. Dann braucht Ihr Kind das nur noch in der Mikrowelle zu erhitzen. Das ist ungefährlicher und gesünder als der Gebrauch von Topf und Pfanne – vorausgesetzt, Ihr Kind hält die Garzeit ein.

→ **Vorkochen** Ab und zu können Sie – auch gemeinsam mit Ihrem Kind – vorkochen (Seite 114/115). Je nach Art des Gerichts wird es dann zum Aufwärmen in den Ofen geschoben, gebraten oder in der Mikrowelle erhitzt.

→ **Selber kochen** Wenn Ihr Kind Spaß am Kochen hat und schon etwas Übung, dann kann es ab der dritten Klasse sehr einfache Gerichte selber zubereiten (Seite 116/117). Dazu sollte es fit sein im Umgang mit Messer und Hitze. Und Fertigprodukte? Instantgerichte sind sehr beliebt, liefern aber wenig Nährstoffe, viel Salz, gehärtete Fette, Aromen und Geschmacksverstärker und machen nur kurz satt – mal als Überbrückung zum richtigen Essen okay. Tiefgefrorene Fertigmenüs dagegen sind empfehlenswert, wenn sie ohne Aromastoffe und fettarm zubereitet sind.

→ **Pizza-Blitz** Klar kommt man sich richtig groß vor, wenn einem die Pizza direkt ins Haus geliefert wird! Doch das sollte nicht die Regel sein: Fast Food vom Bringdienst ist keine vollwertige Mahlzeit!

Fisch für Kids!

Am besten ein- bis zweimal die Woche! Denn Fisch liefert nicht nur leicht verdauliches Eiweiß, sondern Jod für die Schilddrüse und Omega-3-Fettsäuren für die Gehirnentwicklung. Besonders empfehlenswert sind Seefische wie Hering, Makrele, Lachs, Seelachs und Thunfisch. Die Zuchtfische Pangasius, Tilapia und Zander sind sehr mager. Die Stiftung Warentest rehabilitierte das Fischstäbchen: Sie bestehen aus hochwertigem Seelachs. In der Pfanne saugen sie aber viel Fett auf – deshalb lieber im Ofen zubereiten.

Für die Jungs ein Steak, für Mädels Salat?

→ **Die Kiggs-Studie** (siehe Glossar) untersuchte den Lebensmittelverzehr von 0- bis 17-Jährigen. Es gibt deutliche Unterschiede zwischen Mädchen und Jungen, die teilweise sämtliche Vorurteile bestätigen. Bedenklich: Mit zunehmendem Alter verschlechtert sich die Ernährung.

→ 40 Prozent der Jungs essen täglich/mehrmals täglich Wurst, aber nur 32 Prozent der Mädchen. Die essen wiederum mehr Geflügel, **Jungs mehr Fleisch.** Vegetarier sind 1,7 Prozent der Jungs zwischen 3 und 14, aber 3,2 Prozent der Mädchen. Dieser Anteil verdoppelt sich mit dem Alter.

→ Über **50 Prozent der Jungs** und etwa **60 Prozent der Mädchen** zwischen sieben und zehn Jahren **essen täglich Obst und Gemüse!** Das sind noch nicht die empfohlenen 5 Portionen pro Tag – aber immerhin. Doch das Essverhalten verschlechtert sich mit zunehmendem Alter – nur der Abstand zwischen Jungen und Mädchen bleibt.

→ Bei **Milchprodukten** haben die **Jungs die Nase vorne:** 55 Prozent trinken täglich Milch, bei den Mädchen ist es nur die Hälfte. In punkto Käse sind sich beide Geschlechter aber einig.

Bunter Kartoffelsalat

zum Mitnehmen | Klassiker

30 Min.

insgesamt ca. 385 kcal

4 g Eiweiß, 26 g Fett, 21 g Kohlenhydrate

ZUTATEN FÜR 1 KINDERPORTION

Für den Salat:
150 g festkochende Kartoffeln
1/4 Salatgurke
3–4 Radieschen
1 EL gehackter Schnittlauch

Für das Dressing:
60 ml Gemüsebrühe (Instant)
1 TL milder Weißweinessig
1/2 TL milder Senf
Salz, Pfeffer, 1 TL Öl

Außerdem:
1 Putenwiener

ZUBEREITUNG

1. Die Kartoffeln waschen und mit Schale 15–20 Min. garen. Die Kartoffeln pellen, abkühlen lassen und in Scheiben schneiden. Die Gurke längs halbieren, die Kerne herauskratzen und die Gurkenhälften mittelfein würfeln. Die Radieschen waschen, putzen und in dünne Scheiben schneiden.

2. Für das Dressing die Brühe mit Essig, Senf, Salz, Pfeffer und Öl verrühren.

3. Kartoffeln, Gurke und Radieschen mit dem Dressing mischen. Zum Schluss den Schnittlauch unter den Salat mischen.

4. Alle Zutaten kurz ziehen lassen und zum Mitnehmen in eine verschließbare Box füllen. Das Putenwiener extra verpackt mitgeben und zum Salat essen.

Knabber-Nudelsalat

Vitamin- und Mineralstoffreich

15 Min. + 15 Min. Ziehen

insgesamt ca. 240 kcal

9 g Eiweiß, 10 g Fett, 29 g Kohlenhydrate

ZUTATEN FÜR 1 KINDERPORTION

30 g Spiralnudeln, Salz
3–4 Radieschen
1 Möhre
1/4 Kohlrabi
15 g gekochter Schinken
2 EL Joghurt (1,5 % Fett)
1 TL Salat-Mayonnaise
1 EL gehackte Petersilie
weißer Pfeffer

ZUBEREITUNG

1. Die Spiralnudeln in reichlich kochendem Salzwasser nach Packungsangabe bissfest kochen, abschrecken und abtropfen lassen.

2. Die Radieschen putzen, waschen und in dünne Scheiben hobeln. Die Möhre waschen, putzen und in dünne Scheiben schneiden. Den Kohlrabi schälen und in feine Stifte schneiden. Den Schinken in etwa 1 cm große Würfel schneiden.

3. Den Joghurt mit der Mayonnaise glatt rühren. Die Petersilie unter das Joghurt-Dressing ziehen, Dressing mit Salz und Pfeffer abschmecken. Alle Salatzutaten mit dem Dressing vermischen und etwa 15 Min. durchziehen lassen.

Möhren-Gurken-Röllchen

zum Knabbern
15 Min.
insgesamt ca. 275 kcal
14 g Eiweiß, 21 g Fett, 8 g Kohlenhydrate

ZUTATEN FÜR 1 KINDERPORTION

- 4 Blätter Eisbergsalat
- 1 Stück Gurke (ca. 10 cm)
- 1 zarte Möhre
- 1 dünne Scheibe Leberkäse
- 2 Scheiben Gouda
- 2 EL Schmant
- Alufolie zum Einwickeln

ZUBEREITUNG

1. Die Salatblätter waschen und trocken tupfen. Das Gurkenstück und die Möhre waschen und putzen. Das Gurkenstück der Länge nach vierteln. Die Möhre längs halbieren. Leberkäse- und Goudascheiben ebenfalls halbieren.

2. Die Salatblätter – sie sollten etwas größer als die halbierten Leberkäse- und Käsescheiben sein – mit je einer Scheibe Leberkäse oder Käse belegen. Leberkäse und Gouda dünn mit Schmant bestreichen.

3. Die Möhren- und Gurkenstücke fest in die belegten Salatblätter einrollen. Die Röllchen wie ein Knallbonbon in Alufolie einwickeln. Zum Mitnehmen in eine verschließbare Dose legen. Dazu gibt es eine Brezel.

Salat rot-weiß

italienisch | blitzschnell
10 Min.
insgesamt ca. 505 kcal
23 g Eiweiß, 29 g Fett, 38 g Kohlenhydrate

ZUTATEN FÜR 1 KINDERPORTION

- 6 Kirschtomaten
- 1/2 Kugel Mozzarella
- 1 TL Öl
- 1 TL Aceto balsamico
- 1 TL grünes Pesto (aus dem Glas)
- 2–3 Vollkorn-Grissini

ZUBEREITUNG

1. Die Kirschtomaten waschen und halbieren. Den Mozzarella abtropfen lassen, dabei die Lake auffangen. Den Mozzarella in Scheiben schneiden. Die Tomatenhälften mit den Mozzarellascheiben abwechselnd dachziegelartig in eine flache Tupperbox schichten.

2. Öl, 1 EL Lake, Aceto und Pesto zu einem Dressing verrühren. Dann das Dressing über den Tomaten-Mozzarella-Salat träufeln. Die Tupperbox gut verschließen.

3. Die Vollkorn-Grissini in eine Extrabox geben, dazu essen.

Reispfännchen

chinesisch | einfach
30 Min.
insgesamt ca. 475 kcal
15 g Eiweiß, 28 g Fett, 42 g Kohlenhydrate

ZUTATEN FÜR 1 KINDERPORTION

40 g Parboiled Langkornreis
3 TL Öl
150 ml Gemüsebrühe (Instant)
1 Frühlingszwiebel
70 g Sprossen
30 g gekochter Schinken
1 Möhre
1 EL Sesamsamen
1 EL Sojasauce

ZUBEREITUNG

1. Reis mit 1 TL Öl glasig andünsten. Mit Gemüsebrühe ablöschen, aufkochen lassen und bei schwacher Hitze zugedeckt 15–20 Min. ausquellen lassen. Frühlingszwiebel waschen, putzen und in Ringe schneiden. Die Sprossen waschen und abtropfen lassen. Den Schinken in dünne Streifen schneiden. Die Möhre gründlich waschen und grob raspeln.

2. Sesamsamen in einer großen Pfanne ohne Fett leicht anrösten. Übriges Öl dazugeben und erhitzen. Die Möhrenraspel und die Schinkenwürfel dazugeben und unter ständigem Rühren etwa 1 Min. anbraten. Die Frühlingszwiebelringe dazugeben und unter Rühren etwa 2 Min. braten.

3. Die Sprossen unterziehen, mit Sojasauce würzen. Abkühlen lassen und in einem mikrowellengeeigneten Gefäß im Kühlschrank aufbewahren. Zum Essen in der Mikrowelle mit dem Reis warm machen.

Hühner-Nudeltopf

Klassiker | für kalte Tage
20 Min.
insgesamt ca. 345 kcal
27 g Eiweiß, 14 g Fett, 28 g Kohlenhydrate

ZUTATEN FÜR 1 KINDERPORTION

75 g Hähnchenbrustfilet
1 TL Rapsöl
Salz, Pfeffer
süßes Paprikapulver
250 ml Hühnerbrühe (Instant)
150 g Brokkoli
1 kleine Möhre
30 g Vollkornbandnudeln

ZUBEREITUNG

1. Das Hühnerbrustfilet quer zur Faser in dünne Streifen schneiden. Das Öl in einem Topf erhitzen, das Fleisch darin rundherum anbraten und mit Salz, Pfeffer und Paprika würzen. Die Hühnerbrühe angießen, einmal aufkochen lassen, das Ganze vom Herd nehmen und auskühlen lassen.

2. Den Brokkoli waschen, putzen und in sehr kleine Röschen teilen. Die Möhre gründlich waschen und mit dem Sparschäler komplett der Länge nach in Streifen schälen.

3. 1 Liter Wasser mit Salz zum Kochen bringen. Nudeln und Gemüse hineingeben und ca. 8 Min. köcheln, bis beides gar ist. Gemüse-Nudeln abgießen und abkühlen lassen.

4. Das Fleisch in der Brühe und die Gemüse-Nudeln separat im Kühlschrank aufbewahren. Kurz vor dem Servieren vermengen und im Topf oder in der Mikrowelle erhitzen.

Gold-Gratin

macht satt | gut vorzubereiten
30 Min. + 20 Min. Backen
pro Portion ca. 290 kcal
13 g Eiweiß, 20 g Fett, 15 g Kohlenhydrate

ZUTATEN FÜR 2 KINDER-PORTIONEN
- 150 g Kartoffeln, Salz
- 1 kleine rote Paprikaschote
- 1 Stück Lauchstange (ca. 10 cm)
- 2 TL Rapsöl
- Pfeffer
- 1/2 Bund Schnittlauch
- 100 ml Milch
- 1 Ei, 50 g Gouda

ZUBEREITUNG

1. Kartoffeln in Salzwasser in 15–20 Min. garen. Inzwischen Paprika und Lauch waschen und putzen. Paprika würfeln, Lauch in Ringe schneiden. 1 TL Öl erhitzen, das Gemüse kurz darin andünsten, salzen und pfeffern.

2. Backofen auf 200° vorheizen. Kartoffeln abgießen, abschrecken, kurz ausdampfen lassen, pellen und in Scheiben schneiden. Eine flache Auflaufform mit dem übrigen Öl einfetten. Die Kartoffelscheiben auf dem Boden auslegen und das Gemüse darüber verteilen.

3. Schnittlauch waschen, in Röllchen schneiden und mit Milch, Ei, Salz und Pfeffer gut vermengen. Den Käse grob raspeln. Den Eiermix und den Käse gleichmäßig über dem Auflauf verteilen. Im Ofen (Mitte, Umluft 180°) 15–20 Min. goldgelb backen. Auflauf abkühlen lassen und im Kühlschrank aufbewahren. Vor dem Essen den Auflauf kurz im Ofen erwärmen. Einzelne Portionen können auch auf einem Teller in der Mikrowelle erwärmt werden.

Eier im Kräuterteich

schmeckt frisch | einfach
30 Min.
pro Portion ca. 335 kcal
13 g Eiweiß, 19 g Fett, 29 g Kohlenhydrate

ZUTATEN FÜR 2 KINDER-PORTIONEN
- 300 g neue Kartoffeln
- Salz
- je 1 Bund Kerbel und Petersilie
- 1 Schalotte oder 1 kleine Zwiebel
- 1 Scheibe Weißbrot
- 1 EL Butter
- 150 ml Brühe (Instant)
- 100 g saure Sahne (20 % Fett)
- Pfeffer
- frisch geriebene Muskatnuss
- 2 Eier

ZUBEREITUNG

1. Kartoffeln waschen, in wenig Salzwasser zugedeckt in 15–20 Min. gar kochen. Abkühlen lassen und im Kühlschrank aufbewahren.

2. Kräuter waschen und trocken tupfen. Blätter abzupfen, fein hacken oder im Blitzhacker zerkleinern. Schalotte schälen und fein würfeln. Brot entrinden und würfeln.

3. Butter zerlassen, Schalotte glasig dünsten. Brühe angießen, Brotwürfel dazugeben, 5 Min. köcheln lassen. Kräuter und saure Sahne unterziehen, noch 2–3 Min. köcheln lassen. Mit Salz, Pfeffer und Muskat abschmecken. Abkühlen lassen, im Kühlschrank aufbewahren.

4. Vor dem Essen die Eier mit Wasser bedeckt zum Kochen bringen. Wenn das Wasser kocht, Eier in 3 Min. wachsweich kochen, abschrecken, pellen, halbieren. Sauce auf dem Herd oder in der Mikrowelle erwärmen. Kartoffeln in der Mikrowelle erhitzen. Eihälften in der Sauce anrichten und mit den Kartoffeln essen.

Paradies-Risotto

für Tomaten-Fans | einfach
30 Min.
insgesamt ca. 515 kcal
18 g Eiweiß, 30 g Fett, 45 g Kohlenhydrate

ZUTATEN FÜR 1 KINDERPORTION

- 1 TL Öl
- 50 g Reis
- 150 ml Gemüsebrühe (Instant)
- 6 EL Tomatensaft
- 3 Tomaten
- Pfeffer
- süßes Paprikapulver
- Sojasauce
- 2 Salami-Sticks

ZUBEREITUNG

1. Erhitze das Öl in einem Topf. Gib den Reis dazu und dünste ihn kurz an, bis die Reiskörner glasig sind. Dann löschst du den Reis mit der Gemüsebrühe und dem Tomatensaft ab. Lass dann alles kurz aufkochen. Es muss anschließend zugedeckt bei schwacher Hitze 15 Min. quellen.

2. Wasche in der Zwischenzeit die Tomaten und schneide sie in Stücke. Entferne dabei den grünen Stielansatz. Wenn der Reis gar ist, kannst du den Topf vom Herd nehmen. Rühre die Tomatenstückchen unter das Risotto und schmecke es mit Pfeffer und Paprikapulver ab. Lass alles 5 Min. ruhen.

3. Schmecke das Risotto mit Sojasauce ab und fülle es in einen Teller. Die Salami-Sticks kannst du dazu knabbern.

Gemüse-Spirelli

frisch | reich an Vitamin C
20 Min.
insgesamt ca. 365 kcal
16 g Eiweiß, 15 g Fett, 42 g Kohlenhydrate

ZUTATEN FÜR 1 KINDERPORTION

- Salz
- 50 g Vollkorn-Spirelli
- 100 g Kirschtomaten
- 1 kleiner Zucchino (ca. 200 g)
- 1 Knoblauchzehe
- 1 Handvoll Basilikumblätter
- 1 EL Olivenöl
- Pfeffer
- 1 TL frisch geriebener Parmesan (nach Geschmack)

ZUBEREITUNG

1. Bring 1 Liter Wasser mit 1 TL Salz zum Kochen und gare die Nudeln darin nach Packungsanweisung.

2. In der Zwischenzeit kannst du die Tomaten waschen und halbieren. Wasche dann den Zucchino, schneide die Enden ab und reibe den Zucchino auf einem Küchenhobel. Dann mischst du beides in einer großen Schüssel.

3. Schäle dann den Knoblauch und presse ihn mit einer Knoblauchpresse zu dem Gemüse. Wasche die Basilikumblätter, schüttle sie trocken und schneide sie fein. Dann mischst du sie mit dem Olivenöl unter den Gemüse-Mix. Dann schmeckst du mit Salz und Pfeffer ab.

4. Gieße nun die Nudeln in ein Sieb ab, lass sie kurz abtropfen und mische sie noch heiß unter das Gemüse. Du musst das Gericht sofort essen. Wenn du magst, gibst du noch etwas Parmesan über die Nudeln.

Eiernudeln

macht fit für die Hausaufgaben
20 Min.
insgesamt ca. 355 kcal
17 g Eiweiß, 18 g Fett, 33 g Kohlenhydrate

ZUTATEN FÜR 1 KINDERPORTION

- 1 kleine rote Paprikaschote
- 1 Bund Schnittlauch
- 1 Ei, 2 EL Milch
- Salz, Pfeffer
- süßes Paprikapulver
- 40 g Vollkornnudeln
- 1 TL Butter

ZUBEREITUNG

1. Wasche die Paprika, halbiere sie, entferne das weiße Innere und die Kerne und schneide die Hälften in kleine Würfel. Dann wäschst du den Schnittlauch, schüttelst ihn trocken und schneidest ihn in kleine Röllchen. Schlage nun das Ei in eine Rührschüssel auf und verquirle es mit der Milch, je 1 Prise Salz, Pfeffer und Paprikapulver und dem Schnittlauch.

2. Bring nun in einem Topf 1 Liter Wasser mit 1 TL Salz zum Kochen und gib die Nudeln dazu. Lass sie etwa 8 Min. bei mittlerer Hitze kochen, bis sie bissfest sind. Dann gießt du die Nudeln in ein Sieb ab.

3. Lass anschließend Butter in einer großen Pfanne zerlaufen. Gib die Paprikawürfel dazu und brate sie 4–5 Min. darin an. Gib dann die Eimischung über die Paprika und lass sie bei mittlerer Hitze stocken. Dabei einmal vom Boden loskratzen.

4. Zum Schluss gibst du die Nudeln in die Pfanne und vermengst sie mit dem Paprika-Omelett.

Brotsüppchen

für Suppenkasper
15 Min.
insgesamt ca. 510 kcal
14 g Eiweiß, 32 g Fett, 41 g Kohlenhydrate

ZUTATEN FÜR 1 KINDERPORTION

- 2 dünne Scheiben altbackenes Vollkornbrot
- 1 TL Pesto (aus dem Glas)
- 1 Scheibe milder Butterkäse z. B. Raclettekäse oder Taleggio
- 1 TL weiche Butter
- 2 Frühlingszwiebeln
- 1 EL Olivenöl
- 250 ml Gemüsebrühe (Instant)

ZUBEREITUNG

1. Bestreiche eine Scheibe Vollkornbrot mit Pesto, belege sie mit Käse und decke sie mit der anderen Brotscheibe zu. Dann bestreichst du beide Seiten dünn mit Butter und schneidest das Brot in 4 Stücke.

2. Wasche nun die Frühlingszwiebeln, entferne die Wurzelenden und welke Blätter und schneide die Zwiebeln in Ringe.

3. Erhitze das Öl in einer Pfanne. Gib die Frühlingszwiebelringe dazu und dünste sie kurz an. Gib dann die Brotstücke dazu und röste sie auf beiden Seiten je ca. 1 Min. an.

4. Zum Schluss nimmst du das Brot aus der Pfanne und legst es in einen Suppenteller. Dann gießt du die Brühe zu den Frühlingszwiebeln und erwärmst sie. Vor dem Essen gießt du die Brühe über das Käsebrot.

Fisch im Knusperkleid

für zwei | für starke Nerven

30 Min.

insgesamt (ohne Beilage) ca. 730 kcal
52 g Eiweiß, 51 g Fett, 18 g Kohlenhydrate

ZUTATEN FÜR 1 KINDER- UND 1 ERWACHSENEN-PORTION

1/2 Zitrone
250 g Schellfischfilet (oder Victoria-, Rotbarsch- oder Seelachsfilet)
1 Zweig Thymian
1/2 Bund Petersilie
1 Blatt Liebstöckel
40 g Cashewkerne
2 EL Olivenöl
Salz, Pfeffer
Butter für die Form

ZUBEREITUNG

1. Den Backofen auf 200° vorheizen. Die Zitrone auspressen und mit der Hälfte des Saftes den Fisch beträufeln.

2. Den Thymian waschen und die Blättchen abstreifen. Die Petersilie waschen, die Blätter von den Stängeln zupfen und zusammen mit dem Liebstöckel fein zerkleinern – das geht am schnellsten mit dem Blitzhacker.

3. Die Cashewkerne im Blitzhacker zerkleinern und mit den Kräutern, dem übrigen Zitronensaft und dem Öl vermischen.

4. Das Fischfilet salzen und pfeffern und in eine mit Butter gefettete ofenfeste Form legen. Die Kräuterpaste darauf verstreichen. Den Fisch im heißen Ofen (Mitte, Umluft 180°) 15 Min. backen.

Dazu passt Stampfkartoffeln (S. 71).

Austausch-Tipp Anstelle von Cashewkernen können Sie auch andere zerkleinerte Nüsse verwenden.

Lachsragout

für zwei | blitzschnell

25 Min.

insgesamt ca. 750 kcal
59 g Eiweiß, 51 g Fett, 16 g Kohlenhydrate

ZUTATEN FÜR 1 KINDER- UND 1 ERWACHSENEN-PORTION

250 g Lachssteak
1/2 Zitrone
Jodsalz
1 Salatgurke
1 TL Rapsöl
Pfeffer
50 g saure Sahne (20 % Fett)
20 g gekochter Schinken
1/2 Bund Dill

ZUBEREITUNG

1. Das Lachssteak in etwa 4 cm große Würfel schneiden, mit dem Zitronensaft beträufeln und leicht salzen, dann im Kühlschrank eine Weile ziehen lassen.

2. Die Gurke schälen, längs halbieren, mit einem Löffel den Innenteil mit den Kernen herausholen. Die Gurkenhälften in Scheiben schneiden.

3. Die Gurkenscheiben in einer großen Pfanne im Öl andünsten, leicht salzen und pfeffern. Wenn die Gurken nach einigen Min. Wasser gezogen haben, die saure Sahne zugeben und die Lachswürfel einlegen. Das Ganze zugedeckt ca. 5 Min. ziehen lassen.

4. Inzwischen den Schinken fein würfeln. Den Dill waschen, trocken schütteln und die Dillspitzen abzupfen. Beides unter die Fischpfanne ziehen und nochmals abschmecken. Dazu passen grüne Nudeln oder Kartoffeln.

Roter Fischtopf

zeitaufwendig | für Fischfans

1 Std. 45 Min.

insgesamt ca. 670 kcal

62 g Eiweiß, 18 g Fett, 65 g Kohlenhydrate

ZUTATEN FÜR 1 KINDER- UND 1 ERWACHSENEN-PORTION

1 kleine Zwiebel
1 Knoblauchzehe
etwas frischer oder getrockneter Thymian und Oregano
200 g festfleischiges Fischfilet (z. B. Kabeljau oder Schellfisch)
2 TL Olivenöl
1 TL Zitronensaft
Salz, Pfeffer
1/4 Stange Lauch
300 ml Tomatensaft
200 ml Gemüsebrühe (Instant)
100 g rote Linsen
1 Lorbeerblatt

ZUBEREITUNG

1. Zwiebel und Knoblauch schälen und fein würfeln. Kräuter waschen, trocken tupfen und klein hacken. Fisch abbrausen, trocken tupfen und in Stücke schneiden.

2. 1 TL Öl mit der Hälfte der Zwiebel, Knoblauch, gehackten (oder getrockneten) Kräutern, Zitronensaft, Salz, Pfeffer und den Fischstücken vermischen und zugedeckt ca. 30 Min. ziehen lassen.

3. Inzwischen den Lauch waschen, putzen und in feine Ringe schneiden. Übriges Öl in einem Topf erhitzen und die übrigen Zwiebelwürfel darin glasig dünsten. Tomatensaft und Brühe dazugießen und zum Kochen bringen. Dann Linsen, Lauch und das Lorbeerblatt dazugeben und bei schwacher Hitze zugedeckt 10 Min. köcheln lassen. Ab und zu umrühren.

4. Nach Ende der Garzeit Lorbeerblatt entfernen, Fisch mit Marinade zu den Linsen geben und 5–10 Min. ziehen lassen, bis der Fisch gar ist. Mit Salz und Pfeffer abschmecken.

Spitzkraut-Fleckerln

schnell | preiswert

35 Min.

insgesamt ca. 785 kcal

65 g Eiweiß, 16 g Fett, 97 g Kohlenhydrate

ZUTATEN FÜR 1 KINDER- UND 1 ERWACHSENEN-PORTION

250 g Kabeljau- oder Rotbarschfilet
1 TL Sojasauce
scharfes Paprikapulver
weißer Pfeffer
500 g Spitzkohl
1–2 TL Öl
750 ml Kräuterbouillon (Instant)
100 g Spiralnudeln
1/2 Bund Schnittlauch

ZUBEREITUNG

1. Den Fisch in mundgerechte Stücke teilen. Die Sojasauce mit 1 Msp. Paprikapulver und Pfeffer verrühren und mit den Fischstücken vermischen. Ziehen lassen.

2. Inzwischen vom Spitzkohl die äußeren Blätter entfernen. Den Kohl vierteln, den dicken Strunk in der Mitte wegschneiden und den Rest in Streifen schneiden.

3. Das Öl in einem Topf erhitzen, die Spitzkohlstreifen dazugeben und kurz rösten. Die Bouillon angießen und aufkochen lassen. Die Nudeln zugeben und in 10 Min. gar kochen. Die Fischstücke in den letzten 3 Min. zugeben und gar ziehen lassen.

4. Den Schnittlauch waschen, trocken schütteln und in feine Ringe schneiden. Den Nudeltopf mit Sojasauce, Salz und Pfeffer abschmecken und mit den Schnittlauchröllchen bestreut servieren.

Fakir-Auflauf

gut vorzubereiten | schnell
15 Min. + 20 Min. Backen
insgesamt ca. 505 kcal
30 g Eiweiß, 17 g Fett, 71 g Kohlenhydrate

ZUTATEN FÜR 1 KINDER- UND 1 ERWACHSENEN-PORTION

170 g Rahmspinat-Minis
60 g Mozzarella
180 g Schupfnudeln (aus dem Kühlregal)
Salz, Pfeffer
frisch geriebene Muskatnuss

ZUBEREITUNG

1. Den Backofen auf 200° (Umluft 180°) vorheizen. Gefrorene Rahmspinat-Minis in einer flachen Auflaufform (Ø ca. 20 cm) 10–15 Min. im sich aufheizenden Ofen auftauen.

2. Inzwischen den Mozzarella in sehr kleine Würfel schneiden. Die Schupfnudeln mit heißem Wasser abspülen, damit sie sich voneinander lösen.

3. Den aufgetauten Spinat mit Salz, Pfeffer und Muskat würzen. Dann den gewürfelten Mozzarella auf dem Spinat verteilen und die Schupfnudeln senkrecht in den Spinat stecken. Auflauf im Ofen (Mitte) 15–20 Min. backen.

Do-it-yourself-Gnocchi

für Kartoffelfans | braucht etwas Zeit
1 Std.
insgesamt ca. 1105 kcal
37 g Eiweiß, 23 g Fett, 188 g Kohlenhydrate

ZUTATEN FÜR 1 KINDER- UND 1 ERWACHSENEN-PORTION

300 g mehlig kochende Kartoffeln
Salz
1 EL Butter
2 EL Vollkorngrieß
1 Ei
150–200 g Vollkornmehl (oder Mehl Type 1050)
Mehl für die Arbeitsfläche

ZUBEREITUNG

1. Kartoffeln waschen und in wenig Salzwasser 15–20 Min. garen. Dann abgießen, kurz auskühlen lassen und pellen.

2. Geschälte Kartoffeln durch eine Kartoffelpresse drücken oder auf einer groben Reibe reiben. Dann mit Butter, Grieß, Salz und Ei verkneten. Mehl nach und nach dazugeben, bis ein glatter Teig entstanden ist, der nicht mehr klebt. Teig 15 Min. ruhen lassen.

3. Den Teig portionsweise auf einer bemehlten Arbeitsfläche zu daumendicken Rollen formen. Davon nussgroße Stücke abschneiden und mit einer Gabel leicht flach drücken.

4. In einem großen Topf Salzwasser zum Kochen bringen. Gnocchi hineingeben, Wasser aufkochen und bei schwacher Hitze sieden lassen – das Wasser darf nicht mehr sprudelnd kochen. Wenn die Gnocchi an die Oberfläche steigen, mit einem Schaumlöffel herausheben und in einem Sieb abtropfen lassen.

Dazu passt Spinat- oder Tomatensauce

Tuning-Tipp 2 EL Pinienkerne in einer Pfanne ohne Fett anrösten. 30 g Butter dazugeben und zerlassen. Salbeiblätter dazugeben, kurz anbraten. Gnocchi in der Salbeibutter schwenken.

Kürbisnudeln

herbstlich | reich an Karotin
25 Min.
insgesamt ca. 770 kcal
30 g Eiweiß, 26 g Fett, 103 g Kohlenhydrate

ZUTATEN FÜR 1 KINDER- UND 1 ERWACHSENEN-PORTION

Salz
300 g Hokkaidokürbis
120 g Vollkornnudeln
1 TL Rapsöl
1 TL gemahlene Kurkuma
100 ml Kokosmilch
1 Stück Ingwer (ca. 1 cm)
2 EL grobe Erdnussbutter
Sojasauce zum Abschmecken

ZUBEREITUNG

1. Reichlich Wasser mit Salz zum Kochen bringen. Den Kürbis waschen, Fasern und Kerne entfernen und das Fruchtfleisch mit Schale in kleine Würfel schneiden.

2. Nudeln ins kochende Wasser geben. Das Öl in einer Pfanne erhitzen, die Kürbiswürfel, Salz und Kurkuma zugeben und kurz anbraten. Mit der Kokosmilch ablöschen. Ingwer schälen und durch die Knoblauchpresse dazudrücken. Alles zugedeckt 10 Min. dünsten.

3. Die Nudeln in ein Sieb abgießen. Dabei ca. 50 ml Nudelwasser auffangen. Dieses und Erdnussbutter in die Kürbissauce einrühren. Mit Sojasauce abschmecken und die Nudeln im Gemüse schwenken.

Bohnen mit Spatzenspeise

eiweißreich | schnell
35 Min.
insgesamt ca. 820 kcal
26 g Eiweiß, 53 g Fett, 61 g Kohlenhydrate

ZUTATEN FÜR 1 KINDER- UND 1 ERWACHSENEN-PORTION

400 g Bobby-Bohnen oder zarte grüne Bohnen
1/2 Zwiebel
1 kleine Knoblauchzehe
2 EL Butter
300 ml Gemüsebrühe (Instant)
3 EL Crème fraîche
Salz, Pfeffer
50 g Grünkernschrot
100 ml Milch
1 EL frisch geriebener Parmesan

ZUBEREITUNG

1. Die Bohnen waschen, Enden abzwicken, dabei vorhandene Fäden abziehen. Zwiebel und Knoblauch schälen und fein würfeln.

2. 1 EL Butter in einem Topf zerlassen, die Zwiebel- und Knoblauchwürfel darin andünsten. Die Bohnen zugeben, kurz mitdünsten und mit 150 ml Brühe ablöschen. Bohnen zugedeckt bei schwacher Hitze etwa 20 Min. dünsten. Mit Crème fraîche binden und mit Salz und Pfeffer abschmecken.

3. Den Grünkernschrot mit der übrigen Brühe und der Milch zum Kochen bringen, den Parmesan unterziehen und mit Salz und Pfeffer würzen. Die Grütze bei schwacher Hitze in ca. 15 Min. dick kochen lassen. Dann mit einem Teelöffel Nockerln abstechen.

4. Zum Schluss die übrige Butter schmelzen. Die Nockerln auf die Bohnen setzen und alles mit der Butter beträufeln.

Knabberhähnchen

karotinreich | braucht etwas Zeit
45 Min.
insgesamt ca. 860 kcal
63 g Eiweiß, 45 g Fett, 51 g Kohlenhydrate

ZUTATEN FÜR 1 KINDER- UND 1 ERWACHSENEN-PORTION

2 kleine Hähnchenschenkel
Salz, Pfeffer
süßes Paprikapulver
1 EL Öl
1 kleine Zwiebel
125 ml Gemüsebrühe (Instant)
300 g Kartoffeln
150 g Möhren

ZUBEREITUNG

1. Hähnchenschenkel im Gelenk durchtrennen. Mit Salz, Pfeffer und Paprika einreiben.

2. Öl in einem Topf erhitzen, Hähnchenschenkel darin beidseitig kräftig anbraten.

3. Zwiebel schälen und klein würfeln. Hähnchen aus dem Topf nehmen. Zwiebelwürfel im Topf anbraten. Hähnchenschenkel dazugeben, Gemüsebrühe angießen und alles zugedeckt bei schwacher Hitze ca. 15 Min. schmoren.

4. Inzwischen die Kartoffeln und die Möhren waschen und klein würfeln. Mit in den Topf geben und weitere 15 Min. schmoren.

5. Hähnchenschenkel herausnehmen. Die Gemüsesauce mit Salz und Pfeffer abschmecken und zu den Knabberschenkeln servieren.

Buntes Rahmhuhn

für Fleischfans | mager
40 Min.
insgesamt ca. 845 kcal (ohne Beilage)
90 g Eiweiß, 35 g Fett, 43 g Kohlenhydrate

ZUTATEN FÜR 1 KINDER- UND 1 ERWACHSENEN-PORTION

200 g Blumenkohl
150 g junge, zarte Bundmöhren
3 EL Mehl
350 g Hähnchenbrustfilet ohne Haut
Salz, 1 EL Rapsöl
1/2 Zitrone
300 ml Hühnerbrühe (Instant)
1/2 Bund frischer Kerbel
1 TL Speisestärke
50 g Crème fraîche
Pfeffer

ZUBEREITUNG

1. Blumenkohl waschen und in Röschen teilen. Möhren waschen, schälen, längs halbieren und klein schneiden. Mehl auf einen flachen Teller geben. Hähnchenfleisch salzen und im Mehl wenden.

2. Das Öl in einer Pfanne erhitzen und das Hähnchenbrustfilet beidseitig kräftig anbraten. Die Zitronenhälfte auspressen und den Saft mit 200 ml Brühe zum Fleisch gießen. Das Gemüse zugeben und alles zugedeckt bei schwacher Hitze 15 Min. köcheln lassen. Fleisch und Gemüse mit einem Schaumlöffel herausnehmen. Den Bratensatz mit der übrigen Brühe loskochen.

3. Kerbel waschen, trocken tupfen, Blättchen abzupfen, im Blitzhacker zerkleinern. Stärke mit etwas Wasser anrühren. Kräuter, Stärke und Crème fraîche in die Sauce einrühren, aufkochen lassen, salzen und pfeffern. Vor dem Servieren Hähnchenbrustfilet in Scheiben schneiden und mit dem Gemüse noch mal kurz in der Sauce erwärmen.

Dazu passt Vollkornreis, Vollkornnudeln oder Kartoffeln.

Mexiko-Tortillas

scharf | mexikanisch
30 Min. + 1 Std. Ziehen
insgesamt ca. 945 kcal
52 g Eiweiß, 33 g Fett, 111 g Kohlenhydrate

ZUTATEN FÜR 1 KINDER- UND 1 ERWACHSENEN-PORTION

175 g Tomaten
1/2 kleine grüne (milde) Chilischote
1/2 Bund Koriandergrün oder Petersilie
1 kleine Zwiebel
1 TL Rapsöl
150 g Rinderhackfleisch
Salz, Pfeffer
3 Tortillas (siehe Info)

ZUBEREITUNG

1. Die Tomaten waschen, vierteln, dabei grüne Stielansätze entfernen und die Viertel fein würfeln. Die Chilischote waschen, Stielansatz, Trennwände und Kerne entfernen. Chili fein hacken. Den Koriander waschen, die Blättchen abzupfen und grob hacken – das geht am schnellsten mit dem Blitzhacker.

2. Die Zwiebel schälen und in feine Würfel schneiden. Das Öl in einer Pfanne erhitzen und die Zwiebel darin glasig dünsten. Das Hackfleisch hinzufügen, krümelig braten und mit Salz und Pfeffer würzen. Das Hackfleisch mit den Tomatenstückchen vermischen.

3. Die Tortillas nach Packungsanweisung aufbacken und mit der Rindfleisch-Tomaten-Mischung füllen.

Info Tortillas bekommen Sie in der Feinkostabteilung des Supermarktes.

Ananas-Kraut-Fleckerln

für starke Knochen | aus Österreich
40 Min.
insgesamt ca. 885 kcal
36 g Eiweiß, 20 g Fett, 139 g Kohlenhydrate

ZUTATEN FÜR 1 KINDER- UND 1 ERWACHSENEN-PORTION

250 g Weißkohl
1 kleine Zwiebel
1 EL Butter oder Margarine
Salz, Pfeffer
150 g Vollkornnudeln
1/2 kleine Ananas
50 g gekochter Schinken
frisch geriebene Muskatnuss

ZUBEREITUNG

1. Kohl putzen, waschen und in dünne Streifen hobeln. Zwiebel schälen und fein würfeln.

2. In einer großen Pfanne das Fett zerlassen, Zwiebel darin glasig dünsten, Kohl zufügen und mit Salz und Pfeffer würzen. Das Gemüse zugedeckt bei mittlerer Hitze 15–20 Min. garen. Wenn nötig, etwas Wasser zugeben.

3. Inzwischen 2 Liter Wasser mit Salz zum Kochen bringen und die Nudeln nach Packungsangabe darin garen. Die halbe Ananas schälen, den Strunk in der Mitte entfernen und das Fruchtfleisch in kleine Stücke schneiden. Schinken fein würfeln.

4. Ananas- und Schinkenstückchen zum Kraut geben. Alles bei schwacher Hitze 5 Min. ziehen lassen. Dann mit Muskat, Salz und Pfeffer abschmecken.

5. Die Nudeln in ein Sieb abgießen und mit dem Kraut mischen.

Abends gemeinsam genießen

Ihr Kind muss jetzt nicht mehr mit den Hühnern ins Bett gehen. Es wird einfacher, gemeinsam zu essen. Lassen Sie das Fernsehen außen vor und nehmen Sie sich alle Zeit. Bedienen Sie nicht Ihre Familie, sondern verteilen Sie die Aufgaben. Einer deckt den Tisch, der andere macht einen kleinen Salat oder richtet etwas rohes Gemüse an. Auch mariniertes Mittelmeergemüse und sauer Eingelegtes sind eine tolle Bereicherung. Denn das typisch deutsche Abendbrot mit Aufschnitt, Brot und Butter bringt oft zu viele Kalorien – auch weil man schnell nachlegen kann. Orient und Mittelmeer sind eine echte Bereicherung, Käse ist abends besonders wichtig. Wenn Sie abends warm essen, dann brauchen Sie erst recht Hilfe. Auch hier gilt: vorher wird nicht genascht – und nachher besser auch nicht.

Was mache ich, wenn ...

Allmählich möchte Ihr Kind mitbestimmen. Es stellt Regeln in Frage und wird oft schwieriger, wenn es ums Essen geht. Diskutieren Sie, finden Sie Kompromisse, aber bestehen Sie auf den »Basics« und bleiben Sie konsequent!

→ meine Familie am liebsten vor dem Fernseher isst? Nachweislich isst man mehr, wenn man dabei abgelenkt ist – und man schmeckt nicht mehr richtig. Trennen Sie TV und PC vom Essen und Trinken. Kompromiss: einmal pro Woche TV oder Vorlesen mit Sandwiches auf der Couch.

→ mein Kind zum Abendbrot kaum isst und dann vor dem Schlafengehen Hunger hat? Vielleicht wird nachmittags zu viel gesnackt oder mittags zu spät gegessen. Zwischen den Hauptmahlzeiten sollten fünf Stunden liegen – und dazwischen gibt's nachmittags einen Obstteller. Manchmal ist Hunger nur ein Grund, nicht ins Bett zu gehen.

→ mein Kind sein Essen aufs Zimmer nimmt und dort futtert? Abgesehen von ärgerlichen Krümeln und Saftpfützen sollten Mahlzeiten gemeinsam eingenommen werden.

→ mein Partner etwas Warmes essen möchte, wir aber schon mittags gegessen haben? Entweder mittags die Menge verdoppeln und abends aufwärmen. Oder mittags nur eine Kleinigkeit machen und abends frisch für alle kochen – da kann Ihr Kind helfen, und die Eltern können sich beim Kochen abwechseln. Später wird Ihr Kind ohnehin mittags in der Schule essen – also eine Regelung mit Zukunft.

→ mein Kind die Wurst ohne Brot isst? Gibt's nicht! Das ist super ungesund und schafft schlechte Essgewohnheiten für die Zukunft. Gehen Sie mit gutem Vorbild voran!

→ mein Kind kein Vollkorn mag? Viele Kinder bevorzugen helles, weiches »leicht-kau«-Brot, weiße Nudeln, weißen Reis. Als Ausnahme okay. Aber das tägliche Brot sollte Vollkorn sein. Es gibt auch fein vermahlene Sorten oder Sorten nur mit 50 Prozent Vollkorn. Vollkornpasta lässt sich mit hellen Nudeln 1:1 mischen, parboiled Reis ist besser als polierter. Alle Vollkornrezepte im Buch lassen sich auch mit hellem oder 1050er-Mehl oder mit einer Mischung zubereiten. Werden Sie kein Vollkornfanatiker, aber gewöhnen Sie Ihr Kind an Vollkorn – dann wird es das irgendwann auch mögen.

→ mein Kind Gemüse ablehnt? Viele Kinder mögen's lieber knackig roh oder gebraten aus dem Wok. Andere mögen es püriert in Suppen. Lassen Sie sich nicht auf monotone Kost ein – sorgen Sie für Abwechslung. Was Ihr Kind selbst kocht, wird es lieben!

Grundrezept Häschen-Pizza

zum Mitkochen
15 Min. + 30 Min. Gehen + 25 Min. Backen

bei 6 Stücken pro Stück ca. 470 kcal
19 g Eiweiß, 20 g Fett, 53 g Kohlenhydrate

ZUTATEN FÜR 1 BLECH

Für den Teig:
400 g Weizenmehl (Type 1050)
1 Päckchen Trockenhefe
2 EL Olivenöl, Salz

Für den Belag:
1 Bund Möhren
1 EL Butter, Salz
300 g Zuckerschoten
100 g gekochter Schinken
100 g Sahne, 1 Ei
100 g Reibekäse
1 EL gehackte Petersilie
Fett und Mehl für das Blech

ZUBEREITUNG

1. Mehl und Trockenhefe mischen. 200 ml lauwarmes Wasser zugeben, vermischen. Zum Schluss das Öl und 1 TL Salz zufügen. Den Teig mit den Knetarmen der Küchenmaschine so lange bearbeiten, bis er nicht mehr klebt. Den Teig mit etwas Mehl bestäuben und in einer Schüssel bei Zimmertemperatur etwa 30 Min. gehen lassen, bis er sein Volumen verdoppelt hat.

2. Inzwischen die Möhren waschen und evtl. schälen, das Grün entfernen. Die Möhren längs halbieren, in der Butter andünsten, salzen und 1–2 EL Wasser zufügen, damit die Möhren nicht ansetzen. Die Zuckerschoten waschen und putzen, nach 10 Min. zu den Möhren geben und 5 Min. dünsten.

3. Den Backofen auf 200° vorheizen. Ein Backblech einfetten und mit etwas Mehl bestäuben. Den Teig auf das Blech geben und ausrollen. Das Gemüse strahlenförmig auf dem Pizzaboden verteilen. Den Schinken in Würfel schneiden und dazwischen verteilen.

4. Die Sahne mit dem Ei und dem Käse verquirlen, die gehackte Petersilie unterziehen. Diesen Guss über dem Gemüse verteilen. Die Pizza auf dem Ofenboden (Umluft 180°) 30 Min. backen.

Zutaten für Quark-Öl-Teig (1 Blech)
250 g Magerquark, 6 EL Öl, 1 Eigelb, 1 TL Salz, 150 g Weizenmehl verkneten. Dann 150 g Mehl mit 3 TL Backpulver mischen und unterkneten. Ist der Teig zu fest, löffelweise Milch zugeben. Ist er zu weich, mehr Mehl unterkneten.

Pizza-Gesichter

zum Mitkochen | vegetarisch
20 Min. + 30 Min. Gehen + 25 Min. Backen

pro Stück ca. 390 kcal
18 g Eiweiß, 14 g Fett, 49 g Kohlenhydrate

ZUTATEN FÜR 6 MINIPIZZEN

Für den Teig:
1 Grundrezept Pizzateig
Fett für das Blech

Für den Belag:
250 g stückige Tomaten (aus der Dose)
Salz, Pfeffer, Oregano
1–2 Möhren
1 EL Öl
12 schwarze Oliven
1 kleiner Zucchino
6 kleine Champignons
3 kleine Tomaten
250 g Mozzarella

ZUBEREITUNG

1. Teig wie im Grundrezept (Schritt 1) zubereiten.

2. Den Backofen auf 200° vorheizen. Den Teig in sechs Portionen teilen und auf zwei eingefetteten Blechen je drei kleine Pizzen formen. Die stückigen Tomaten mit Salz, Pfeffer und Oregano abschmecken und auf den Pizzaböden verteilen.

3. Die Möhren waschen, längs in feine Streifen hobeln und mit dem Öl mischen. Die Streifen als Haarfransen auf die Pizza legen. Je 2 Oliven als Augen auf die Teigböden geben.

4. Den Zucchino in Scheiben schneiden, diese halbieren und je vier zum lachenden Mund, darüber einen geputzten Pilz als Nase setzen. Übrige Zucchinischeiben als Augenbrauen über die Olivenaugen setzen. Die Tomaten waschen, vom Stielansatz befreien, quer durchschneiden und links und rechts vom Mund als Bäckchen legen.

5. Den Mozzarella sehr fein würfeln und in die Zwischenräume der Gesichtsteile legen. Die Mini-Pizzen auf dem Boden des Backofens (Umluft 180°) 25 Min. backen.

MILCHREIS BOWL

ZUTATEN

- [x] 200g Milch Reis
- [x] 20g Milchreis Gewürz
- [ ] 1L Milch
- [ ] 50g Sauerkirschen

ZUBEREITUNG

4 Portionen 30 Minuten

1 Milch Reis in einen Kochtopf geben und 5-fache Menge Milch (1 Liter) hinzugeben.

2 Herd auf höchste Stufe stellen und die ganze Zeit rühren. Sobald Milch aufkocht, Herd auf geringe Stufe stellen und ca. 30 Minuten weiterrühren.

3 Kurz bevor die gesamte Milch vom Reis aufgesogen wurde, Kochtopf vom Herd nehmen und 5 Minuten ziehen lassen.

4 Vier Schüsseln bereitstellen und fertigen Milchreis, Gewürz und Sauerkirschen darin schichten.

Guten Reishunger!

BASMATI BOWL

ZUTATEN

- [x] 200g Basmati Reis
- [x] 5g Indischer Reismix
- [ ] 100g Zuckerschoten
- [ ] 1 Paprika
- [ ] 5 Schalotten
- [ ] 2 Knoblauchzehen
- [ ] 1 Chilischote
- [ ] 2 Eier
- [ ] ½ Bund Petersilie
- [ ] 80g geröstete Cashewnüsse
- [ ] Öl
- [ ] Sojasauce
- [ ] Salz & Pfeffer

ZUBEREITUNG

2 Portionen 30 Minuten

1 Basmati Reis zweimal waschen und in einen Kochtopf geben. Die 1,5-fache Menge Wasser (300ml) und eine Prise Salz hinzugeben.

2 Indischen Reismix ins Wasser geben. Tipp: Da die Gewürze hinterher wieder rausgenommen werden, den Mix in einen Teebeutel geben und zutackern.

3 Herd auf höchste Stufe stellen. Sobald das Wasser kocht, Herd auf mittlere Stufe stellen und Reis ohne Deckel ca. 20 Minuten köcheln, bis kein Wasser mehr im Kochtopf ist.

4 Knoblauch und Chili sehr fein hacken. Paprika und Zuckerschoten in Würfel und Schalotten in Ringe schneiden.

5 Gemüse in eine Pfanne geben und in Öl anschwitzen, bis die Zwiebeln glasig sind. Den fertigen Reis in die Pfanne geben.

6 Eier in der Pfanne aufschlagen. Alles umrühren und solange braten, bis Reis leicht knusprig wird. Mit Salz, Pfeffer und Sojasauce abschmecken.

7 Zwei Schüsseln bereitstellen und Reisgemüsepfanne darin schichten. Cashewnüsse kurz in der noch heißen Pfanne anbraten. Cashews und Petersilie über Bowls streuen.

Guten Reishunger!

Tipp: Wenn Fleisch mit in die Pfanne soll, empfehlen wir 200g geschnetzelte Hähnchenbrust, die in Schritt 5 dazukommt.

SUSHI BOWL

ZUTATEN

- [x] 200g Sushi Reis
- [x] 10ml Reisessig
- [ ] 200g geräucherter Lachs
- [ ] 1 Avocado
- [ ] 1 Limette
- [ ] 40g geröstete Erdnüsse
- [ ] Sojasauce
- [ ] Salz & Zucker

ZUBEREITUNG

2 Portionen   30 Minuten

1 Sushi Reis zweimal waschen, in einen Kochtopf geben und 1,5-fache Menge Wasser (300ml) und eine Prise Salz hinzugeben.

2 Herd auf höchste Stufe stellen. Sobald Wasser kocht, Herd auf mittlere Stufe stellen und Reis ohne Deckel ca. 20 Minuten köcheln, bis kein Wasser mehr im Kochtopf ist.

3 Reisessig mit etwas Salz und Zucker vermengen, über fertigen Sushi Reis gießen und alles umrühren.

4 Geräucherten Lachs in Streifen schneiden, Avocado schälen und in Würfel schneiden.

5 Zwei Schüsseln bereitstellen und Sushi Reis, Lachs und Avocado darin schichten.

6 Erdnüsse darüber streuen und das Ganze mit einem Schuss Limette und Sojasauce abschmecken.

Guten Reishunger!

Würstchen-Pizza

zum Mitkochen

15 Min. + 30 Min. Gehen + 25 Min. Backen

bei 6 Stücken pro Stück ca. 465 kcal
18 g Eiweiß, 23 g Fett, 46 g Kohlenhydrate

ZUTATEN FÜR 1 BLECH

Für den Teig:
1 Grundrezept Pizzateig
Fett und Mehl für das Blech

Für den Belag:
300 g TK-Blattspinat
200 g Kräuterquark (20 % Fett)
200 g Bratwürstchen
3 EL Sesamsamen
100 g Reibekäse

ZUBEREITUNG

1. Den Teig wie im Grundrezept (Schritt 1) zubereiten. Den Spinat auftauen.

2. Ein Backblech einfetten und mit etwas Mehl bestäuben. Den Teig auf das Blech geben und ausrollen.

3. Den Ofen auf 200° vorheizen. Den Pizzateig mit dem Kräuterquark bestreichen, den Spinat darüber verteilen. Das Brät aus den Bratwürstchen drücken und ca. 30 Murmeln daraus formen, mit Sesam bestreuen und auf den Spinat legen.

4. Alles mit Reibekäse bestreuen und auf dem Ofenboden (Umluft 180°) 25 Min. backen.

Austausch-Tipp Statt gefrorenen Spinat können Sie auch 600 g frischen Spinat verwenden.

Pizzakuchen

Pizza mal anders

45 Min. + 90 Min. Backen

bei 20 Stücken pro Stück ca. 230 kcal
10 g Eiweiß, 11 g Fett, 23 g Kohlenhydrate

ZUTATEN FÜR EINE KASTENFORM (26 CM LANG; 1,5 L INHALT)

150 g getrocknete Tomaten (in Öl)
2 Bund Petersilie
je 50 g schwarze und grüne Oliven (ohne Stein)
500 g Mehl
1 Päckchen Backpulver
Salz, 250 g Magerquark
3 Eier, 90 ml Olivenöl
200 g Feta (Schafkäse)
1 Zweig Rosmarin
200 g Rindertatar
1–2 EL Milch
Mehl für die Arbeitsfläche
Butter für die Form

ZUBEREITUNG

1. Tomaten abtropfen lassen, fein würfeln. Petersilie waschen, trocken schütteln. Petersilie und Oliven grob hacken. Mehl, Backpulver und 1 TL Salz mischen. Quark, Eier, Olivenöl und Petersilie zugeben. Alles zu einem glatten Teig verkneten. Ofen auf 200° vorheizen.

2. Form einfetten. Teig auf bemehlter Arbeitsfläche ca. 35 x 22 cm groß ausrollen. Feta zerbröseln, 1 TL Rosmarinnadeln abstreifen, hacken, beides mit Tatar mischen, auf dem Teig verteilen. Tomaten und Oliven daraufgeben. Teig von der Schmalseite her aufrollen. Mit der Naht nach unten in die Form legen. Oberfläche einritzen, mit Milch bepinseln und mit übrigen Rosmarinnadeln bestreuen.

3. Im Ofen auf der 2. Schiene von unten (Umluft 180°) ca. 90 Min. backen. Kurz abkühlen lassen und aus der Form stürzen. Warm oder kalt essen.

Waldwichtel-Toast

vegetarisch | raffiniert
25 Min.
insgesamt ca. 380 kcal
14 g Eiweiß, 13 g Fett, 52 g Kohlenhydrate

ZUTATEN FÜR 1 KINDER- UND 1 ERWACHSENENPORTION

1 große Zwiebel
1 TL Öl
250 g Pilze nach Wahl
Salz, Pfeffer
2 Scheiben Bauernbrot
2 TL Doppelrahmfrischkäse
1 EL gehackte Petersilie

ZUBEREITUNG

1. Die Zwiebel schälen und in kleine Würfel schneiden. Das Öl in einer Pfanne erhitzen und die Zwiebelwürfel darin anbraten.

2. Inzwischen die Pilze abbürsten und je nach Größe halbieren oder vierteln. Die Pilze mit in die Pfanne geben und ca. 10 Min. garen. Mit 1 Prise Salz und etwas Pfeffer würzen.

3. Das Bauernbrot toasten und die Scheiben mit dem Doppelrahmfrischkäse bestreichen. Die Petersilie unter die Pilze mischen. Zum Schluss die Pilze auf die beiden Brotscheiben verteilen.

Variante Wer möchte, kann auch etwas Speck oder ein Stück klein gewürfelte Kabanossi unter die Pilze mischen.

Auch lecker Statt Petersilie 1 EL gehackte Walnüsse über die Brotscheiben streuen. Walnüsse enthalten gesunde Fettsäuren sowie reichlich Zink für gesunde Haut und Kalium zur Regulation des Elektrolyt- und Wasserhaushaltes. Statt Bauernbrot können Sie auch Toastbrot verwenden – am besten die Vollkornvariante. Die Ballaststoffe fördern die Verdauung und machen länger satt.

Fruchtiger Käse-Toast

fruchtig | einfach
30 Min.
insgesamt ca. 660 kcal
13 g Eiweiß, 40 g Fett, 63 g Kohlenhydrate

ZUTATEN FÜR 1 KINDER- UND 1 ERWACHSENEN-PORTION

- 3 Scheiben Vollkorntoast
- 2 säuerliche Äpfel
- 3 EL milder Edelpilzkäse
- 1 TL Meerrettich (aus dem Glas)
- 3 EL gehackte Walnüsse
- 2 EL Schmant
- 2 TL Butter

ZUBEREITUNG

1. Das Brot leicht toasten. Den Backofen auf 180° vorheizen, Die Äpfel waschen, einen Apfel halbieren, das Kerngehäuse entfernen und die Apfelhälften raspeln.

2. Die Apfelraspel mit Käse, Meerrettich, Walnüssen und Schmant vermischen, auf die Toasts streichen. Im Ofen (Mitte, Umluft 160°) 10–12 Min. backen.

3. Inzwischen den anderen Apfel ebenfalls halbieren, das Kerngehäuse entfernen und die Apfelhälften in Spalten schneiden, mit dem Toast anrichten.

Tuning-Tipp Etwas aufwendig, schmeckt aber toll: extra Apfelspalten von beiden Seiten in Butter braten.

Pizza-Toast

zum Brot | raffiniert
45 Min.
insgesamt ca. 540 kcal
33 g Eiweiß, 22 g Fett, 54 g Kohlenhydrate

ZUTATEN FÜR 1 KINDER- UND 1 ERWACHSENEN-PORTION

- 2 Scheiben Bauernbrot
- 1 Knoblauchzehe
- 4 schwarze Oliven (ohne Stein)
- 1 kleiner Zucchino
- 75 g Rinderhackfleisch
- Salz, weißer Pfeffer
- getrocknete Kräuter der Provence
- 2 Tomaten
- 3 EL Reibekäse

ZUBEREITUNG

1. Brotscheiben mit der angeschnittenen Knoblauchzehe abreiben. Oliven grob hacken. Zucchino waschen, putzen und raspeln. Beides mit dem Hackfleisch vermischen und mit Salz, Pfeffer und getrockneten Kräutern würzen.

2. Fleisch auf die Brotscheiben streichen. Tomaten waschen, ohne Stielansatz in Scheiben schneiden. Tomatenscheiben auf das Fleisch drücken. Mit Käse bestreuen.

3. Die Brote unter den Backofengrill schieben und 5–10 Min. übergrillen.

Varianten Statt Hackfleisch schmeckt auch Zwiebelmett oder Frischkäse mit 1 EL Sonnenblumenkernen zusätzlich.

Süßer Orangen-Toast

für Süße | gehaltvoll
20 Min.
insgesamt ca. 725 kcal
24 g Eiweiß, 43 g Fett, 61 g Kohlenhydrate

ZUTATEN FÜR 1 KINDER- UND 1 ERWACHSENEN-PORTION

- 2 Bio-Orangen
- 1 EL Honig
- 2 Eier
- 100 ml Milch
- Zimtpulver
- 4 Scheiben Vollkorntoast
- 2 EL Butter

ZUBEREITUNG

1. Orangen heiß abwaschen. Von einer Orange oberflächlich vorsichtig etwas Schale abreiben. Beide Orangen schälen, vierteln und in Scheiben schneiden, mit Honig beträufeln.

2. Eier mit Milch, Orangenschale und 1 Prise Zimt verquirlen und die Toastscheiben darin wenden. Butter in einer Pfanne erhitzen. Toast bei mittlerer Hitze von beiden Seiten goldbraun backen, mit Orangensalat anrichten.

Pausenbrot

Das Pausenbrot hilft Schulkindern, den ganzen Tag fit zu bleiben. Doch vor lauter Bewegungshunger vergessen Kinder manchmal, die Brote zu essen. Fragen Sie deshalb nach der Heimkehr nach den vergessenen »Hasenbroten«. Mit den richtigen Zutaten können Sie diese aufpeppen. Besonders als Abendessen eignen sich die Brote zum Überbacken. Das macht das Hasenbrot zur Delikatesse. Trotzdem nachfragen, warum das Brot nicht gegessen wurde.

Kleiner Tipp: In der Mikrowelle bleiben Brote saftig, werden aber nicht so knusprig. Für Knusperfans eher im Ofen überbacken. Am schnellsten geht es auf der obersten Schiene für 1 bis 2 Min. Wer es besonders knusprig mag, schaltet den Grill ein.

Resteverwertung

Das Aufpeppen der »Hasenbrote« dient auch zur Resteverwertung im Kühlschrank. Ein kleines Stück Wurst, Käse oder Thunfisch sowie etwas Gemüse oder frische Kräuter – alles eignet sich zum Belegen der Brote. Sogar Spaghetti vom Mittagessen können Sie verwenden – einfach auf das Brot geben und mit etwas Käse überbacken. Tomatenmark ist sehr beliebt. Auch lecker: etwas Gemüse aus dem Tiefkühlfach auf die Schnittchen geben, Reibekäse drüber, 5 Min. überbacken – fertig.

Luxus-Risotto

dauert ein wenig
50 Min.
insgesamt ca. 760 kcal
15 g Eiweiß, 27 g Fett, 109 g Kohlenhydrate

ZUTATEN FÜR 1 KINDER- UND 1 ERWACHSENEN-PORTION

150 g junge Möhren
100 g Spargelabschnitte
1/2 Zwiebel
1 EL Mandelsplitter
2 EL Öl
125 g Rundkornreis (Risotto- oder Milchreis)
350 ml Gemüsebrühe (Instant)
1 Msp. Safran
2 EL Orangensaft
Salz, Pfeffer

ZUBEREITUNG

1. Möhren putzen, waschen, längs halbieren oder vierteln und in ca. 4 cm lange Abschnitte teilen. Spargel waschen, Enden nachschneiden, Stangen schälen und in 3 cm lange Stücke teilen. Zwiebel schälen und fein würfeln.

2. Mandelsplitter in einer Pfanne hellbraun rösten, herausnehmen, beiseitestellen. Das Öl erhitzen. Zwiebel und Möhren darin ca. 5 Min. dünsten. Den Reis einstreuen und mitdünsten, bis er hell und glasig ist. Ca. 250 ml Brühe angießen, Mandeln und Spargel zugeben. Unter Rühren den Reis die Brühe aufnehmen lassen.

3. Den Safran in 1 EL heißem Wasser auflösen und zum Orangensaft geben. Wenn die Brühe fast vom Reis aufgenommen ist, übrige Brühe mit dem Safran-Orangensaft vermischt aufgießen und das Risotto leise köchelnd weitergaren. Es sollte stets nur so viel Flüssigkeit im Topf sein, dass der Reis eben bedeckt ist. Nach etwa 20 Min. sollte die Brühe fast vom Reis aufgenommen und der Reis gar sein, aber noch Biss haben. Das Risotto mit Salz und Pfeffer abschmecken.

Halloween-Tortellini

Beta-Karotin-reich
25 Min.
insgesamt ca. 595 kcal
27 g Eiweiß, 35 g Fett, 44 g Kohlenhydrate

ZUTATEN FÜR 1 KINDER- UND 1 ERWACHSENEN-PORTION

100 g Tortellini mit Gemüsefüllung, Salz
250 g frischer Kürbis
50 g gekochter Schinken
1 EL Kürbiskerne
1 EL Walnussöl (oder Olivenöl)
100 g saure Sahne (20 % Fett)
Pfeffer
gemahlener Ingwer
einige Tropfen Zitronensaft
1 EL Korinthen

ZUBEREITUNG

1. Die Tortellini in kochendem Salzwasser 15 Min. garen, dann auf der abgestellten Platte noch 10 Min. nachquellen lassen.

2. Kürbisfleisch schälen und grob würfeln. Gekochten Schinken in feine Streifen schneiden. Kürbiskerne grob hacken. Öl in einem Topf erhitzen, Kürbiswürfel darin 6–7 Min. dünsten. Saure Sahne zugeben und das Ganze pürieren. Eventuell etwas Wasser zugeben. Die Sauce mit Salz, Pfeffer, 1 Prise Ingwer und Zitronensaft abschmecken, die Korinthen und den Schinken zugeben.

3. Die Tortellini in die Sauce geben und alles noch mal richtig heiß werden lassen. Mit den gehackten Kürbiskernen bestreut servieren.

Tipp Wenn Sie Hokkaidokürbis verwenden, können Sie die Schale mitessen.

Kreolen-Reis

gut vorzubereiten
1 Std.
insgesamt ca. 1170 kcal
31 g Eiweiß, 40 g Fett, 162 g Kohlenhydrate

ZUTATEN FÜR 1 KINDER- UND 1 ERWACHSENEN-PORTION

2 TL Olivenöl
75 g Vollkornreis
250 ml Fleischbrühe (Instant)
1 Prise geschroteter Pfeffer
200 g feste Aprikosen
2 Frühlingszwiebeln
50 g gekochter Schinken
Sojasauce
Zimtpulver
2 EL Cashew-Kerne
Öl für das Backblech

ZUBEREITUNG

1. 1 TL Öl in einem großen Topf erhitzen, den Reis darin glasig andünsten. Brühe und Pfeffer zugeben und aufkochen, dann den Reis bei schwacher Hitze ca. 30 Min. ausquellen lassen.

2. Aprikosen waschen, halbieren, entsteinen und zerkleinern. Ofen auf 250° (Umluft 220°) vorheizen. Ein Backblech etwas einölen. Frühlingszwiebeln waschen, putzen und in feine Ringe schneiden. Den gekochten Schinken in feine Streifen schneiden.

3. Ausgequollenen Reis mit Sojasauce und 1 Prise Zimt abschmecken. Mit Aprikosenstücken, Zwiebelringen, Schinkenstreifen und Cashew-Kernen vermischt auf dem Backblech verteilen. Das übrige Öl über dem Reis verteilen und alles 5 Min. im Backofen überbacken.

Sahnerübchen

geht schnell | für die Mikrowelle
30 Min.
insgesamt ca. 800 kcal
39 g Eiweiß, 33 g Fett, 86 g Kohlenhydrate

ZUTATEN FÜR 1 KINDER- UND 1 ERWACHSENEN-PORTION

250 g Zuckerrübe
1/2 Zwiebel
Salz, Pfeffer
frisch geriebene Muskatnuss
100 g Spätzle
100 g mageres Kassler
2 EL Crème fraîche
1 EL Sonnenblumenkerne

ZUBEREITUNG

1. Zuckerrübe waschen, schälen und zunächst in 1 cm dicke Scheiben, dann diese in Würfel schneiden. Zwiebel schälen, halbieren und fein würfeln. Beides in eine Mikrowellenform mit Deckel geben.

2. 50 ml Wasser mit 1 TL Salz, Pfeffer und Muskat mischen und über den Rüben verteilen. Bei 600 (800) Watt insgesamt 10 (8) Min. garen, einmal unterbrechen und umrühren.

3. Inzwischen Salzwasser für die Spätzle aufsetzen, diese nach Packungsangabe kochen. Kassler in dünne Scheiben schneiden und mit Crème fraîche und Sonnenblumenkernen unter das Gemüse ziehen. Alles nochmals bei 600 (800) Watt etwa 10 (8) Min. garen, dabei zwischendurch umrühren. 4 Min. im Gerät nachziehen lassen, dann abschmecken. Spätzle in ein Sieb abgießen. Das Gemüse zu den abgetropften Spätzle reichen.

Veggie-Tipp Wer's vegetarisch mag, lässt das Kassler weg und legt nach dem Garen dünne Scheiben Raclettekäse auf das Gemüse. Bei höchster Leistung 2–3 Min. überbacken.

Kreolen-Reis (oben links), Luxus-Risotto (oben rechts), Sahnerübchen (unten links), Halloween-Tortellini (unten rechts)

Dazu passt

Zu den Schnitzeln können Sie ganz nach Belieben eine Portion Kartoffeln (siehe Seite 127), Reis oder auch eine Scheibe Brot essen.

Schnitzel Grundrezept (oben links), Buletten (oben rechts), Schnitzel mit Fenchel (unten links), Schnitzel mit Käse-Röschen (unten rechts)

Grundrezept Schnitzel

ZUTATEN FÜR 1 KINDER- UND 1 ERWACHSENEN-PORTION

2 Schweineschnitzel
2 TL Tomatenmark
Salz, Pfeffer
1 EL Öl

für Fleischfans | eisenreich
10 Min.

ZUBEREITUNG

1. Die Schnitzel mit Tomatenmark einstreichen, salzen und pfeffern.

2. Das Öl in einer Pfanne erhitzen und die Schweineschnitzel von beiden Seiten ca. 2 Min. anbraten.

3. Das Fleisch aus der Pfanne nehmen und fest in Alufolie wickeln. Die Schnitzel in der Alufolie ca. 5 Min. ruhen lassen.

insgesamt ca. 315 kcal
56 g Eiweiß, 10 g Fett, 1 g Kohlenhydrate

Praxis-Tipp Sie können Schnitzel von jeder Fleischsorte auf diese Weise zubereiten. Durch das Einwickeln in Alufolie zieht das Fleisch noch nach, bleibt aber besonders saftig und zart.

Austausch-Tipp Statt Tomatenmark können Sie auch mittelscharfen Senf verwenden. Auch lecker: Currypaste oder Pesto. Oder nur salzen.

Schnitzel mit Fenchelgemüse

mit Senfnote | macht satt
20 Min.
insgesamt ca. 850 kcal
58 g Eiweiß, 60 g Fett, 19 g Kohlenhydrate

ZUTATEN FÜR 1 KINDER- UND 1 ERWACHSENENPORTION

Für das Fleisch:
2 Lammschnitzel
2 TL mittelscharfer Senf
1 TL Fenchelsamen
1 EL Öl, Salz, Pfeffer

Für Gemüse und Sauce:
300 g Fenchel
1–2 EL mittelscharfer Senf
100 g Sahne
Salz, Pfeffer, Zucker

ZUBEREITUNG

1. Das Fleisch wie im Grundrezept beschrieben (Schritt 1) marinieren, allerdings mit dem Senf und dem Fenchelsamen.

2. Den Gemüsefenchel putzen, halbieren, evtl. vorhandene Fäden ziehen. Dann den Fenchel in dünne Scheiben hobeln.

3. Schnitzel wie im Grundrezept im Öl braten, salzen und pfeffern. Aus der Pfanne nehmen und einzeln fest in Alufolie wickeln. Das Fleisch in der Alufolie ca. 5 Min. ziehen lassen.

4. Für die Sauce Senf kurz im Bratfond anrösten, den Gemüsefenchel zugeben und ca. 5 Min. dünsten, mit der Sahne ablöschen. Die Sauce aufkochen lassen und mit Salz, Pfeffer und 1 Prise Zucker abschmecken.

5. Das Fleisch in der Sauce kurz erwärmen.

Buletten mit Pilzgemüse

einfach | pikant
35 Min.
insgesamt ca. 995 kcal
83 g Eiweiß, 66 g Fett, 19 g Kohlenhydrate

ZUTATEN FÜR 1 KINDER- UND 1 ERWACHSENENPORTION

Für die Buletten:
300 g Rinderhackfleisch, 4 EL Magerquark
2 TL scharfer Senf, Salz, 2 EL Haferflocken
3 EL gehackter Schnittlauch, 2 EL Öl

Für die Sauce:
200 g Champignons
1 kleine Zwiebel
getrocknetes Basilikum
Salz, Pfeffer, süßes Paprikapulver

ZUBEREITUNG

1. Das Hackfleisch mit dem Quark, dem Senf, 1/2 TL Salz und den Haferflocken zu einem Teig verkneten. Den Schnittlauch untermengen. Die Masse zu drei flachen Buletten formen und in einer Pfanne im Öl von beiden Seiten je ca. 5 Min. kräftig anbraten. Buletten herausnehmen und in Alufolie einwickeln.

2. Für die Sauce die Pilze putzen, halbieren und in Scheiben schneiden. Zwiebel schälen, fein würfeln und im Bratfett der Buletten glasig andünsten, Pilze zugeben und zugedeckt ca. 7 Min. garen lassen. Mit Basilikum, Salz, Pfeffer und Paprika abschmecken.

3. Die Buletten noch einmal mit in die Pfanne geben und kurz erwärmen.

Variante Statt der Buletten können Sie auch 2 Bratwürstchen anbraten.

Schnitzel mit Käse-Röschen

Vitamin-C-reich
35 Min.
insgesamt ca. 685 kcal
69 g Eiweiß, 38 g Fett, 20 g Kohlenhydrate

ZUTATEN FÜR 1 KINDER- UND 1 ERWACHSENENPORTION

Für die Sauce:
250 g Brokkoli, 50 g Edelpilzkäse
150 ml Milch
frisch geriebene Muskatnuss
einige Tropfen Zitronensaft

Für das Fleisch:
1 Hähnchenbrustfilet
1 TL Currypulver, Salz, Pfeffer, 1 EL Öl

ZUBEREITUNG

1. Den Brokkoli waschen, putzen und in sehr kleine Röschen teilen. Die Stiele raspeln. Den Käse zerbröckeln.

2. Das Hähnchenbrustfilet in flache Schnitzel teilen und wie im Grundrezept zubereiten, allerdings mit dem Currypulver einreiben und salzen und pfeffern, dann im Öl braten.

3. Während das Fleisch in der Alufolie nachzieht, Brokkoliraspel im Bratfond dünsten, mit der Milch ablöschen. Käse in der Milch auflösen und die Brokkoliröschen zugeben. Alles 8–10 Min. zugedeckt garen lassen.

4. Kurz vor Ende der Garzeit das Fleisch noch einmal in die Pfanne geben und kurz erwärmen. Sauce mit Muskat und Zitronensaft abschmecken.

Servier-Tipp Für Gemüsemuffel den Brokkoli in der Sauce fein pürieren.

Macadamiareis im Versteck

reich an Vitamin C
35 Min.
insgesamt ca. 665 kcal
15 g Eiweiß, 25 g Fett, 97 g Kohlenhydrate

ZUTATEN FÜR 1 KINDER- UND 1 ERWACHSENEN-PORTION

- 1 Zwiebel
- 50 g Macadamia-Nüsse
- 1 EL Olivenöl
- 100 g Vollkornreis, Salz
- gemahlener Piment
- Zimtpulver
- 1 Bio-Zitrone
- 1 Bund glatte Petersilie oder Minze
- 20 g Berberitzen oder 50 g Kapern
- 4 rote Spitzpaprika (à ca. 100 g)
- Holzspießchen

ZUBEREITUNG

1. Zwiebel schälen und fein würfeln. Macadamia-Nüsse grob zerkleinern. Nüsse ohne Fett rösten, bis sie duften. Olivenöl und Zwiebelwürfel zugeben und goldgelb rösten. Den Reis zufügen und 200 ml Wasser angießen. 1 TL Salz, 1/2 Msp. Piment und 1 Msp. Zimt zugeben. Etwa 20 Min. köcheln lassen, bis der Reis die Flüssigkeit aufgesogen hat.

2. Zitrone waschen, abtrocknen, die Schale abreiben, den Saft einer Hälfte auspressen. Petersilie waschen, trocken tupfen und hacken. Saft, Schale, Petersilie und Berberitzen oder Kapern unter den Reis ziehen.

3. Paprika waschen, einen Deckel abschneiden und die Schoten aushöhlen. Den Reis einfüllen, die Deckel aufsetzen und mit Holzspießchen feststecken. Auf dem Grill rundum grillen, bis die Paprika dunkel wird. Evtl. verbrannte Haut lässt sich dann abziehen.

Pluspunkt Berberitzen fördern die Verdauung ebenso wie Minze und Petersilie. Macadamia machen satt.

Variante Für Paprika als Beilage zu Fleisch oder Fisch die Macadamia-Nüsse weglassen.

Zucchini mit Häubchen

für Grillfans | zum Mitkochen
20 Min. + 30 Min. Backen
insgesamt ca. 1280 kcal
73 g Eiweiß, 96 g Fett, 29 g Kohlenhydrate

ZUTATEN FÜR 1 KINDER- UND 1 ERWACHSENEN-PORTION

- 1 Zucchino (ca. 400 g)
- 1/2 altbackenes Brötchen
- 1 Frühlingszwiebel
- 200 g gemischtes Hackfleisch
- Salz, Pfeffer
- 1 Ei (Größe S)
- 100 g milder Edelpilzkäse
- Öl für das Blech

ZUBEREITUNG

1. Zucchino waschen, putzen, in 2,5 cm dicke Scheiben schneiden. Brötchen mit kochend heißem Wasser übergießen und einweichen. Frühlingszwiebel putzen und in feine Ringe schneiden. Brötchen ausdrücken, mit Zwiebel, Hackfleisch, Salz, Pfeffer und Ei verkneten.

2. Den Backofen auf 180° vorheizen. Masse auf die Zucchinischeiben streichen, diese auf ein geöltes Blech setzen. Käse entrinden, in Stückchen teilen und auf dem Hackfleisch verteilen. Das Ganze im Ofen (Mitte, Umluft 160°) etwa 30 Min. überbacken.

Austausch-Tipps Schmeckt auch mit Auberginenscheiben. Mit Brie oder Mozzarella statt Edelpilzkäse wird's milder.

Fleischtomaten provençal

schützt die Gefäße
25 Min.
insgesamt ca. 610 kcal
22 g Eiweiß, 42 g Fett, 38 g Kohlenhydrate

ZUTATEN FÜR 1 KINDER- UND 1 ERWACHSENEN-PORTION

- 3 Fleischtomaten
- 1 kleine Knoblauchzehe
- 1 EL Rosmarinnadeln
- 40 g Semmelbrösel
- 40 g frisch geriebener Parmesan
- Salz, Pfeffer
- 3 EL Olivenöl

ZUBEREITUNG

1. Den Backofen auf 180° (Umluft 160°) vorheizen. Die Tomaten waschen, den Stielansatz entfernen, Tomaten längs halbieren und mit einem kleinen Löffel die Kerne herausholen. Den Knoblauch schälen und mit dem Rosmarin klein hacken. Die Semmelbrösel mit Parmesan, Rosmarin und Knoblauch mischen. Die Tomatenhälften salzen und pfeffern und mit der Käse-Brösel-Masse füllen.

2. Eine Auflaufform mit dem Olivenöl ausstreichen und die Tomaten hineinsetzen. Die Auflaufform in den Ofen schieben und die Tomaten (Mitte) 15 Min. backen.

Varianten Statt Tomaten eignen sich auch große Pilze oder Zucchini. Die Pilze putzen und die Stiele entfernen. Die Zucchini waschen, die Blüten- und Stielansätze entfernen und Zucchini der Länge nach in ca. 4 mm dicke Scheiben schneiden. Der Rest der Zubereitung bleibt gleich.

Süßkartoffeln wie in Amerika

Kartoffeln mal anders
30 Min.
insgesamt ca. 450 kcal
6 g Eiweiß, 17 g Fett, 68 g Kohlenhydrate

ZUTATEN FÜR 1 KINDER- UND 1 ERWACHSENEN-PORTION

- 3 Süßkartoffeln (je 150–200 g)
- 1/2 Bio-Limette
- 1 TL Ahornsirup
- 2 TL Tahin (Sesampaste)
- 1 Msp. Pul Biber (Chiliflocken)
- 1 TL Öl, Sojasauce

ZUBEREITUNG

1. Kartoffeln waschen und in der Schale in wenig Wasser 15–20 Min. vorkochen, sodass sie fast gar sind. Abkühlen lassen. Limette waschen, Schale dünn abreiben, Saft auspressen. Beides mit Ahornsirup, Tahin, Pul Biber, Öl und Sojasauce zu einer Paste verrühren, salzen.

2. Die Kartoffeln längs halbieren, rundherum mit der Paste einstreichen und unter dem Backofengrill auf jeder Seite ca. 5 Min. grillen, bis sie braun werden.

Praxis-Tipp Süßkartoffeln können indirekt mit Deckel auch roh gegrillt werden, wenn Sie ein solches Spezialgerät haben. Dann etwa 40 Min. einplanen.

Info Es gibt sehr unterschiedliche Sorten Süßkartoffeln. Kürbisähnlich und cremigsüßlich schmecken die roten mit orangefarbenem Fleisch. Der traditionelle Ahornsirup und der Limettensaft werden durch Tahin ergänzt, das für gesundes Fett sorgt.

Roter Streichfeta

zum Brot | würzig

20 Min. + 30 Min. Kühlen

insgesamt ca. 545 kcal

29 g Eiweiß, 34 g Fett, 32 g Kohlenhydrate

ZUTATEN FÜR CA. 250 G

- 1 Möhre
- 4–5 getrocknete Tomaten (in Öl)
- 1 Packung Feta (Schafkäse) oder Kuhmilch-Weichkäse griechische Art (150 g)
- Pfeffer

ZUBEREITUNG

1. Die Möhre gründlich waschen – nur schälen, wenn die Schale zu derb ist – und auf einem Küchenhobel oder mit der Küchenmaschine fein reiben. 1 EL Öl von den getrockneten Tomaten in einer Pfanne erhitzen und die Möhrenraspel bei mittlerer Hitze zugedeckt 3–5 Min. darin andünsten. Kurz auskühlen lassen.

2. Feta in eine Schüssel bröseln. Getrocknete Tomaten fein hacken und mit den Raspelmöhren und 2 EL Tomatenöl zum Feta geben. Alles kräftig mit einer Gabel zu einer streichfähigen Masse vermengen. Mit Pfeffer abschmecken. Vor dem Servieren ca. 30 Min. kühl stellen.

Tuning-Tipp Wer es cremig mag, kann alle Zutaten auch im Blitzhacker zerkleinern oder mit einem Pürierstab pürieren.

Auberginenkaviar

zum Brot | raffiniert

15 Min. + 1 Std. Backen + 1 Std. Kühlen

insgesamt ca. 615 kcal

5 g Eiweiß, 60 g Fett, 13 g Kohlenhydrate

ZUTATEN FÜR 1 KINDER- UND 1 ERWACHSENEN-PORTION

- 300 g Aubergine
- 1 Schalotte oder kleine Zwiebel
- 1–2 Knoblauchzehen
- 1 Bund Petersilie
- 1/2 Zitrone
- Salz, Pfeffer
- 6 EL Olivenöl

ZUBEREITUNG

1. Den Backofen auf 200° vorheizen. Die Aubergine waschen, vom Stielansatz befreien und auf dem Rost im Ofen (Mitte, Umluft 180°) ca. 1 Std. backen, bis die Schale Blasen wirft und das Fruchtfleisch ganz weich ist – das lässt sich mit einem Zahnstocher testen.

2. Inzwischen die Schalotte und den Knoblauch schälen und würfeln. Die Petersilie waschen, trocken schütteln, die Blätter abzupfen und grob hacken. Die Zitronenhälfte auspressen.

3. Die Aubergine aus dem Backofen nehmen, mit kaltem Wasser abschrecken, schälen, in grobe Stücke teilen und sofort mit dem Zitronensaft beträufeln. Dann mit Schalotte, Knoblauch und Petersilie auf einem Arbeitsbrett zu Mus hacken.

4. Alles in eine Schüssel geben, mit Salz und Pfeffer abschmecken und das Öl einrühren. Vor dem Servieren 1 Std. im Kühlschrank durchziehen lassen.

Lachsschnecken

zum Brot | für Feinschmecker

20 Min. + 30 Min. Kühlen

bei 7 Stück pro Stück ca. 55 kcal

6 g Eiweiß, 2 g Fett, 3 g Kohlenhydrate

ZUTATEN FÜR 6–7 LACHSSCHNECKEN

- 1/2 Bund Dill
- 1/2 Bio-Zitrone
- 100 g Magerquark
- 30 g Schwarzbrot
- Salz, Pfeffer
- 80 g Räucherlachs

ZUBEREITUNG

1. Den Dill waschen und trocken tupfen. Dillspitzen abzupfen und fein hacken – das geht am schnellsten mit dem Blitzhacker. Zitrone waschen, abtrocknen und die Schale oberflächlich abreiben. Saft auspressen.

2. Beides mit dem Quark und 1 EL Zitronensaft cremig rühren. Das Brot über der Creme zerbröseln und unterrühren. Mit Salz und Pfeffer abschmecken.

3. Lachsscheiben überlappend (30 x 10 cm) auf einem Stück Frischhaltefolie auslegen. Mit der Quarkcreme bestreichen, aufrollen und fest in Folie gepackt ca. 30 Min. kühl stellen. Vor dem Servieren in Scheiben schneiden, sodass kleine Lachsschnecken entstehen.

Austausch-Tipp Für die Eltern, aber auch für Kinder, die es schon ein bisschen scharf mögen, kann statt Zitronensaft 1–2 TL Meerrettich unter den Quark gerührt werden.

Paprikaschiffchen

zum Brot | braucht etwas Zeit

25 Min. + 12 Std. Gelieren

insgesamt ca. 665 kcal

33 g Eiweiß, 46 g Fett, 25 g Kohlenhydrate

ZUTATEN FÜR 1 KINDER- UND 1 ERWACHSENEN-PORTION

- 2 Blatt weiße Gelatine
- 100 g Magerquark
- 150 g Joghurt
- 50 g Feta (Schafkäse)
- Salz, Pfeffer
- 1 Handvoll gemischte, frische Kräuter (z. B. Schnittlauch, Petersilie, Dill)
- 1 Knoblauchzehe
- 2 EL Kürbiskerne
- 1 EL Kürbiskernöl
- 2 rote Spitzpaprika

ZUBEREITUNG

1. Die Gelatine 10 Min. in kaltem Wasser einweichen. Inzwischen Quark, Joghurt und Feta mit dem Pürierstab cremig pürieren und mit Salz und Pfeffer würzen.

2. Die Gelatine tropfnass in einem Topf bei schwacher Hitze auflösen. Dann mit 2 EL Quarkcreme glatt rühren und das Ganze unter die Creme rühren.

3. Die Kräuter waschen und trocken tupfen. Knoblauch schälen. Beides zusammen mit den Kürbiskernen grob hacken und anschließend mit dem Öl unter die Creme ziehen.

4. Die Paprikaschoten waschen, Deckel abschneiden und Kerne und Zwischenwände herausholen. Paprika mit der Quarkcreme füllen und diese über Nacht erstarren lassen. Paprikaschoten mit einem nassen Messer längs in »Schiffchen« schneiden.

Auberginenkaviar (oben links), Roter Streichfeta (oben rechts), Paprikaschiffchen (unten links), Lachsschnecken (unten rechts)

Es beginnt mit den ersten Kindergeburtstagen, die Krabbelgruppe bittet um ein warmes Essen, die Familie oder Freunde mit Anhang kommen zu Besuch – ungewohnte Mengen sind jetzt öfter gefordert:

Kochen für viele

kann man planen – mit geschickt ausgewählten Rezepten und guter Organisation. Bei der täglichen Verpflegung spielt die ausgewogene Zusammensetzung eine wichtige Rolle. Nutzen Sie die Chance: In gleichaltriger Gesellschaft schmeckt Kindern auch Gesundes! Die richtige Technik und die Tricks gibt's hier. Bei Geburtstagen und Festen darf es etwas üppiger zugehen. Da kommt's aufs Gelingen an – und auf genug Zeit, um mitfeiern zu können. Denn genau das hält Freundeskreis und Familie zusammen!

Kochen für die Kindergruppe oder in der Schule

Vor allem in privaten Initiativen ist die Hilfe der Eltern gefragt. Sie finden in diesem Kapitel Rezepte für etwa 10 Kinder, die sich aber einfach verdoppeln lassen, wenn die Gruppe größer ist. Folgendes ist grundsätzlich wichtig:

→ **Vorkochen** Zum Aufwärmen geeignet sind pikante Blechkuchen und Saucen. Reis oder Pellkartoffeln können Sie frisch gegart im Topf mitnehmen. Nudeln erst vor Ort kochen – sie werden sonst matschig. Getreideeintöpfe sind ungünstig, weil sie weiterquellen und nachher trocken sind. Sie können generell am Vortag kochen, wenn die Speisen im Kühlschrank aufbewahrt werden.

→ **Einfrieren?** Wer z. B. die Saucen länger im Voraus oder in größeren Mengen vorkochen will, sollte sie in TK-Beuteln einfrieren. Dann kann man sie morgens gefroren abgeben – bis mittags sind sie aufgetaut.

→ **À la minute** Pfannengerichte (wie den Apfelschmarrn) müssen Sie vor Ort braten. Auch Salate erst vor dem Essen mischen – festes Gemüse wählen, das nicht so schnell zusammenfällt. Ideal ist Knabbergemüse mit Dip.

→ **Süßes** Selbst gemachter Nachtisch ist etwas Besonderes. Fürs tägliche ist Obst ideal. Oder Naturjoghurt im 500-g-Becher besorgen und mit tiefgefrorenem oder frischem Obst und etwas Honig abschmecken.

→ **Fingerfood** In der Vorschulzeit sollte es öfter Fingerfood geben. Dazu sind auch die pikanten Kuchen vom Blech geeignet. Grundsätzlich sollte Fleisch schon klein geschnitten sein, denn das schaffen noch nicht alle allein.

→ **Mitmachen** Es ist ideal, wenn die Verpflegung ins pädagogische Konzept integriert ist: Die Kinder schneiden das Obst oder Gemüse zum Knabbern, rühren einfache Dips, waschen den Salat oder schälen Kartoffeln.

→ **Mitbestimmen** Die Kinder dürfen den Speiseplan mitbestimmen und sich etwas wünschen. Deshalb am besten eine Woche vorher besprechen.

→ **Manieren** Damit die Mahlzeit für alle ein Vergnügen wird, gelten gerade für die Gruppe feste Regeln. Die müssen mit den Mitarbeitern abgestimmt werden: gemeinsam anfangen und beenden, nicht ferkeln, sich nur so viel nehmen wie man mag, alles probieren, nicht meckern, nicht schmatzen …

Dips & Saucen!

Mit Pell- oder Ofenkartoffeln, Polenta, Reis oder frischem Fladenbrot sind sie eine schnelle Mahlzeit. Wenn gewünscht, mit Wienerle oder Hackklößchen (Tiefkühlprodukt) aufpeppen. Die Menge von 2er-Rezepten verdreifachen, 4er-Rezepte verdoppeln. Brotaufstriche zusätzlich mit Bouillon verdünnen, mit Sahne, Schmant oder etwas Frischkäse oder Öl abschmecken und nachwürzen.

→ **Kalte Dips** Pesto S. 24, Knoblauchrahm und Orangenschmant S. 63, Thunfisch-, Pilz- und Avocadocreme S. 46/47, Obatzter S. 142 (»Roter Streichfeta«), Kräutersauce mit Ei S. 115 (»Eier im Kräuterteich«), Stippen S. 127

→ **Warme Saucen**
Möhrendip S. 64, Tomatensauce S. 90, Nudelsaucen S. 91, Curry-Putenragout S. 92 (»Rahmcurry mit Möhren-Couscous«), Möhren-Curry S. 130 (»Rübchen mit Safranreis«), Kürbissauce S. 121 (»Kürbisnudeln«)

Checkliste für die Verpflegung

→ Es gibt unterschiedliche Systeme: **Mischküche,** bei der teilweise selbst gekocht wird, **tiefgekühlte** oder **gekühlte Anlieferung** und Erhitzen vor Ort und **Warmverpflegung,** die kritisch ist, wenn die Warmhaltezeit 2 Stunden überschreitet. Für alle gilt:

→ Sind die **Speisepläne** für die Eltern einsehbar und wiederholen sie sich nicht häufiger als alle vier Wochen? Werden auch **Vollkornprodukte** angeboten? Wird höchstens einmal in 14 Tagen eine süße Hauptmahlzeit angeboten? Gibt's alle 1 bis 2 Wochen Fisch und 2-mal pro Woche Fleisch? Gibt es nicht häufiger als 1- bis 2-mal pro Woche Frittiertes?

→ Gibt es zu jeder Mahlzeit **frisches Obst und/oder Knabbergemüse?** Sind süße Riegel, Knabberzeug und Süßigkeiten verbannt? Gibt es nicht täglich Pudding oder Eis?

→ Steht **Trinkwasser** und **ungesüßter Früchte- oder Kräutertee oder Saftschorle** zur freien Verfügung? Sind Limonaden, Nektar und Fruchtsaftgetränke unerwünscht?

→ Mehr Information unter www.fitkid-aktion.de/fitkit und www.schuleplusessen.de

Salat Tuttifrutti

Klassiker
20 Min.
pro Portion ca. 75 kcal
1 g Eiweiß, 6 g Fett, 3 g Kohlenhydrate

ZUTATEN FÜR 10 KINDERPORTIONEN

Für den Salat:
2 Salatköpfe je nach Saison
2 Tassen klein geschnittenes Gemüse (300–400 g)

Für das Dressing:
3 EL mittelscharfer Senf
3 EL Zitronensaft
Salz, Pfeffer
2 EL getrocknete Salatkräuter
6 EL Rapsöl
100 ml Gemüsebrühe (Instant)

ZUBEREITUNG

1. Den Salat waschen und trocken tupfen. Den Strunk entfernen, die Blätter einzeln abzupfen und grob zerkleinern.

2. Das klein geschnittene Gemüse mit dem Salat in einer großen Schüssel mischen.

3. Für das Dressing Senf, Zitronensaft, 1 TL Salz, 1/2 TL Pfeffer und die Kräuter verrühren. Dann das Öl unterschlagen, zum Schluss die Gemüsebrühe zugeben. Das Dressing unter den Salat mischen.

Praxis-Tipp Sie können das Dressing auch auf Vorrat machen. Dann einfach in eine saubere Flasche füllen und im Kühlschrank aufbewahren.

Variante Cremiger wird das Dressing, wenn Sie statt Brühe Sahne untermischen.

Für ein Joghurtdressing 2 Becher Naturjoghurt, 1 Becher Schmant, 3 TL Salz, 1/2 TL Pfeffer und 2 EL Salatkräuter miteinander mischen. Sie können auch eine fein gewürfelte Zwiebel oder 2 Bund Schnittlauch in Röllchen oder 2 zerdrückte Knoblauchzehen zusätzlich dazugeben. Mediterran wird das Dressing, wenn Sie 3–4 EL Olivenöl und 10 fein gehackte Oliven verwenden.

Sattmachersalate

Machen Sie aus dem Beilagensalat eine Alternative zur Brotmahlzeit. Einfach gehackte Nüsse, Samen oder Oliven dazugeben. Auch lecker: Fetawürfel darüberstreuen. Fleischfans können den Salat mit Hähnchen- oder Putenbrust aufpeppen. Ideal sind auch 1 gekochtes Ei, 100 g Krabben, 1 EL Thunfisch oder 1 Scheibe gekochter Schinken, in Streifen geschnitten.

Die richtige Zubereitung

Grünen Salat immer im Ganzen waschen, trocken schütteln, dann erst die Blätter einzeln abzupfen und nach Bedarf zerkleinern. Wichtig: Salat und Dressing erst kurz vor dem Essen mischen, sonst fällt er zusammen. Ausnahme sind Salate mit Kartoffeln oder Nudeln – sie müssen durchziehen.

Zucchini-Zaziki

blitzschnell | vitaminreich
15 Min.
pro Portion ca. 50 kcal
2 g Eiweiß, 3 g Fett, 3 g Kohlenhydrate

ZUTATEN FÜR 10 KINDER-PORTIONEN

800 g junge Zucchini
150 g frisches Sauerkraut (aus dem Reformhaus)
1 Bund Dill
300 g saure Sahne
Kräutersalz, Pfeffer

ZUBEREITUNG

1. Die Zucchini waschen und trocken reiben. Die Enden abschneiden und die Zucchini in Julienne-Streifen hobeln oder in dünne Scheiben schneiden.

2. Sauerkraut klein schneiden. Dill waschen, Spitzen abzupfen und hacken. Dillspitzen und saure Sahne mit dem klein geschnittenen Sauerkraut verrühren, salzen, pfeffern und unter die Zucchinistreifen ziehen.

Pluspunkt Das Gemüse bleibt hier roh und enthält somit noch alle wertvollen Vitamine und Mineralstoffe.

Tipp Sauerkraut aus dem Reformhaus ist besonders mild – das schmeckt auch Ihrem Kind. Sie brauchen es nicht zu waschen. Übrigens: Sauerkraut hat leicht abführende Wirkung und hilft bei träger Verdauung.

Knabberplatte

sehr gesund | für Moppel
25 Min.
pro Portion ca. 55 kcal
2 g Eiweiß, 2 g Fett, 7 g Kohlenhydrate

ZUTATEN FÜR 10 KINDER-PORTIONEN

8 Möhren
1 Bund Radieschen
1 1/2 Gurken
3 gelbe Paprikaschoten
150 g saure Sahne (10 % Fett)
Kräutersalz, Pfeffer
2 TL Dillspitzen (getrocknet oder tiefgefroren)

ZUBEREITUNG

1. Das Gemüse waschen, putzen bzw. schälen und – wenn nötig – in mundgerechte Stücke schneiden. Kleine Gemüse ganz lassen.

2. Die saure Sahne mit Kräutersalz, Pfeffer und Dill abschmecken und zum Knabbergemüse essen.

Austausch-Tipp Sie können die Palette auch mit Staudensellerie, Brokkoli, Blumenkohl, Kohlrabi, Frühlingszwiebeln oder Tomaten erweitern.

Speed-Tipp Wer sehr eilig ist, verzichtet auf den Dip oder stellt fertigen Kräuterquark auf den Tisch.

Praxis-Tipp Das Knabbergemüse ist ideal für mehrere Personen. Da lohnt sich das Schnippeln!

Fruchtiger Möhrensalat

gut für die Augen
25 Min.
insgesamt ca. 95 kcal
1 g Eiweiß, 4 g Fett, 14 g Kohlenhydrate

ZUTATEN FÜR 10 KINDER-PORTIONEN

1 Bund Möhren (ca. 800 g)
1 Bio-Orange
2 Orangen
100 g Rosinen
100 ml Orangensaft
4 EL Rapsöl
Salz
1 EL Honig

ZUBEREITUNG

1. Die Möhren waschen, putzen und mit einem Küchenhobel oder in der Küchenmaschine fein raspeln.

2. Die Bio-Orange heiß abwaschen und ca. 1 TL Schale oberflächlich abreiben. Alle 3 Orangen dann bis auf das Fruchtfleisch schälen, vierteln, das weiße Innere entfernen, das Fruchtfleisch in Stückchen schneiden und zusammen mit den Rosinen unter die Raspelmöhren mischen.

3. Saft, Öl, Salz und Honig zu einem Dressing verrühren und dieses gut mit dem Möhrensalat vermengen. Vor dem Servieren etwas durchziehen lassen.

Tuning-Tipp Weihnachtlich wird der Salat, wenn Sie etwas Zimt daruntermischen. Wer mag, kann die Rosinen auch gegen Nüsse austauschen.

Info Das Öl im Salat ist wichtig, da sonst das fettlösliche Beta-Karotin nicht vom Körper aufgenommen werden kann.

Fruchtiger Möhrensalat

Hackbraten vom Blech

mediterran | für Gäste
25 Min. + 40 Min. Backen
pro Portion ca. 435 kcal
29 g Eiweiß, 30 g Fett, 13 g Kohlenhydrate

ZUTATEN FÜR 10 KINDER-PORTIONEN (1 BLECH)

- 2 Vollkornbrötchen
- 3 rote Paprikaschoten
- 2 Gemüsezwiebeln
- 2 Knoblauchzehen
- 1 kleine Dose Mais (285 g)
- 1 Bund Basilikum
- 1 kg gemischtes Hackfleisch
- 250 g Magerquark
- 3 Eier
- 100 g Pinienkerne
- Salz, Pfeffer
- süßes Paprikapulver
- 2 TL getrocknete Kräuter der Provence
- 1 EL Olivenöl
- Öl für das Blech

ZUBEREITUNG

1. Brötchen in warmem Wasser einweichen.

2. Paprika waschen, halbieren und ohne das Innere klein würfeln. Zwiebeln und Knoblauch schälen und ebenfalls in Würfel schneiden. Den Mais abtropfen lassen. Basilikum waschen und grob zerkleinern.

3. Den Backofen auf 200° vorheizen. Ein tiefes Backblech (Fettpfanne) mit dem Öl einpinseln. Die Brötchen ausdrücken und mit dem Hackfleisch, dem Quark, den Eiern, dem Mais, den Paprikawürfeln sowie der Zwiebel, dem Knoblauch und den Pinienkernen zu einem glatten Teig verrühren. Mit 2 TL Salz, Pfeffer, Paprika und 1 TL Kräuter der Provence abschmecken.

4. Den Teig in die Fettpfanne geben und glatt streichen. Die übrigen Kräuter darüberstreuen und das übrige Öl daraufträufeln.

5. Den Hackbraten im Ofen (Mitte, Umluft 180°) ca. 40 Min. backen. Anschließend 5 Min. ruhen lassen, dann in 10 kleine Quadrate schneiden. Warm oder kalt servieren.

Nudel-Gemüse-Blech

Nudeln mal anders
25 Min. + 20 Min. Backen
pro Portion ca. 465 kcal
19 g Eiweiß, 20 g Fett, 52 g Kohlenhydrate

ZUTATEN FÜR 10 KINDER-PORTIONEN

- 600 g Spirelli-Nudeln
- Salz, 3 EL Öl
- 800 g Tomaten
- 1 Bund Frühlingszwiebeln
- 1 kleine Dose Mais (285 g)
- 6 Eier
- 200 g Sahne
- 150 g Feta (Schafkäse)
- Pfeffer
- 200 g Mozzarella

ZUBEREITUNG

1. Die Nudeln in kochendem Salzwasser mit 1 EL Öl bissfest kochen (wenn große Töpfe knapp sind, in zwei Portionen).

2. Tomaten waschen und ohne Stielansätze achteln. Frühlingszwiebeln putzen, waschen und in Ringe schneiden. Den Mais abtropfen lassen. Die Eier mit der Sahne, dem Feta und dem Pfeffer zu einer glatten Masse verquirlen. Den Mozzarella in feine Würfel schneiden.

3. Den Backofen auf 220° (Umluft 200°) vorheizen. Ein tiefes Blech einölen, die Nudeln abgießen, mit Mais, Zwiebeln und Tomaten mischen, auf dem Blech verteilen. Die Eiersahne darübergießen, Mozzarella darüberstreuen und im heißen Ofen (Mitte) 20 Min. backen, bis die Eier gestockt sind.

Curry-Rösti mit Häschendip

orientalisch
30 Min. + 35 Min. Backen
pro Portion ca. 255 kcal
7 g Eiweiß, 12 g Fett, 30 g Kohlenhydrate

ZUTATEN FÜR 10 KINDER-PORTIONEN

- 200 g Erdnusskerne mit Schale (ersatzweise 75 g geschälte, ungesalzene Erdnüsse)
- 2 Bund Frühlingszwiebeln (ca. 100 g)
- 3 Knoblauchzehen
- 1 Stück Ingwer (ca. 3 cm)
- 1750 g Kartoffeln
- 4 EL Rapsöl
- Salz, weißer Pfeffer
- 2–4 TL Currypulver

Für den Dip:

- 500 g Möhren
- 1 TL abgeriebene Schale von einer Bio-Orange
- 300 g Naturjoghurt (1,5 % Fett)
- 100 g Schmant
- 1 EL Öl
- Salz, Pfeffer

ZUBEREITUNG

1. Ofen auf 220° vorheizen. Erdnüsse schälen, Kerne grob hacken. Frühlingszwiebeln putzen und in feine Ringe schneiden. Knoblauch schälen und sehr fein hacken, ein Drittel für den Dip beiseitelegen. Ingwer schälen und fein reiben. Die Kartoffeln schälen und mit der Küchenmaschine fein raspeln.

2. Ein tiefes Backblech mit Backpapier auslegen, mit dem Öl ausstreichen. Die Zwiebelringe, den Knoblauch und den Ingwer unter die Kartoffeln ziehen. Die Mischung mit den Gewürzen scharf abschmecken.

3. Die Masse auf dem Blech verteilen. Die gehackten Erdnusskerne darüberstreuen und etwas eindrücken Das Rösti im heißen Ofen (Mitte, Umluft 200°) etwa 35 Min. backen.

4. Inzwischen die Möhren waschen, im Mixer pürieren und mit dem übrigen Knoblauch, Orangenschale, Joghurt, Schmant, Öl, Salz und Pfeffer verrühren. Nochmals abschmecken. Das Blech aus dem Ofen holen, Rösti in kleine Vierecke teilen und mit dem Möhrenjoghurt auftischen.

Dazu passt ein gemischter Blattsalat.

Gemüse im Versteck

für Gäste | vegetarisch
40 Min. + 35 Min. Backen
pro Portion ca. 230 kcal
13 g Eiweiß, 10 g Fett, 24 g Kohlenhydrate

ZUTATEN FÜR 10 KINDER-PORTIONEN

- 400 g gehackter TK-Spinat
- 600 g kleine Champignons
- 6 Zweige Thymian oder 1/4 TL getrockneter Thymian)
- 6 Eier
- Salz, Pfeffer
- frisch geriebene Muskatnuss
- 240 g Vollkornmehl
- 80 g Buchweizengrütze
- 200 g Feta (Schafkäse)
- Fett für die Form

ZUBEREITUNG

1. Spinat auftauen lassen. Eine Auflaufform (ca. 25 x 32 cm) einfetten. Den Backofen auf 180° vorheizen.

2. Champignons putzen. Thymian waschen, die Blättchen abzupfen. Spinat ausdrücken.

3. Die Eier trennen, Eigelbe mit 2 TL Salz, Pfeffer, Muskat, Mehl, Grütze und Spinat verrühren. Feta zerbröckeln und mit dem Thymian unter die Eigelbmasse ziehen.

4. Eiweiße mit 1 Prise Salz zu steifem Schnee schlagen und unter den Teig heben. Den Teig in die Form füllen, Champignons auf dem Teig verteilen und eindrücken. Im heißen Ofen (Mitte, Umluft 160°) 35 Min. backen.

Schmeckt zu

Die gesunden Saucen schmecken lecker zu Nudeln. Am besten Vollkornnudeln essen – sie enthalten wertvolle Ballaststoffe.

Weiße Rahmsauce

einfach | cremig
45 Min.
pro Portion ca. 160 kcal
4 g Eiweiß, 12 g Fett, 9 g Kohlenhydrate

ZUTATEN FÜR 10 KINDERPORTIONEN

1 Bund Suppengrün
2 Zwiebeln
200 g Champignons
1 Bund Petersilie
50 g Butter oder Margarine
50 g Mehl, 750 ml Milch
Salz, geschroteter Pfeffer
frisch geriebene Muskatnuss
1 Lorbeerblatt
200 g Schmant

ZUBEREITUNG

1. Das Suppengrün waschen und klein schneiden. Zwiebeln schälen und würfeln. Champignons putzen und vierteln. Petersilie waschen, trocken schütteln. Blätter abzupfen und zur Seite legen, die Stängel klein schneiden.

2. Suppengrün, Petersilienstängel, Champignons und Zwiebeln in der Butter andünsten. Mehl zugeben und bei schwacher Hitze ca. 5 Min. anschwitzen. 500 ml Milch langsam angießen, zum Kochen bringen. Salz, Pfeffer, Muskat und Lorbeer zugeben und die Sauce 15 Min. bei schwacher Hitze sanft kochen lassen.

3. Lorbeerblatt aus der Sauce nehmen. Die Sauce fein pürieren, die übrige Milch und den Schmant zugeben, mit den Gewürzen abschmecken. Petersilienblätter hacken und unterrühren.

Varianten Geben Sie 50–100 g mageren, gekochten Schinken am Ende zu. Mit Käse: 50–100 g Parmesan oder Reibekäse zusammen mit der Milch in die Sauce rühren.

Würzige Erdnusssauce

orientalisch | gehaltvoll
35 Min.
pro Portion ca. 230 kcal
13 g Eiweiß, 18 g Fett, 5 g Kohlenhydrate

ZUTATEN FÜR 10 KINDERPORTIONEN

4 rote Paprikaschoten
300 g Erdnusskerne
2–3 EL Erdnussöl
500 ml Gemüsebrühe (Instant)
4 Sardellenfilets
Pfeffer
1 EL süßes Paprikapulver
100 g frisch geriebener Parmesan
Worcestersauce

ZUBEREITUNG

1. Die Paprikaschoten waschen, halbieren, die weißen Zwischenhäutchen und die Kerne entfernen. Paprikahälften in ca. 2 cm große Würfel schneiden.

2. Erdnusskerne in einem Topf im Erdnussöl anrösten, bis sie duften. Die Paprikawürfel zugeben, kurz mitdünsten. Die Gemüsebrühe angießen, aufkochen lassen, Sardellen, Pfeffer und Paprikapulver zugeben und bei kleiner Hitze ca. 15 Min. garen.

3. Den Topf vom Herd ziehen, alles fein pürieren und durch ein Sieb streichen, um die Paprikahäutchen zu entfernen. Zum Schluss den Parmesan zugeben. Mit Worcestersauce und Pfeffer kräftig abschmecken.

Milde Currysauce

vegetarisch
35 Min.
pro Portion ca. 170 kcal
5 g Eiweiß, 11 g Fett, 14 g Kohlenhydrate

ZUTATEN FÜR 10 KINDERPORTIONEN

2 Stangen Lauch
4 Knoblauchzehen
100 ml Öl
500 ml Gemüsebrühe (Instant)
150 g rote Linsen
1 EL Ingwerpulver
1 EL Currypulver
1 Msp. Sambal oelek
150 ml Orangensaft
2 EL Rohrzucker

ZUBEREITUNG

1. Den Lauch waschen, putzen und in feine Ringe schneiden. Den Knoblauch schälen und fein hacken.

2. Beides in 2 EL Öl unter Rühren einige Minuten braten. Dann die Gemüsebrühe und das übrige Öl angießen und die Linsen zugeben. Aufkochen lassen, die Gewürze, den Orangensaft und den Zucker zufügen und alles bei schwacher Hitze ca. 20 Min. garen. Mit dem Pürierstab fein pürieren und abschmecken.

Frische Tomatensauce vom Blech

einfach | für Tomatenfans
10 Min. + 20 Min. Garen
pro Portion ca. 125 kcal
4 g Eiweiß, 10 g Fett, 6 g Kohlenhydrate

ZUTATEN FÜR 10 KINDERPORTIONEN

2 kg reife Tomaten
4 Knoblauchzehen
2 EL gehackter Rosmarin
8 EL Öl, Salz, Pfeffer
200 g Kräuterfrischkäse
2 EL Honig

ZUBEREITUNG

1. Den Backofen auf 220° vorheizen. Die Tomaten waschen und vierteln, dabei den Stielansatz herausschneiden. Den Knoblauch schälen und klein hacken.

2. Die Tomaten mit dem Knoblauch, dem Rosmarin und dem Öl mischen. Mit Salz und Pfeffer abschmecken. Dann die Tomaten mit einer Schnittfläche nach unten auf ein Backblech legen. Im Ofen (oben, Umluft 200°) 20 Min. braten.

3. Das Blech aus dem Ofen holen, die Tomaten in eine Schüssel geben, den Frischkäse zugeben und alles mit einem Pürierstab fein pürieren. Mit dem Honig abschmecken.

Praxis-Tipp Konzentrierter wird die Sauce bei längerer Bratzeit im Ofen.

Tuning-Tipp Geben Sie 200 g gemahlene Mandeln zu, so wird die Sauce gehaltvoller.

Milchreis mit Melone

für Gäste | Kinderliebling
45 Min.
pro Portion ca. 425 kcal
11 g Eiweiß, 7 g Fett, 80 g Kohlenhydrate

ZUTATEN FÜR 10 KINDERPORTIONEN

2 l Milch
500 g Rundkornreis
1/2 Vanilleschote
150 g Honig
1,5 kg Melonenfruchtfleisch (z. B. Honig-, Cantaloup-, Wassermelone)

ZUBEREITUNG

1. Einen großen Topf mit kaltem Wasser ausschwenken, die Milch hineingeben und aufkochen lassen. Den Reis und die halbe Vanilleschote dazugeben und bei schwacher Hitze ca. 30 Min. quellen lassen. Ab und zu umrühren. Dann den Honig unterziehen. Die Vanilleschote herausnehmen, das Mark herauskratzen und unter den Reis mischen.

2. Wenn der Reis ausgequollen ist, kühl stellen. Melonen halbieren, Kerne herausheben, Melonenhälften schälen, Saft auffangen. Das Fruchtfleisch würfeln. Reis mit dem Saft tränken und Melonenstückchen darauf verteilen.

Tuning-Tipp Wer dem Milchreis einen besonderen Geschmack verleihen möchte, kann mit der Vanilleschote auch einige Lavendelblüten zur Milch geben. Außerdem kann eine Zimtstange mitgekocht werden. Kardamomkapseln eignen sich auch gut. Einfach 2 angedrückte Kardamomkapseln zugeben und nach dem Kochen wieder herausholen.

Banane im Schokobett

für Schokofans
20 Min. + 30 Min. Backen
pro Portion ca. 200 kcal
8 g Eiweiß, 7 g Fett, 28 g Kohlenhydrate

ZUTATEN FÜR 10 KINDERPORTIONEN

6–7 Bananen
2 EL Zitronensaft
4 Eier
30 g entöltes Kakaopulver
150 Vollkorngrieß
20 g Haselnussblättchen
500 ml Milch
Fett für die Form

ZUBEREITUNG

1. Den Ofen auf 200° vorheizen. 2 Bananen schälen und mit dem Pürierstab fein pürieren, dabei den Zitronensaft zugeben. Die Eier trennen. Eigelbe und Kakaopulver mit den pürierten Bananen schaumig rühren. Den Grieß unterziehen. Die Eiweiße steif schlagen, unterziehen und die Hälfte der Masse in eine eingefettete Auflaufform füllen.

2. Die übrigen Bananen schälen, in etwa 3 cm lange Stücke schneiden, auf die Masse legen und mit dem übrigen Teig bedecken. Zum Schluss die Nussblättchen darüberstreuen. Im Ofen (Mitte, Umluft 180°) 30 Min. backen.

3. In der Zwischenzeit einen Topf mit kaltem Wasser ausspülen, die Milch darin erhitzen, über den fertig gebackenen Auflauf gießen und einziehen lassen.

Murmelauflauf

gesunde Süßspeise
20 Min. + 45 Min. Backen
pro Portion ca. 485 kcal
14 g Eiweiß, 21 g Fett, 60 g Kohlenhydrate

ZUTATEN FÜR 10 KINDERPORTIONEN

1,4 l Milch
500 g Weizenvollkorngrieß
120 g Butter oder Margarine
120 g Zucker
2 Päckchen Vanillezucker
4 Eier
250 g abgetropfte Sauerkirschen (aus dem Glas)
250 g abgetropfte Aprikosenspalten (aus der Dose)
30 g Mandelblättchen
Fett für die Form

ZUBEREITUNG

1. Milch zum Kochen bringen. Grieß einstreuen und unter Rühren dick kochen und abkühlen lassen.

2. Den Backofen auf 180° Grad vorheizen. Fett mit Zucker und Vanillezucker schaumig rühren. Eier trennen. Eigelbe unterrühren. Die Eiweiße sehr steif schlagen. Die Eigelbmasse unter den abgekühlten Grieß ziehen, dann den Eischnee unterheben.

3. Eine Schicht Grieß in eine gefettete, ofenfeste Form oder eine beschichtete Strudelreine füllen und glatt streichen. Das Obst darauf verteilen und mit dem übrigen Grieß abdecken. Mit Mandelblättchen bestreuen. Im heißen Ofen (Mitte, Umluft 160°) ca. 45 Min. backen. Dazu gibt's den Fruchtsaft, mit etwas Stärke zur Sauce eingekocht.

Müsli-Apfel-Schmarrn

macht satt
30 Min. + 2 x 15 Min. Backen
pro Portion ca. 375 kcal
10 g Eiweiß, 15 g Fett, 49 g Kohlenhydrate

ZUTATEN FÜR 10 KINDERPORTIONEN

200 g Knuspermüsli (Frucht)
250 ml Milch
6 Eier
150 g Vollkornmehl
150 g Vollmilchjoghurt
Salz
4 EL Zucker
6–8 Äpfel
4–6 EL Butter
Puderzucker zum Bestäuben

ZUBEREITUNG

1. Das Müsli mit der Milch übergießen und quellen lassen. Die Eier trennen. Eigelbe mit dem Mehl, dem Joghurt, 1/2 TL Salz und dem Zucker cremig rühren. Die Äpfel waschen und ohne Kerngehäuse vierteln. Die Apfelviertel quer in dünne Scheiben schneiden, mit Müsli und Joghurt-Eigelb-Mix mischen. Eiweiße steif schlagen und unterziehen.

2. Butter in einer großen Pfanne schmelzen, die Hälfte vom Teig hineingießen, Deckel auflegen und den Schmarrn bei schwacher Hitze ca. 5 Min. goldbraun backen – die Oberseite ist dann in der Mitte noch feucht. Schmarrn in der Mitte teilen, jede Hälfte wenden und auf der anderen Seite wieder 5 Min. backen. Mit zwei Gabeln zerreißen und in 5 Min. fertig backen. Im Ofen warm halten und die zweite Portion backen. Mit Puderzucker bestreut zu Tisch geben.

Varianten Statt der Äpfel Apfelmus verwenden. Oder Himbeerkompott. Aus dem Teig können Sie auch 3–4 sehr dicke Pfannkuchen backen und wie einen Kuchen aufschneiden.

Bratapfelmus mit Vanillesauce

einfach | lecker
30 Min. + 45 Min. Backen
pro Portion ca. 165 kcal
3 g Eiweiß, 4 g Fett, 28 g Kohlenhydrate

ZUTATEN FÜR 10 KINDER-PORTIONEN

Für die Vanillesauce:
800 ml Milch (3,5 % Fett)
4 EL Stärke
1 Msp. Safranpulver
1 Vanilleschote
60 g Zucker

Für das Mus:
1,5 kg Äpfel
1 EL Butter
2 TL Zimtpulver
1 EL Honig

ZUBEREITUNG

1. Für die Sauce 8 EL Milch mit der Stärke verrühren. Safran in 1–2 EL heißem Wasser auflösen. Einen Topf mit kaltem Wasser ausspülen. Die übrige Milch mit dem ausgekratzten Vanillemark und der Vanilleschote dazugeben und bei schwacher Hitze zum Kochen bringen. Ab und zu umrühren.

2. Angerührte Stärke in die kochende Milch einrühren und einmal aufkochen lassen. Dann die Hitze reduzieren und Zucker und Safran einrühren. Zum Schluss alles in ein Gefäß geben, abkühlen lassen und kalt stellen.

3. Ofen auf 180° Grad vorheizen. Äpfel waschen, abtrocknen, ohne Kerngehäuse achteln.

4. Ein Backblech mit Butter einfetten. Apfelstücke darauf verteilen und im Ofen (Mitte, Umluft 160°) 50 Min. backen. Dann mit einem Kartoffelstampfer auf dem Blech zu Mus zerstampfen. Zimt und Honig verrühren. Das Apfelmus warm oder kalt mit dem Zimthonig und der Vanillesauce servieren.

Variante Für ein feines Mus können Sie die Äpfel mit etwas Apfelsaft pürieren.

Tuning-Tipp Die Vanillesauce wird mit einem Schuss Sahne besonders cremig.

Melonen-Honig-Quark

preiswert | blitzschnell
10 Min.
pro Portion ca. 100 kcal
2 g Eiweiß, 2 g Fett, 20 g Kohlenhydrate

ZUTATEN FÜR 10 KINDER-PORTIONEN

2 kleine Melonen (z. B. Honig-, Galia-, Cantaloup, Charentais-melone)
300 g Vollmilchjoghurt
500 g Sahnequark
125 g Honig
1 EL Zitronensaft

ZUBEREITUNG

1. Die Melonen halbieren, entkernen und schälen. Das Fruchtfleisch würfeln.

2. Joghurt, Quark, Honig und Zitronensaft so lange verrühren, bis sich der Honig gelöst hat. Dann die Melonenstücke unterheben.

Info Die meisten Melonen sind ziemlich groß, somit ideal für viele Esser. Pluspunkt: In der Saison sind Melonen sehr preiswert.

Variante Mit Magerquark wird das Dessert etwas kalorienärmer. Schlagen Sie den Quark einige Min. mit den Quirlen des elektrischen Handrührgerätes auf höchster Stufe und mischen Sie dann erst den Joghurt unter.

Grieß-Nuss-Pudding mit Erdbeersauce

fruchtig | Klassiker
30 Min. + 6 Std. Abkühlen
pro Portion ca. 240 kcal
8 g Eiweiß, 7 g Fett, 37 g Kohlenhydrate

ZUTATEN FÜR 10 KINDER-PORTIONEN

Für den Pudding:
1,5 l Milch
Salz
200 g Vollkorngrieß
8 EL geschälte, gemahlene Walnusskerne
10 EL Agavendicksaft oder Zucker

Für die Sauce:
750 g Erdbeeren
5 EL Agavendicksaft
Zimtpulver

ZUBEREITUNG

1. Einen Topf mit kaltem Wasser ausschwenken und die Milch mit 1 Prise Salz darin zum Kochen bringen.

2. Grieß und Walnüsse unter Rühren einrieseln lassen. Milch aufkochen und den Grieß bei ganz schwacher Hitze in 5 Min. ausquellen lassen, dabei immer zwischendurch rühren, damit der Grießpudding nicht anbrennt. Zum Schluss den Dicksaft zugeben.

3. Eine Napfkuchen- oder Kastenform mit 2 l Inhalt mit kaltem Wasser ausschwenken, dann den Brei einfüllen. Mit einem nassen Löffel glatt streichen und im Kühlschrank ca. 6 Std. fest werden lassen.

4. Erdbeeren waschen, putzen, mit Dicksaft im Mixer pürieren, 1 Msp. Zimt zugeben.

5. Den Pudding auf einen Teller stürzen. Klebt er ein bisschen fest, die Form kurz in warmes Wasser tauchen. Dann schnell in Scheiben schneiden und mit Erdbeerpüree umgießen. Sie können auch kleine Klößchen vom Pudding abstechen und in der Sauce schwimmen lassen.

Tipp Verwenden Sie Formen aus Silikon. Sie werden nicht heiß und der Pudding lässt sich quasi aus der Form drücken.

Obstsalat mit fixer Vanillesauce

vitamin- und mineralstoffreich
25 Min.
pro Portion ca. 135 kcal
3 g Eiweiß, 4 g Fett, 23 g Kohlenhydrate

ZUTATEN FÜR 10 KINDER-PORTIONEN

Für die Vanillesauce:
400 g Sahnepudding mit Vanillegeschmack
400 ml Milch

Für den Salat:
1 kg frisches Obst (z. B. Orange, Banane, Apfel, Beeren, Kiwi, Weintrauben)

ZUBEREITUNG

1. Für die Sauce einfach die Sahnepuddings unter die kalte Milch rühren.

2. Das frische Obst waschen und putzen. Größere Früchte halbieren oder vierteln. Das Obst mischen und mit der Sauce essen.

Praxis-Tipp Sie können die Vanillesauce auch wie beim Bratapfelmus (siehe oben) selber machen.

Tuning-Tipp Die Hälfte der Milch durch süße Sahne ersetzen, nach Wunsch vorher anschlagen.

Grieß-Nuss-Pudding (oben links), Bratapfelmus (oben rechts), Melonen-Honig-Quark (Mitte rechts), Obstsalat (unten rechts)

Apfel-Gugelhup

Grundrezept Schokorührkuchen

schokoladig | einfach
30 Min. + 45 Min. Backen
bei 12 Stücken pro Stück ca. 260 kcal
6 g Eiweiß, 15 g Fett, 25 g Kohlenhydrate

ZUTATEN FÜR
1 GUGELHUPFFORM

Für den Teig:
120 g weiche Butter oder Margarine
80 Zucker
Salz, 3 Eier
250 g Weizenmehl (Type 1700)
1 TL Backpulver

Sonstiges:
100 g Magerquark
2 EL entöltes Kakaopulver
50 g geraspelte Schokolade
50 g geriebene Nüsse nach Wahl
Fett und Mehl für die Form

ZUBEREITUNG

1. Den Backofen auf 180° vorheizen. Die Gugelhupfform einfetten und mit Mehl ausstreuen.

2. Butter, Zucker und 1 Prise Salz sehr cremig rühren. Nach und nach die Eier zugeben. Mehl und Backpulver mischen und in kleinen Portionen unter den Teig rühren.

3. Dann den Quark, den Kakao, die Schokoraspeln und die Nüsse dazugeben. Den Teig in die Form füllen.

4. Den Kuchen im Backofen (unten, Umluft 160°) etwa 45 Min. backen. Wenn er dunkel wird, mit einem Stück Alufolie abdecken. Nach dem Backen den Kuchen im Ofen noch kurz ruhen lassen, dann stürzen.

Apfel-Gugelhupf

fruchtig | kinderleicht
30 Min. + 1 Std. Backen
bei 12 Stücken pro Stück ca. 255 kcal
5 g Eiweiß, 13 g Fett, 28 g Kohlenhydrate

ZUTATEN FÜR
1 GUGELHUPFFORM

Für den Teig:
1 x Zutaten Grundrezept

Sonstiges:
50 g gemahlene Mandeln
3 EL Apfeldicksaft
2 Äpfel
Fett und Mehl für die Form
Puderzucker zum Bestäuben

ZUBEREITUNG

1. Den Backofen auf 180° vorheizen. Die Gugelhupfform einfetten.

2. Den Teig wie im Grundrezept in Schritt 2 beschrieben zubereiten.

3. Dann die Mandeln und den Apfeldicksaft zum Teig geben. Die Äpfel waschen, halbieren, dabei das Kerngehäuse entfernen, dann die Äpfel mit einer Reibe grob raspeln und unter den Teig mischen. Den Teig in die Form füllen

4. Den Kuchen wie im Grundrezept in Step 4 beschrieben backen, allerdings die Backzeit un etwa 15 Min. verlängern. Nach dem Auskühler mit Puderzucker bestäuben.

Feiern mit Kindern

Der Geburtstag wird langsam zum gesellschaftlichen Ereignis: Nicht nur zu Hause wird gefeiert – auch in der Kindergruppe und der Schule! Zumindest in den ersten zwei Jahren. Sprechen Sie sich in jedem Fall mit Erziehern bzw. Lehrern ab, damit der Rahmen stimmt und Sie das Richtige machen.

→ **Warum selber backen?** Natürlich ist es einfacher, eine Runde Riegel auszugeben. Doch dann gäbe es alle naslang Süßigkeiten – und in guten Gruppen ist das zu Recht verpönt. Wer selber backt, bestimmt, was drin ist. Außerdem fehlt bei gekauften Sachen das Ritual – denn den Kuchen für die Gruppe oder Klasse backt Ihr Kind natürlich mit. Schließlich ist es quasi Gastgeber!

→ **Süßes Fingerfood** Saftiges, cremiges, schokoladenüberzogenes Gebäck wird bei Erziehern und Lehrern wenig Begeisterung auslösen. Deshalb ist trockenes, portioniertes Gebäck ideal – Sie können es schon einen Tag im Voraus backen (Seite 54/55, 80/81,108/109). Servietten nicht vergessen!

→ **Der Klassiker Rührkuchen** (links) ist immer noch der Hit. Vorteil beim Schokokuchen: Man sieht ihm das Vollkorn nicht an! Entscheidend für den Erfolg ist die Form: Tiere von Teddy bis Katze lieben Jungs und Mädchen.

→ **Was Pikantes?** Es muss nicht immer süß sein. Ein Blech Pizza, pikante Brötchen oder Butterbrezeln sind mindestens ebenso beliebt! (Seite 50/51, 132/133). Vielleicht geben Sie ein einfaches Frühstück aus?

→ **À la minute** Wenn die Gruppe klein ist und etwas mehr Zeit zum Feiern hat, können Sie auch mit (zwei) Waffeleisen und Waffelteig bewaffnet in der Gruppe frische Waffeln backen – Ihr stolzes Geburtstagskind hilft mit und verteilt!

→ **Zu Hause** Einen Kuchenklassiker sollte es auch hier geben – und eine zweite Sorte Kuchen mit Saisonobst. Kinder mögen Portionskuchen wie Muffins und mundgerecht geschnittenes Obst – das löscht zusätzlich den Durst. Bleiben die Kinder abends, backen Sie ein frisches Brot, das duftend mit Butter und Frischkäse aufgetischt wird. Die Kinder werden das lieben!

Welche Beilage wozu – und wie viel?

Die einfachste Beilage sind Brot, Fladen oder Baguette. Getreide wie Reis oder Couscous, das nur quellen muss, ist ideal, weil es länger stehen kann. Nudeln müssen auf den Punkt gegart werden und Kartoffeln gewaschen und evtl. geschält.
Zu Schmorgerichten mit viel Sauce passen aufnahmefähige, »schnelle« Beilagen wie Nudeln, Reis, Couscous oder Zartweizen. Rechnen Sie pro Kleinkind 40 g, pro Schulkind 60 g und pro Erwachsenen 80 g Rohgewicht. Ebenfalls passend ist Baguette – 60 g fürs Klein-, 80 g fürs Schulkind und 100 g für Erwachsene. Passt auch zu Eintopf! Wenn es aber Kurzgebratenes oder bei Niedrigtemperatur Gegartes gibt, muss die Beilage saftig sein: Kartoffelpüree oder Stampfkartoffeln (S. 71): 100 g Kleinkind-, 150 g Schulkind-, 200 g Erwachsenenportion.

Wenn die Familie kommt

→ Die Familie **daheim zu bewirten,** ist gerade für Kinder herrlich: Sie erleben ihr Zuhause als **Mittelpunkt des Familienlebens,** fühlen sich wohl und können sich zurückziehen. Das macht es auch für die Eltern einfacher, wenn die Organisation stimmt. Familie muss sich positiv erleben können – das lohnt jede Mühe und fördert das »Wir-Gefühl«!

→ Überlassen Sie nichts dem Zufall. **Der Speiseplan muss stehen,** Einkäufe müssen rechtzeitig gemacht sein. Am besten, Sie haben vorgekocht – gerade mit **Schmorgerichten** (S. 160/161) kein Problem. Sie lassen sich sogar einfrieren. Die andere Möglichkeit sind **bei niedrigen Temperaturen gegarte Braten** (S. 162/163) – auch hier sollten die Zutaten schon hergerichtet sein, damit Sie **Zeit für die Familie** haben.

→ Sie müssen keine Reifeprüfung ablegen! Lassen Sie sich helfen und verteilen Sie die **Last auf mehrere Schultern:** Einer bringt Kuchen mit, der zweite Salat mit separatem Dressing, der dritte vielleicht eine Vorspeise oder ein Dessert. Wichtig: Sie halten die **Fäden in der Hand** und verteilen die Aufgaben mit Mengenangaben.

→ **Familie ist Gemeinschaftssache:** Fallen Sie nicht in Klischees, sondern verteilen die Aufgaben auf weibliche und männliche Familienmitglieder. Sonst haben Familienfeste keine Zukunft!

Quarkstrudel mit Mangostückchen

für Gäste

20 Min. + 35 Min. Backen

pro Kinder-/Erwachsenenportion ca. 300/505 kcal, 12/19 g Eiweiß, 14/24 g Fett, 32/54 g Kohlenhydrate

ZUTATEN FÜR 10 KINDER- ODER 6 ERWACHSENEN-PORTIONEN

- 2 Eier
- 1 Bio-Zitrone
- 500 g Magerquark
- 50 g Zucker
- 1 Päckchen Vanillezucker
- 1 Mango (ca. 400 g)
- 4 EL Honig
- 80 g Butter
- 4 Blätter Filoteig (100 g, Kühlregal)
- 200 g Früchtemüsli
- 3 EL Mandelblättchen

ZUBEREITUNG

1. Den Ofen auf 200° vorheizen. Eier trennen, Eiweiße steif schlagen. Zitrone heiß waschen, abtrocknen, Schale fein abreiben. Eigelbe mit Quark, Zucker, Vanillezucker und Zitronenschale verrühren, Eischnee unterheben. Mango schälen, vom Kern schneiden und würfeln.

2. Honig mit Butter und 2 EL Wasser schmelzen. Teigblätter auf ein feuchtes Küchentuch legen. Ein Blatt mit Honigbutter bepinseln, das nächste Blatt darauflegen, ebenfalls bepinseln und so fort, bis alle Blätter aufeinanderliegen. Das letzte Blatt nicht bestreichen.

3. Quarkfüllung auf den Teig streichen, Rand frei lassen. Müsli und Mango darauf verteilen. Längsseiten einschlagen, Teig mit dem Tuch zum Strudel rollen. Auf ein mit Backpapier belegtes Blech legen, mit übriger Honigbutter bepinseln, Mandelblättchen aufstreuen. Im Ofen (Mitte, Umluft 180°) ca. 35 Min. backen.

Universal-Apfelkuchen

für Gäste | vollwertig

35 Min. + 35 Min. Backen

bei 20 Stücken pro Stück ca. 240 kcal 6 g Eiweiß, 11 g Fett, 30 g Kohlenhydrate

ZUTATEN FÜR 1 BLECH (CA. 20 STÜCKE)

Für den Teig:

- 250 g Magerquark
- 6 EL Öl
- 6 EL Milch
- 60 g Vollrohrzucker
- Salz
- 400 g Vollkornmehl
- 160 g geriebene Haselnüsse
- 1 Päckchen Backpulver

Für den Belag:

- 40 g geriebene Haselnüsse
- 2 kg Äpfel (z. B. Cox Orange)
- 2 EL Öl
- Saft von einer Zitrone
- 100 g Aprikosenfruchtaufstrich

ZUBEREITUNG

1. Für den Teig den Quark in einem Mulltuch leicht trocken drücken. Dann mit Öl, Milch, Zucker und 1 Prise Salz verrühren. Mehl mit Nüssen und Backpulver mischen, nach und nach unter die Masse arbeiten.

2. Ofen auf 200° vorheizen. Ein Backblech einölen und den Teig dünn ausrollen, mit einer Gabel mehrfach einstechen. Für den Belag die geriebenen Haselnüsse darüberstreuen.

3. Äpfel waschen, vierteln und ohne Kerngehäuse in schmale Spalten schneiden.

4. Den Kuchen mit den Apfelspalten in Reihen dicht belegen. Das Öl mit der Hälfte des Zitronensafts mischen und auf die Äpfel pinseln. Den Kuchen im Ofen (Mitte, Umluft 180°) in 35 Min. goldgelb backen.

5. Fruchtaufstrich durch ein Sieb streichen, mit dem übrigen Zitronensaft verdünnen und auf den warmen Apfelkuchen streichen.

Beeren-Quark-Küchlein

zum Mitnehmen | Fingerfood

20 Min. + 35 Min. Backen

pro Stück ca. 100 kcal

5 g Eiweiß, 5 g Fett, 9 g Kohlenhydrate

ZUTATEN FÜR 10 KÜCHLEIN

50 g Vollkornzwieback
150 ml Milch
200 g Magerquark
40 g Butter
3 EL Ahornsirup, 1 Ei
2 EL Vollkorngrieß
200 g Beeren nach Wahl
Puderzucker zum Bestäuben
10 kleine Silikonförmchen

ZUBEREITUNG

1. Den Backofen auf 180° vorheizen. Den Zwieback zerbrechen und in eine Schüssel geben. Einen Topf mit kaltem Wasser ausschwenken, die Milch darin erwärmen und über den Zwieback gießen. Wenn er fast weich ist, mit dem Quark verrühren.

2. Die Butter mit dem Ahornsirup schaumig rühren. Das Ei trennen. Das Eigelb mit dem Grieß zur Butter geben und unterrühren. Nach und nach Quarkcreme untermischen. Das Eiweiß steif schlagen und vorsichtig unterheben. Die Silikonförmchen auf ein Blech setzen und mit dem Quarkteig füllen.

3. Die Beeren waschen, evtl. den grünen Stielansatz entfernen oder von der Rispe lösen, größere Früchte teilen. Die Beeren auf die Förmchen verteilen und etwas eindrücken. Die Küchlein im Ofen (Mitte, Umluft 160°) 35 Min. backen, auskühlen lassen und vor dem Essen mit Puderzucker bestäuben.

Quarkquiche mit Stachelbeeren

für die ganze Familie

15 Min. + 1 Std. Kühlen + 40 Min. Backen

bei 10 Stücken pro Stück ca. 330 kcal

8 g Eiweiß, 23 g Fett, 22 g Kohlenhydrate

ZUTATEN FÜR 1 QUICHEFORM (Ø 26 CM)

Für den Teig:
200 g Magerquark
200 g Weizenvollkornmehl
150 g kalte Butter
1 Eigelb, Salz

Sonstiges:
2 Eier
150 g Mascarpone
50 g Zucker
300 g Stachelbeeren
Fett für die Form

ZUBEREITUNG

1. Den Quark durch ein Mulltuch trocken drücken und mit dem Mehl vermischen. Die kalte Butter in Flöckchen sowie Eigelb und 1 Prise Salz zufügen. Alles rasch zu einem festen Teig kneten. Den Teig in Folie gewickelt 1 Std. im Kühlschrank ruhen lassen.

2. Backofen auf 200° vorheizen. Die Quicheform einfetten. Den Teig auf einer bemehlten Arbeitsfläche ausrollen und in die Form drücken. Mit einer Gabel mehrfach einstechen.

3. Die Eier trennen. Den Mascarpone mit den Eigelben und Zucker schaumig rühren. Die Eiweiße steif schlagen und unterziehen. Die Stachelbeeren waschen, unter die Creme mischen und auf den Teig geben.

4. Die Quiche im Ofen (unten; Umluft 180°) 40 Min. backen.

Variante Schmeckt auch mit Johannisbeeren, Sauerkirschen, Pflaumen-, Pfirsich- oder Aprikosenspalten.

Lamm mit Kürbis

Festessen | gut vorzubereiten
1 Std. + 1 1/2–2 Std. Garen
pro Kinder-/Erwachsenenportion
ca. 150/250 kcal (ohne Beilage)
18/30 g Eiweiß, 3/5 g Fett,
12/20 g Kohlenhydrate

ZUTATEN FÜR 10 KINDER- ODER 6 ERWACHSENENPORTIONEN

2 Zwiebeln
2 Knoblauchzehen
10–15 Salbeiblätter
2 Zweige Rosmarin
6–8 getrocknete Aprikosen
2 EL Olivenöl
2 EL Tomatenmark
750 g Lammgulasch, Salz
1 große Dose geschälte Tomaten (800 g)
1 Hokkaidokürbis (ca. 1,5 kg)
Pfeffer

ZUBEREITUNG

1. Zwiebeln und Knoblauchzehen schälen. Die Zwiebeln in feine Würfel schneiden, den Knoblauch hacken. Die Kräuter abbrausen und trocken tupfen. Die Aprikosen in feine Streifen schneiden.

2. Das Olivenöl in einem Schmortopf erhitzen. Knoblauch und Zwiebeln darin glasig dünsten. Tomatenmark, Fleisch und Kräuter dazugeben. Mit Salz würzen und bei mittlerer Hitze zugedeckt schmoren, bis die gezogene Flüssigkeit verdampft ist und das Fleisch bräunt – das kann je nach Fleisch 45–60 Min. dauern.

3. Die geschälten Tomaten samt Flüssigkeit und die Aprikosenstreifen dazugeben und alles zusammen 30 Min. schmoren.

4. Inzwischen den Kürbis waschen, halbieren und entkernen. Das Fruchtfleisch mit einem scharfen Messer zuerst in Spalten, dann in ca. 2 cm große Würfel schneiden. Nach Ende der Schmorzeit Kürbis zum Fleisch geben und weitere 15–20 Min. mitschmoren, bis der Kürbis gar ist. Zum Schluss mit Salz und Pfeffer abschmecken.

Austausch-Tipp Statt Kürbis schmecken auch Möhren.

Info Im Gegensatz zu anderen Kürbissorten brauchen Sie den Hokkaido-Kürbis nicht zu schälen – das spart Zeit.

Schmoren

Schmoren macht auch weniger zarte, bindegewebsreiche Stücke zart. Das Garen in Wein oder Fond lässt Aromastoffe ins Fleisch eindringen. Salz und Aromastoffe im Fond oder Fleischbrühe verhindern auch das Austrocknen. Durch vorheriges Anbraten bekommt das Fleisch eine schöne Kruste. Aufgewärmt schmeckt's extragut.

Tipp

Geben Sie nicht zu viel Flüssigkeit zum Braten, sonst kocht das Fleisch bei 90° und wird hart. Verwenden Sie am besten einen Schmortopf mit schwerem Boden.

Braten in Tomatensauce

Festessen | einfach

3 Std.

pro Kinder-/Erwachsenenportion ca. 240/405 kcal (ohne Beilage), 13/22 g Eiweiß, 20/34 g Fett, 1/2 g Kohlenhydrate

ZUTATEN FÜR 10 KINDER- ODER 6 ERWACHSENEN-PORTIONEN

- 750 g Schweinerollbraten
- Salz, Pfeffer
- 30 frische Salbeiblätter
- 2 Knoblauchzehen
- 3 EL Olivenöl
- 1500 g Tomatenpüree (Tetrapak)

ZUBEREITUNG

1. Den Braten rundherum mit Salz und Pfeffer einreiben. Die Salbeiblättchen einzeln unter das Rollnetz schieben. Die Knoblauchzehen schälen und hacken.

2. Das Olivenöl in einem großen Topf erhitzen und den Rollbraten darin rundherum bei starker Hitze kräftig anbraten. Das Tomatenpüree angießen, den gehackten Knoblauch zufügen und die Mischung zum Kochen bringen. Dann die Hitze reduzieren und den Braten ca. 1 Std. zugedeckt bei schwacher Hitze garen.

3. Den Braten herausnehmen. Das Netz aufschlitzen und mitsamt den Salbeiblättern entfernen. Den Braten aufschneiden und mit der Tomatensauce zu Tisch geben.

Dazu passt Bandnudeln.

Info Salbeiblätter schmecken am besten frisch. Ihr herbes, kampferähnliches Aroma entfaltet sich voll, wenn sie in Fett gebraten werden. Vor allem in der italienischen Küche wird Salbei gerne verwendet.

Pluspunkt Die ätherischen Öle in Salbei wirken heilend bei Entzündungen der Schleimhäute des Magens und der Atemwege.

Saftiges Paprikarind

Festessen | braucht Zeit

1 Std. + 2 1/2 Std. Schmoren

pro Kinder-/Erwachsenenportion ca. 240/400 kcal (ohne Beilage) 23/38 g Eiweiß, 14/23 g Fett, 7/12 g Kohlenhydrate

ZUTATEN FÜR 10 KINDER- ODER 6 ERWACHSENEN-PORTIONEN

- 1 kg Rouladenfleisch in Scheiben
- Salz, Pfeffer
- 4 Gemüsezwiebeln (ca. 600 g)
- 4 rote Paprikaschoten (ca. 600 g)
- 3 EL Rapsöl
- 1 EL süßes Paprikapulver
- 1 TL scharfes Paprikapulver
- 200 g saure Sahne
- Butter für die Form

ZUBEREITUNG

1. Den Backofen auf 160° vorheizen. Eine feuerfeste Form mit der Butter einfetten. Die Rinderschnitzel sehr dünn klopfen, von beiden Seiten salzen und pfeffern.

2. Die Zwiebeln schälen, halbieren und längs in dünne Streifen schneiden. Die Paprikaschoten waschen, putzen und ebenfalls in dünne Streifen schneiden. Das Rapsöl in einer Pfanne erhitzen und das Gemüse darin mit beiden Paprikagewürzen, Salz und Pfeffer ca. 15 Min. anschmoren.

3. Abwechselnd Fleisch und Gemüse in die Form schichten. Mit Alufolie abdecken. Auf dem Boden des Ofens (Umluft 140°) ca. 2 1/2 Std. schmoren. Saure Sahne glatt rühren und extra dazu reichen.

Dazu passt Nudeln oder Bratkartoffeln.

Saftiges Paprikarind

Roastbeef

ZUTATEN FÜR 10 KINDER- ODER 6 ERWACHSENEN-PORTIONEN

- 2–3 Zweige Rosmarin
- 100 g körniger Senf
- Salz
- 5 EL Oliven- oder Gewürzöl
- 1 kg Roastbeef
- Pfeffer

Braten bei Niedrigtemperatur | für viele
20 Min. + 2 1/2 Std. Garen

pro Kinder-/Erwachsenenportion ca. 184/308 kcal
23/38 g Eiweiß, 10/17 g Fett, 1/1 g Kohlenhydrate

ZUBEREITUNG

1. Den Backofen auf 80° vorheizen. Die Rosmarinzweige waschen, die Nadeln von den Stielen streifen, klein hacken und mit dem Senf, 1/2 TL Salz und 4 EL Öl verrühren. Das Roastbeef rundherum mit Salz und Pfeffer einreiben.

2. Übriges Öl in einer Pfanne erhitzen und das Fleisch darin rundherum kräftig anbraten. Auf ein mit Alufolie ausgelegtes Blech legen, mit der Senfpaste bestreichen und im Ofen (Mitte) ca. 2 1/2 Std. garen.

3. Vor dem Servieren in dünne Scheiben schneiden. Schmeckt warm und kalt!

Praxis-Tipp Nach dieser Garzeit beträgt die Kerntemperatur des Roastbeefs etwa 58°, und das Fleisch ist noch rosa. Mögen Sie das Fleisch lieber durch, sollte die Kerntemperatur 75–80° betragen. Bei 60° stoppt der Garprozess.

Menü-Tipp Dazu passen Pesto (S. 4) oder Avocadocreme (S. 82), Salat und Baguette. Als Vorspeise eine cremige Suppe (S. 32) und als Dessert Obstsalat mit Vanillesauce oder Eis oder Grieß-Nuss-Pudding mit Erdbeersauce (S. 154)

Pochierte Lammkeule

Braten bei Niedrigtemperatur | für viele
40 Min. + 3 Std. Pochieren
pro Kinder-/Erwachsenenportion
ca. 485/810 kcal (ohne Beilage), 37/61 g Eiweiß, 37/61 g Fett, 2/3 g Kohlenhydrate

ZUTATEN FÜR 10 KINDER- ODER 6 ERWACHSENEN-PORTIONEN

- 2 l Gemüsebrühe (Instant)
- 1 Bund Suppengrün
- 2 Knoblauchzehen
- 3–4 Lorbeerblätter
- 2 Zweige Thymian
- 1 Zweig Rosmarin
- 1 EL Pfefferkörner
- 1 große Lammkeule (ca. 2 kg)

ZUBEREITUNG

1. Die Gemüsebrühe in einem großen Bräter zunächst auf dem Herd aufsetzen. Suppengrün waschen, putzen und grob zerkleinern. Knoblauch schälen. Suppengrün und Knoblauch mit allen Gewürzen in der Brühe 30 Min. leise kochen lassen.

2. Den Ofen auf 90° vorheizen. Das tiefe Blech mit etwas Wasser befüllen und in die unterste Schiene schieben. Die Keule in die heiße Brühe geben – sie muss völlig mit Flüssigkeit bedeckt sein. Dann den Topf ins Wasserbad in den heißen Ofen stellen. Lammkeule ca. 3 Std. pochieren. Das Fleisch ist gar, wenn es sich nicht mehr leicht eindrücken lässt.

3. Fleisch aus der Brühe heben, die Brühe durch ein Sieb geben und für das Kräutersüppchen (siehe Rezept unten) verwenden. Die Keule entbeinen, aufschneiden und in Alufolie gewickelt warm halten.

Menü-Tipp Als Beilage passen Schlosskartoffeln. Dazu 1,5 kg festkochende Kartoffeln waschen, in der Schale mit wenig Wasser und Salz garen, pellen, leicht salzen. 60 g Butter in einer großen Pfanne schmelzen, 80 g Semmelbrösel darin braun rösten und die Kartoffeln darin schwenken und kurz anbraten. Zum Fleisch passt Pesto oder Senfsahne.

Kräutersüppchen

Vorsuppe | für viele
15 Min.
pro Kinder-/Erwachsenenportion
ca. 120/195 kcal (ohne Beilage), 3/6 g Eiweiß, 8/14 g Fett, 7/12 g Kohlenhydrate

ZUTATEN FÜR 10 KINDER- ODER 6 ERWACHSENEN-PORTIONEN

- 120 g entrindetes Weißbrot
- 2 hart gekochte Eier
- 1,2 l klare Lammbrühe (siehe Rezept oben)
- 1–2 EL Zitronensaft
- je 1 Bund Sauerampfer, Kerbel, Petersilie, Pimpinelle, Salz
- weißer Pfeffer, frisch geriebene Muskatnuss
- 200 g Sahne

ZUBEREITUNG

1. Brot würfeln und Eier hacken, mit Brühe und Zitronensaft zum Kochen bringen.

2. Kräuter waschen, trocken tupfen, harte Stiele abzupfen. Den Großteil der Kräuter in die Suppe geben und alles mit dem Pürierstab sehr gründlich und fein pürieren, mit Salz, Pfeffer und Muskatnuss abschmecken.

3. Die Sahne steif schlagen. Die Suppe nochmals erhitzen, die Sahne unterziehen und mit den übrigen Kräutern bestreut servieren.

Rahmfilets

Braten bei Niedrigtemperatur
raffiniert
30 Min. + 2 Std. Garen
pro Kinder-/Erwachsenenportion
ca. 165/275 kcal (ohne Beilage), 31/52 g Eiweiß, 3/5 g Fett, 4/7 g Kohlenhydrate

ZUTATEN FÜR 10 KINDER- ODER 6 ERWACHSENEN-PORTIONEN

- 1,2 kg Hähnchenbrustfilet
- mildes Paprikapulver
- 50 ml Sojasauce
- 5 getrocknete Tomaten (in Öl)
- 200 g Tomaten- oder Paprikafrischkäse
- Salz, Pfeffer

ZUBEREITUNG

1. Ofen auf 100° vorheizen. Filets mit Küchenpapier abtupfen, mit Paprika einreiben und eng nebeneinander in eine ofenfeste Form setzen. Sojasauce darübergießen und einige Min. marinieren.

2. Tomaten klein hacken und mit dem Frischkäse vermischen. Die Creme kräftig mit Salz, Pfeffer und Paprikapulver abschmecken. Das marinierte Fleisch mit der Creme bestreichen. Im Ofen (Mitte) ca. 2 Std. garen.

Saucen-Tipp 1 Zwiebel würfeln, in etwas Öl glasig dünsten. 250 ml Instant-Hühnerbrühe angießen und auf die Hälfte einköcheln lassen. Dann 150 g Tomaten- oder Paprikafrischkäse einrühren und abschmecken.

Menü-Tipp Als Beilage passen die sechsfache Menge Paradies-Risotto (S. 116/117), als Vorspeise der fruchtige Möhrensalat (S. 147) und als Nachtisch der Quarkstrudel (S. 158).

Niedrigtemperaturgaren

Diese Garmethode ist besonders schonend. Zum Bräunen wird das Fleisch angebraten – alternativ kann es mit einer Würzpaste wie z. B. Pesto bestrichen werden. Dann kommen kleine Stücke bei 70° und größere bei 80° in den Backofen, wo sie langsam weitergaren. Der Saft zirkuliert im Inneren und verteilt sich im ganzen Stück. So bleibt das Fleisch rosa und zart. Mit einem Fleischthermometer können Sie die Kerntemperatur überprüfen.

Praxis-Tipp Testen Sie mit einem Ofenthermometer zusätzlich die Temperatur Ihres Ofens. So stellen Sie sicher, dass die Garzeit stimmt.

Info Garzeiten

Rinderfilet braucht ca. 2 1/4 Stunden, Schweinefilet ca. 1 1/2 bis 1 3/4 Stunden, Lammkeule 3–4 Stunden und Schweinerücken 2–2 1/2 Stunden. Nach dieser Zeit auf 60° reduzieren – dann bleibt das Fleisch warm und gart nicht weiter. Ideal, wenn sich die Gäste verspäten.

Vitamine schonen, Mineralstoffe nicht ausschwemmen, Bioaktivstoffe erhalten und **nicht zu fett, zu süß und zu viel!**

Gesünder Kochen

ist gerade für Kinder wichtig. Denn jetzt werden nicht nur Nährstoffvorräte fürs Leben angelegt – auch der Geschmack prägt sich: Essen wie bei Mama, das wird einfach der Standard. Die Qual der Wahl ist größer denn je – verzichten Sie auf angereicherte Fertigprodukte, probieren Sie lieber neue Vollkornprodukte, exotische Kräuter und Gewürze aus. Denn die Forschung zeigt: Das ganze, ursprüngliche Lebensmittel enthält viel mehr als ein stark bearbeitetes Produkt. Aber es muss richtig und schonend verarbeitet werden! Wie, das lesen Sie hier.

Aber bitte mit Schale!

Sehr kleine Kinder haben noch ein zartes Verdauungssystem. Doch im Kindergartenalter ist es sinnvoll, Ihr Kind an derbere Kost zu gewöhnen. Zum einen ist das entscheidend für eine gesunde Zahnentwicklung und eine gute Verdauung, zum anderen enthalten diese bissfesten Teile viele besonders wertvolle Substanzen. Aber übertreiben Sie es nicht: Ihr Kind wird auch mit einer Mischung aus verfeinerter Nahrung und Vollwertkost alles bekommen, was es braucht. Denn durch die industrielle Bearbeitung vieler Lebensmittel werden letztendlich auch schädliche Substanzen entfernt.

→ **Schale** Sie enthält die meisten Bioaktivstoffe. 100 g Apfel mit Schale enthält antioxidative Kraft, die 1500 mg Vitamin C entspricht. Der Gehalt an Vitamin C selbst ist nur 6–20 mg! In der Apfelschale ist diese Kraft 2- bis 6-mal höher als im Fruchtfleisch, bei anderen Pflanzen bis zu 100-mal! Grund: Pflanzen konzentrieren diese Substanzen in ihrer Außenhülle, um sich gegen Umwelteinflüsse zu schützen. Forschungen zeigen, dass diese Stoffe auch beim Menschen gesundheitsfördernde Wirkung haben. Nur zu derbe, verletzte oder solaninhaltige (S. 166) Schale sollte entfernt werden.

→ **Außenblätter** Gleiches gilt für Salat und Blattgemüse. Die Blätter also nur putzen, Rippen abflachen und auch derbe Außenblätter fein gehackt mitverwenden. Die Blätter von Kohlrabi oder Möhren enthalten mehr Vitamin C als die Knolle bzw. Wurzel. Allerdings sind sie auch reich an Nitrat (S. 166) – deshalb in kleinen Mengen verwenden, so wie Kräuter.

→ **Silberhäutchen und Keim** Egal, ob Reis, Mais oder Hafer: Die essbare Außenschicht ist ebenfalls reich an Bioaktiv- und Mineralstoffen sowie Vitaminen. Dazu kommen Ballaststoffe. Der Keim enthält wertvolle Fettsäuren und Eiweiß – schließlich birgt er die Bausteine für eine neue Pflanze in sich. Je mehr dieser Pflanzenteile enthalten sind, desto besser.

→ **Roh oder gekocht?** Sowohl als auch. Denn es gibt wertvolle Nährstoffe wie Beta-Karotin oder Lykopin, die erst durch das Garen verfügbar gemacht werden. Andere Nährstoffe wie Folsäure werden beim Erhitzen zerstört und sind am besten aus Rohkost zu gewinnen. Hülsenfrüchte und Kartoffeln werden erst durch Kochen verträglich, während Obst und viele Gemüse auch roh essbar sind. Am besten täglich rohes und gekochtes Gemüse essen.

Nährstoffarm? Von wegen!

Hersteller von Nährstoff-Präparaten und Supplementen behaupten immer wieder, unsere landwirtschaftlichen Produkte seien durch intensive Landwirtschaft an wichtigen Nährstoffen verarmt. Diese Behauptung wurde durch eine Analyse bestehender Studien entkräftet. Die DGE wies nach, dass der Gehalt an Mineralstoffen und Vitaminen in vielen Fällen sogar gestiegen ist. Eigentlich verständlich: dem Boden wird das wieder zugeführt, was er nach genauer Analyse braucht. Im Biobereich wird so nachhaltig gewirtschaftet, dass dieser Mangel ebenfalls nicht eintritt. Der höchste Verlust an Nährstoffen passiert bei der Bearbeitung in der Produktion von Lebensmitteln, aber auch in der Küche zu Hause. Selbst das verkraftet Ihr Kind. Viel problematischer ist ein einseitiges Essverhalten, bei dem Gemüse außen vor gelassen wird nach dem Motto: Spaghetti, Pommes, Ketchup, Brot.

Schädliche Substanzen in Lebensmitteln

→ **Nitrat ist in Gemüse enthalten** – durch Überdüngung und Treibhaus steigt der Gehalt. Nitrat selbst ist ungefährlich, wird aber durch Wärme zu Nitrit und im Verdauungstrakt zu krebserregenden Nitrosaminen. In gepökelten Fleischwaren ist Nitritsalz enthalten.

→ Die Belastung mit **Pflanzenbehandlungsmitteln** ist innerhalb der letzten Jahre erheblich zurückgegangen. (Überblick im Ernährungsbericht der DGE, der alle 4 Jahre erscheint)

→ **Aflatoxine** sind leberschädigende Schimmelpilze, die Pistazien, Para-, Hasel- und Erdnüsse sowie Mandeln befallen. Ungeschälte Ware also genau kontrollieren.

→ **Acrylamid** ist im Tierversuch krebserregend und erbgutschädigend, die Wirkung für den Menschen ist unklar. Acrylamid entsteht beim starken, trockenen Erhitzen von kohlenhydratreichen Lebensmitteln wie Chips, Pommes, Keksen, Flakes, (Getreide)Kaffee, Knäckebrot, Zwieback etc. Die Hersteller haben die Werte reduzieren können. Rauchen produziert ebenfalls Acrylamid.

→ Wie die **Schadstoffe in der Küche reduziert** werden können, ist auf Seite 166 nachzulesen.

Bio nach EG-Öko-Verordnung, Fairtrade, Marine-Stewardship Council, Demeter, Qualität und Sicherheit, Stiftung Warentest, Deutsche Landwirtschaftsgesellschaft, Centrale Marketinggesellschaft der Deutschen Landwirtschaft

Etwa 1000 verschiedene Zeichen finden sich auf Lebensmitteln! Übersicht in diesem Dschungel schafft die Internetseite der Verbraucher-Initiative www.label-online.de. Es lohnt sich, den Kriterien nachzugehen, die sehr unterschiedlich sind. Ein Siegel ist nur so gut wie seine Anforderungen und deren neutrale Kontrolle.

Die gesunde Küche

Ständig gibt es neue Alarmmeldungen, die scheinbar gesunde Lebensmittel ins Zwielicht rücken. Sicher ist: Je weiter die Analytik ist und je mehr Forschung betrieben wird, desto mehr Türen der Erkenntnis öffnen sich. »Alles ist im Fluss« gilt speziell für die Ernährung. Der gesunde Menschenverstand und die ausgewogene Mischung sind deshalb wichtiger denn je. Ein abwechslungsreicher Mix schützt am besten.

→ Ist Bio gesünder?
Viele Untersuchungen, u.a. das Ökomonitoring Stuttgart, ergaben, dass konventionell erzeugtes Obst und Gemüse von 2002 bis 2006 im Mittel 0,4 mg Pestizide pro kg enthielten. Bioware schnitt mit 0,002–0,003 mg erheblich besser ab – was zu erwarten war. Beide Werte sind nicht gesundheitsschädlich. Forschungen am Max-Rubner-Institut konnten dagegen keinen Unterschied im Gehalt an wertvollen Nährstoffen feststellen. Dieser hing eher von Sorte und Standort ab. Letzten Endes ist die Entscheidung für Bio nicht in erster Linie aus gesundheitlichen Gründen sinnvoll, sondern um eine nachhaltige Landwirtschaft in der Region zu fördern. Bei Eiern, Geflügel, Fleisch und Fisch geht es außerdem um Tierschutz.

→ Marine Stewardship Council
Der MSC ist eine unabhängige, globale und gemeinnützige Organisation, die unsere Meere vor Überfischung schützen will. Dabei werden ausschließlich Fische und Meeresfrüchte aus den Fischereien mit dem MSC-Siegel prämiert, die nachweislich gefährdete Bestände und deren Ökosysteme schonen. Das Biosiegel gibt es übrigens nur für Fische aus Aquakultur, denn bei wild lebenden Fischen gibt es ja keine Kontrolle des Futters.

→ Solanin ist leicht erkennbar
Es kann zu Übelkeit führen und ist in grünen Teilen von Nachtschattengewächsen enthalten. Bei Tomaten deshalb möglichst den grünen Stielansatz herausschneiden. Bei Kartoffeln entwickelt sich Solanin unter Lichteinwirkung – meist durch falsche Lagerung. Grüne Stellen und Keimansätze großzügig entfernen. Ist die Kartoffel frisch, knackig und nicht verfärbt, kann die Schale mitgegessen werden. Garen und Milchsäuregärung (z. B. bei grünen Tomaten) entschärft Solanin teilweise.

→ Nitratgehalt reduzieren
Saisongemüse aus dem Freiland ist weniger belastet als Treibhausware. Wer selber erntet, sollte es am Ende eines sonnigen Tages tun: Dann hat die Pflanze das Nitrat abgebaut. Blattrippen und Außenblätter sind nitratreich – doch gerade Außenblätter enthalten auch viele Bioaktivstoffe. Durch Blanchieren wird Nitrat entfernt – aber auch gute Inhaltsstoffe werden ausgeschwemmt. Besser nitratarmes und -reiches Gemüse im Wechsel essen. Nitratarm sind Fruchtgemüse wie Paprikaschoten, Tomaten, Auberginen, Kürbis, Gurke, Hülsenfrüchte, Zwiebeln, Lauch, Rosenkohl und Kartoffeln. Nitratreich sind Salat, Rucola, Spinat, Mangold und Kohl sowie Rote Bete, Radieschen und Rettich.

→ Acrylamidgehalt niedrig halten
Erhitzen Sie Lebensmittel nicht zu stark und lassen Sie sie nicht zu dunkel werden. Vor allem bei trockenem Erhitzen entsteht Acrylamid. Nüsse und Getreide nur rösten, bis sie duften – bevor sie dunkel werden. Schnell aus der Pfanne holen, weil sie dort nachbräunen. Auch Kuchen und Gebäck nicht zu stark backen. Das gilt ebenfalls für Ofenpommes, Pizza und Toast.

→ Oxalsäure abpuffern
Sie bindet Kalzium – das merkt man schon an den stumpfen Zähnen nach dem Genuss von Spinat, Mangold, Sauerampfer oder Rhabarber. Eine Extraportion Milch, langsam danach getrunken, glättet die Zähne und gleicht den Verlust wieder aus. Zu viel Oxalsäure kann aber zu Nierensteinen führen, deshalb diese Lebensmittel nicht täglich essen.

→ Rückstände entfernen
Das klappt am besten bei festem, glattschaligem Obst wie Äpfeln und Birnen und Gemüse wie Paprika und Tomaten. Untersuchungen ergaben, dass es dabei nicht nur aufs Waschen, sondern vor allem auf das feste Abreiben mit einem sauberen Tuch ankommt. Schadstoffe, die in die Pflanze eindringen, sind natürlich so nicht zu entfernen. Waschen ist aber in jedem Fall aus Gründen der Hygiene wichtig.

Functional Food für Kids?

Bei einer vielseitigen Ernährung sind Spezial-Lebensmittel für Kinder im Grunde überflüssig. Manchmal können sie aber eine gute Ergänzung sein. Wichtig: Die Anreicherung mit dem Tagesbedarf vergleichen (S. 175/176) – dann können Sie überschlagen, ob eine Überdosierung droht.

→ **Probiotika** sind Bakterien, die Lebensmitteln – vor allem Milchprodukten – zugesetzt werden. Sie wirken positiv auf die Darmflora und erhöhen die Abwehrkräfte, wirken häufig auch gegen (Laktose-) Unverträglichkeiten und Darminfektionen. Die Wirkung ist immer auf spezielle Bakterienstämme bezogen und hält nur an, solange man sie regelmäßig zu sich nimmt.

→ **Prebiotika** sind spezielle Ballaststoffe (Inulin und Oligosaccharide), die unverdaut den Enddarm erreichen und dort die Bakterienflora ernähren und anregen. Entsprechend ist ihre Wirkung ähnlich wie die der Probiotika.

→ **Omega-3-Fettsäuren** spielen eine wichtige Rolle bei der Gehirnentwicklung und beugen Arteriosklerose vor. Im Prinzip reicht es, täglich Rapsöl zu verarbeiten und zweimal in der Woche Fisch zu essen. Margarine mit hohem Omega-3-Fettsäuregehalt ist sinnvoll. Mit Pflanzensterinen angereicherte Diätmargarinen sind für Kinder nicht geeignet.

→ **Mineralstoffe & Vitamine** Bei einer vollwertigen Ernährung ist nur die Verwendung von Salz mit Fluor-, Jod- und Folsäurezusatz empfehlenswert. Die Versorgung mit Vitamin D ist zu knapp. Abgesehen davon wird die Versorgung erst bei einseitiger Ernährung knapp: Wer kein Fleisch isst, hat zu wenig Eisen, wer zu wenig Milch(produkte) zu sich nimmt, bekommt zu wenig Kalzium. Eine Anreicherung mit zu viel Vitamin A, D, Kalzium, Eisen, Jod, Fluor und Zink kann nachteilig sein. Vergleichen Sie die Mengen mit der Tagesempfehlung (S. 175/176), um sicher zu sein.

→ **Ballaststoffe** sind knapp, wenn Kinder zu wenig Obst, Gemüse und Vollkorn essen. Deshalb ist eine Anreicherung durchaus sinnvoll. Sie merken schnell, wann es zu viel ist: Dann gibt's nämlich Blähungen.

Kinderlebensmittel sind überflüssig

Kleine Spielzeuge, Sammelpunkte und peppige Aufmachung machen den Kinder Appetit. Eine Untersuchung der Stiftung Warentest ergab: Die Kinderlebensmittel versorgen Ihr Kind schlechter mit allen wichtigen Nährstoffen als selbst zubereitete, ganz normale Familienkost. Sie enthalten oft besonders viel Fett und Zucker und sind willkürlich mit Vitaminen und Mineralstoffen angereichert, die sich an den Empfehlungen für Erwachsene orientieren. Als Snack oder Süßigkeit sind sie akzeptabel – aber nicht als Alltagskost. Klar macht es Spaß, Kindern mit Essen eine Freude zu machen. Ein Zuviel kann aber zu Fettpolstern führen!

Gibt es das – gesunde Süße?

Kinder mögen Süßes – das ist natürlich. Doch ihr Geschmack gewöhnt sich schnell an zu süß und das ist problematisch. Denn Zucker enthält Kohlenhydrate pur ohne weitere wichtige Nährstoffe. Versuchen Sie deshalb, mit Früchten natürlich zu süßen. Darüber hinaus gibt es einige alternative Süßungsmittel. Auch sie sollten maßvoll dosiert werden. Informationen über Süßstoffe und Austauschzucker finden Sie im Glossar.

→ **Honig** enthält neben Minimengen von Vitaminen und Mineralstoffen Bioaktivstoffe, die antibakteriell und antioxidativ wirken. Ein Teil der Inhaltsstoffe wird durch Hitze zerstört. Deshalb kaltgeschleuderten Honig verwenden und nach dem Kochen zugeben.

→ **Dicksäfte** sind eingekochte Konzentrate von süßen Frucht- oder Gemüsesäften. Durch das lange Erhitzen enthalten sie kaum Vitamine, aber Mineralstoffe. Sie haben einen malzigen und teilweise säuerlichen Geschmack wie Apfelkraut, Birnendicksaft, Rübensirup, Ahornsirup.

→ **Fruchtsüße** ist Fruchtzuckersirup wie Agavendicksaft oder heller, neutraler Sirup aus anderen Säften. Er süßt mild, im Tierversuch führte er zu Übergewicht – weitere Untersuchungen laufen. Gesünder als Zucker scheint er nicht. Er kann sogar Durchfall auslösen.

→ **Vollrohrzucker** enthält im Gegensatz zu Rohrzucker viel Mineralstoffe, schmeckt malzig und süßt etwas schwächer. Er enthält aber auch Acrylamid. Also nicht in Massen verwenden.

NEUES FÜR DIE KÜCHE

Vollwertkost und Globalisierung gehen im Handel eine spannende Verbindung ein. Viele neue Lebensmittel bereichern den Speisezettel und tun Kindern gut. Das muss weder teuer noch kompliziert sein. Lassen Sie sich anregen und probieren Sie auch einmal etwas Unbekanntes. Es gibt aber mindestens ebenso viele überflüssige Produkte, die viel zu teuer und ungesund sind. Auf die sollten Sie verzichten.

Getreide als Beilage

Kartoffeln sind durch hochwertiges Eiweiß, viele Vitamine und einen hohen Flüssigkeitsgehalt gesunde Sattmacher, gerade für Gemüsemuffel. Außerdem wirken sie in unserem Körper basenbildend. Das schnelle **Fertigpüree** enthält oft Aromastoffe und Schwefel. Doch es gibt vollwertige Getreideprodukte wie **Couscous, Bulgur** und **Grütze,** die für die schnelle Küche ideal sind und wertvolle Bioaktivstoffe liefern. Sind sie aus Vollkorn, enthalten sie wertvolles Eiweiß und ergeben mit Gemüse und Sauce eine vollwertige Mahlzeit. Besonders eiweißreich sind **Amaranth** und **Quinoa.**

Nudeln

Chinesische **Instantnudeln** sind der Hit, wenn's schnell gehen soll – bestehen aber wie helle Pasta aus Weißmehl. Ab und zu kein Problem – aber versuchen Sie, sie häufiger mit Vollkornnudeln zu mischen oder abzuwechseln. **Vollkornnudeln** sind geschmacklich viel besser geworden und liefern ein Maximum an wertvollen Nährstoffen.

Hülsenfrüchte

Linsen sind sehr praktisch, weil sie nicht eingeweicht werden müssen und schnell gar werden. Für Sattmachersalate sind sie ideal – aber auch als Risotto mit Gemüse – am besten dann mit Kartoffeln dazu. Fein schmecken die ausgebackenen, hauchdünnen indischen **Paratha aus Linsenmehl.** Kinder mögen auch **Kichererbsen,** die in Gemüsepfannen, Aufläufen und Eintöpfen satt machen. Für den arabischen Hummus-Dip werden sie püriert. Zu Mehl gemahlen sind sie die Basis von Falafel. Auch bei **Bohnen** ist die Vielfalt groß. Die kleinen weißen **Cannellinibohnen** sind sehr zart. Hülsenfrüchte eignen sich ideal zum Keimen und schmecken so knackiger und frischer, sind vitaminreicher und bekömmlicher. Gewürze machen alle Hülsenfrüchte besser verträglich. Verwenden Sie bei Konserven auch den nährstoffreichen Sud.

Saaten

Häufig werden sie als Salatgarnitur angeboten: **Kürbis – und Sonnenblumenkerne, Sesam-** und **Leinsamen, Pinien-** und **Zedernkerne** liefern gesunde Fette, hochwertiges Eiweiß, Vitamine, Ballast- und Mineralstoffe. Sie können Fleisch in dieser Hinsicht teilweise ersetzen. Sie machen Salate, Suppen, Eintöpfe oder Pfannkuchen zu Sattmachern, auch ohne Sahne oder Käse. Anrösten stärkt ihr Aroma. Kaufen Sie frische Ware: Der hohe Fettgehalt lässt sie schnell ranzig werden. Nur wenn Ihr Kind zu dick ist, sollten Sie damit zurückhaltend sein. Ausnahme: **Leinsamen** werden unverdaut ausgeschieden.

Obst

Die Vielfalt bei **Äpfeln** steigt – kosten Sie mit Ihrem Kind die Sorten und finden Sie Ihre Favoriten. Alte Obstsorten wie **Quitten, Mirabellen** und **Reinekloden** sind wieder in. **Tropische Früchte** ergänzen im Winter den Speisezettel. **Granatapfel** ist vor allem als Saft beliebt. Er ist sehr reich an Bioaktivstoffen, die antioxidativ und immunstärkend wirken. Zitrusfrüchte werden zunehmend als Bioware angeboten. So kann die abgeriebene Schale zum Würzen verwendet werden. Sie enthält viel gesundes Limonén. **Berberitzen** und **Cranberrys** wirken antibakteriell, auch bei Harnwegsinfektionen. Allerdings enthalten getrocknete Cranberrys oft viel Zucker.

Gewürze & Kräuter

Noch nie war das Angebot so groß. Gerade Gewürze und Kräuter sind sehr reich an wertvollen Nährstoffen und haben vielfältige gesundheitliche Wirkung. Eine Übersicht finden Sie auf Seite 172/173.

Gemüse

Pastinaken, die den Magen beruhigen sollen, sind in der Babykost in Mode. **Topinambur** ist wie **Schwarzwurzeln** und **Artischocken** reich an Inulin, das als Prebiotikum wirkt und dadurch die Darmflora anregt. Diese Sorten sind etwas aufwendig zuzubereiten: Schwarzwurzeln und Topinambur nach dem Kochen schälen – roh geben sie beim Schälen Saft ab, der die Hände schwarz verfärbt. Lässt sich mit Zitrone allerdings gut entfernen. Das gilt auch für **Rote-Bete-**Saft. Die Knollen gibt's auch vorgekocht. Artischocken am besten im Ganzen zum Dippen kochen oder Herzen und Böden aus dem Glas für Salat verwenden. Rohe Artischockenböden sind gehobelt auch als Rohkost fein. Vielfältig ist das Angebot an **Kürbis** und **Süßkartoffeln** bzw. **Yamswurzeln.** Sie sind nicht roh essbar, aber mild und schnell gar.

Fisch & Shrimps

Das Aquafarming versorgt den Markt mit neuen Sorten: Die Süßwasserfische **Pangasius** und **Tilapia** sind mager, zart und grätenarm – ideal für die schnelle Küche. Auf der Haut gebraten ist Zanderfilet besonders fein. Die Zucht hat auch **Lachs** preiswerter gemacht – gesund durch seine Fettsäuren. **Thunfisch** ebenfalls – am besten Dosen ohne Öl kaufen. **Schellfisch** und **Kabeljau** sind sehr jodreich. Die Stiftung Warentest hat das Fischstäbchen rehabilitiert: Es enthält meist Seelachsfilet und wird vor allem für die Zubereitung im Backofen empfohlen. Überhaupt: Fisch, möglichst pur, ist auch tiefgefroren hervorragend! Auch bezüglich **Garnelen** gibt's Entwarnung. Tiefgefrorene oder frische Ware bevorzugen: Konserven sind eher ausgelaugt. Am besten schmecken rohe Garnelen, frisch gegart.

Sojaprodukte

Sie sind bei Empfindlichkeit gegen Laktose oder Milcheiweiß eine gute Entlastung. Einfache, wenig süße Produkte für Milchmixe und Desserts nehmen. **Sojamilch** sollte mit Kalzium angereichert sein. **Sojacreme** zum Kochen ist eine gute Alternative zu Schmant. Auch Brotaufstriche sind eine Bereicherung – **Tofu** gibt es pikant mit Mittelmeergewürzen oder Tomaten. Zur Abwechslung statt Wurst prima. Doch wer Milch verträgt, sollte ruhig zu Milchprodukten greifen.

Instant-Fertiggerichte

Kaufen Sie nichts, was Geschmacksverstärker wie Glutamat, Aromen, dubiose Würzmischungen oder gehärtete Pflanzenfette enthält. Sie zahlen für Gewürzmischungen und stark bearbeitete Kohlenhydrate viel Geld und gewöhnen Ihr Kind an Kunstnahrung und zuviel Salz.

Getreidegrütze ist im Nu gar und schmeckt mild-süßlich. Mit heißer Brühe aufgießen, mit Öl und Kräutern würzen.

Couscous & Bulgur bestehen aus Weizen und sind in der Mikrowelle mit einem Stich Butter und Brühe im Nu fertig.

Amaranth & Quinoa sind eiweißreich! Quinoa kocht ähnlich wie Couscous, Amaranth braucht 3-mal so viel Flüssigkeit.

Berberitzen wirken gegen Magengrimmen, schmecken toll säuerlich und sind fein in Getreidegerichten oder pur.

Granatapfelsaft wird wie Zitronensaft in Dressings und zum Abschmecken verwendet. Wirkt antibakteriell!

Süßkartoffeln sind schneller gar als Kartoffeln und durch ihre Größe im Nu geschält. Toll für Püree und gebraten!

Sesamsamen & Tahin (Sesampaste) sind Mineralstoffbomben und gut für Veggie-Essen! Ungeschält verwenden.

Pul Biber kennen wir vom Döner. Seine Schärfe ist süßlich und sein Chili regt die Verdauung an – das tut auch Kindern gut.

Mini-Linsen Während rote Linsen zu Brei oder Suppe kochen, bleiben Kaviar-, Berg- und Puy-Linsen fest. Toll für Salate!

Die schonendsten Garmethoden

→ **Dämpfer** sind eine zusätzliche Kochstelle und arbeiten mit Zeitschaltuhr. Selbst in der größten Hektik verkocht nichts! Außerdem entwickelt sich das Gemüsearoma besonders gut – das spart Salz. Sie können alles damit machen: Butter- oder Béchamelgemüse, Auflauf oder Salat! Wer keinen Dämpfer hat, dämpft einfach mit Einsatz im Kochtopf.

→ **Mikrowelle** ist toll, um kleine Mengen Getreide quellen zu lassen und um Fisch oder Gemüse zu pochieren oder etwas aufzuwärmen. Entgegen allen Vorurteilen ist sie völlig unschädlich! Es existiert keine wissenschaftliche Studie, die etwas anderes beweist.

→ **Wok** verhindert Verkochen und macht den Eintopf salonfähig. Gerade kleine Mengen werden zum delikaten Ganzen – auch toll zur Resteverwertung.

Schonend garen in Wok, Dämpftopf und Mikrowelle

Tipps für die gesunde Küche

→ Mit Vollkorn backen

Vollkorn quillt stärker auf als weißes Mehl und ist im Teig schwerer. Deshalb 10 bis 20 Prozent mehr Flüssigkeit zugeben und den Teig länger quellen lassen. Bei Hefegebäck verlängert sich die Gehzeit, bei Backpulverteig hilft eine Prise Backpulver zusätzlich zur besseren Lockerung. Ob Sie Dinkel- oder Weizenmehl nehmen, verändert das Rezept nicht. Wenn Ihr Kind zu viel Vollkorn ablehnt oder nicht so gut verträgt, mischen Sie es mit hellerem Mehl. Alle unsere Rezepte gelingen auch mit hellem Mehl, brauchen dann entsprechend weniger Flüssigkeit.

→ Vollkorngetreide kochen

Vollkornreis braucht zwei- bis dreimal so viel Garzeit wie weißer Reis. Auch Hafer, Weizen und Gerste sind gekocht gesunde Beilagen. Hafer und Gerste garen in knapp 30 Min., Weizen hat 1 Std. Garzeit. Getreide ist ein preiswerter Ersatz für Reis und eignet sich auch für Eintopf, Risotto oder Salat. Ein Kompromiss sind parboiled Reis, Zartweizen und Schnellkoch-Getreidegrützen. Durch Heißbedampfung werden Mineralstoffe und Vitamine ins Korn geschwemmt. Beim Polieren gehen dann vorwiegend die Ballaststoffe verloren – der Rest bleibt drin und das Produkt ist in 15 Min. gar – ohne zu kleben. Graupen, Bulgur und Couscous enthalten eher noch weniger wertvolle Inhaltstoffe, sind aber ebenso schnell gar und bei Kindern sehr beliebt.

→ Gemüse schonend garen

Gemüse erst kurz vor dem Garen möglichst im Ganzen waschen, dann erst putzen und zuletzt klein schneiden. Niemals wässern oder lange stehen lassen – das zerstört Vitamine bzw. schwemmt Mineralstoffe aus. Besonders schonend gart Gemüse im Dämpfer – aufgefangenes Wasser für Sauce oder Dressing verwenden. Ebenfalls gut: garen im Wok, dünsten oder grillen. Wird die Garzeit exakt eingehalten, ist die Mikrowelle für kleine Mengen ideal.

→ Hülsenfrüchte garen

Wer weiches Wasser hat, darf diese alte Regel über Bord werfen: erst kochen, dann salzen und säuern. Der Rest der Welt sollte getrocknete Linsen, Bohnen und Kichererbsen in ungesalzenem Wasser garen und erst zum Schluss salzen und mit Zitrone oder Essig säuern.

→ Fisch darf nicht kochen!

Er gart schon bei 70 Grad. Deshalb nur kurz in Sauce oder Eintopf ziehen lassen – das reicht. Auch beim Braten nur kurz von beiden Seiten braten und auf einer vorgewärmten Platte kurz nachziehen lassen: Dann bleibt er saftig!

Wenn mein Kind einseitig isst	Tricks und Tipps, die helfen
Mein Kind isst kein Gemüse Die Kiggs-Studie zeigt: Das kommt leider öfter vor. Gefahr ist eine zu knappe Versorgung mit Ballaststoffen, dem Wachstumsvitamin Folsäure und Beta-Karotin. Außerdem fehlen Bioaktivstoffe mit ihrer Gesundheit erhaltenden Wirkung. Wenn sich mit der Zeit die Ablehnung verfestigt, ist das Risiko für Übergewicht langfristig erhöht.	→ **Rohes Knabbergemüse** vor dem Essen mögen selbst Gemüsemuffel. Klein geschnitten, püriert und geraspelt lässt es sich unter Hackfleisch mogeln und in Saucen verstecken. In Teig ausgebacken findet es oft Fans. Selber kochen und auf dem Markt einkaufen löst Widerstände. **Geben Sie nicht auf,** seien Sie Vorbild und probieren Sie immer wieder andere Sorten und Rezepte aus. Öfter Kartoffeln zubereiten und Gemüsesaft mit Obstsaft mixen.
Mein Kind mag keine Milch Die Versorgung mit Kalzium und Vitamin D ist laut Kiggs-Studie knapp – weil Kinder weniger Milch und mehr Limo trinken. Kalzium aus pflanzlichen Lebensmitteln ist für den Körper schlechter verfügbar. Außerdem führt unser Lebensstil dazu, dass Kinder seltener an der frischen Luft sind und deshalb weniger Vitamin D in der Haut bilden. Fehlende Bewegung lässt den Kalziumeinbau in die Knochen zurückgehen.	→ Bei **Laktoseunverträglichkeit** auf Joghurt und Hart- oder Schnittkäse ausweichen, und das täglich: Parmesan auf den Tisch! Es gibt zudem gute laktosefreie Milchprodukte im Handel. → Bei **Milcheiweißallergie** auf mit Kalzium angereicherte Sojaprodukte ausweichen. Manchmal werden Milchprodukte von Ziege oder Schaf vertragen. → Liegt's am **Geschmack,** auf Kakao, Malzkaffee, kalte Milchmixe, Joghurts und alle Käse inklusive Frischkäse zurückgreifen. Oft mögen Kinder Milch lieber kalt. Ob Frischmilch, H-Milch oder ESL-Milch, ob 1,5 oder 3,5 Prozent Fett, ist vom Gesundheitswert her gleich.
Mein Kind isst nur Wurst ohne Brot Zu viel Gepökeltes, also Wurst, Würstchen, Schinken und Kassler erhöht auf Dauer das Risiko von Krebs und Arteriosklerose im Alter. Akut ist das kein Problem – es geht eher um falsche Essgewohnheiten. Außerdem kann der oft hohe Fettgehalt zu Übergewicht beitragen.	→ **Handeln Sie mit Ihrem Kind** ein Verhältnis Brot zu Aufschnitt aus – ohne Brot keine Wurst, basta! Dazu Vitamin-C-reiche Paprikaschote oder Kirschtomaten essen bzw. Saftschorle trinken, denn das bremst das Entstehen von Nitrit bzw. Nitrosaminen. Wechseln Sie mit Veggie-Aufstrichen und Käse ab. Am besten **nicht mehr als 3-mal die Woche Gepökeltes** essen. Bei Übergewicht Aufschnitt unter 18 Prozent Fett bevorzugen.
Mein Kind lehnt Fisch ab Fisch sorgt dafür, dass Ihr Kind genug Jod für Wachstum und Schilddrüse bekommt. Außerdem sind die enthaltenen Omega-3-Fettsäuren wichtig für die Gehirnentwicklung und einen gesunden Blutfettspiegel. Nicht zuletzt enthält Fisch wertvolles, leicht verdauliches Eiweiß.	→ **Unverträglichkeiten** legen sich meist im Schulalter – deshalb nach einem Jahr Karenz noch einmal ausprobieren. **Ein guter Einstieg** sind Fischstäbchen und Thunfisch aus der Dose oder Räucherlachs. Wenn Sie selbst Fisch essen, dann wird das langsam für Ihr Kind auch selbstverständlich. (Rezepte Seite 66.) So lange kein Fisch gegessen wird, ist Jodsalz besonders wichtig und die Verwendung von Rapsöl.
Mein Kind mag kein Fleisch Fleisch liefert Eisen, Zink, B-Vitamine und Eiweiß, ist also wichtig für eine gesunde Entwicklung.	→ **Konsequente Vollwertkost** kann Fleisch ersetzen: Vollkorn, Saaten und Nüsse, Ei und Milch(produkte) enthalten die nötigen Nährstoffe.
Mein Kind isst monoton Je enger die Auswahl wird, desto gefährlicher. Die Trennung zur Essstörung ist fließend. Ihr Kind braucht von jeder Pyramidenseite (S. 11) etwas!	→ **Vorbild** Manchmal ist das die Folge von Krankheiten, oft die Konsequenz von zu langem Extrababyessen oder falschem elterlichem Vorbild. Gemeinsam essen ist wichtig – alles wird probiert. Eine Ernährungsberatung mit psychologischer Kompetenz kann in schweren Fällen weiterhelfen.
Mein Kind ist zuckersüchtig Zu viel Zucker verdrängt nährstoffreiche Lebensmittel vom Speisezettel, verursacht Karies und regt ständig die Insulinproduktion an. Das kann krank machen.	→ **Keine süßen Vorräte** horten. Naschzeiten stark eingrenzen, z. B. einmal täglich nach dem Mittagessen. Zweimal die Woche eine süße Hauptmahlzeit zubereiten und Obstteller anbieten.

KRÄUTER UND GEWÜRZE

	Geschmack	Was ist drin?	So wirkt's	Passt zu
Bärlauch (frisch)	knoblauchähnlich, aber milder	ätherisches Öl mit Allicin, schwefelhaltige Verbindungen	gegen Blähungen	Quarkgerichten, Salaten, Suppen, Gemüse, Eierspeisen
Basilikum (frisch)	pfeffrig-zitronig, aromatisch	ätherisches Öl mit Estragol; Gerbstoffe, Saponine	beruhigend, magenstärkend, appetitanregend	Tomaten, Salat, Zwiebeln, in Öl oder Saucen für Fleisch und Geflügel
Chili (frisch oder Pulver)	brennend, scharf	Capsaicin	regt Durchblutung, Kreislauf und Magensaftsekretion an	exotischen Gerichten, Currys und Eintöpfen
Curry (Pulver)	würzig, bitter und scharf	ätherisches Öl, Bitter- und Farbstoffe	desinfizierend, fördert Verdauung und Gallenfluss	Reisgerichten, Lamm, Geflügel, Fisch, Eierspeisen, Gemüse
Dill (frisch)	würzig-aromatisch	ätherisches Öl mit Limonen, Kalium	gegen Blähungen, harntreibend, desinfizierend	Salat, Quark, Fisch, mildem Gemüse, Suppen
Estragon (frisch)	würzig, aromatisch, pikant	ätherisches Öl mit Estragol und Terpenen; Gerb- und Bitterstoffe	appetitanregend, verdauungsfördernd	Salaten, kaltem Fleisch, Kräuterquark, Eiern, Fisch
Ingwer (frisch)	würzig-aromatisch, scharf brennend	ätherische Öle mit Zingiberol; Scharfstoffe	anregend auf Verdauung und Darmfunktion, gegen Übelkeit	süßsauren Gerichten, Früchten, Fisch & Fleisch
Kaffirlimetten-blätter (frisch)	stark zitronig	ätherisches Öl mit Citronella; Limonen	beruhigend, krampflösend	asiatischer Küche
Kerbel (frisch)	süßlich, würzig	ätherisches Öl mit Estragol, Bitterstoffe	stoffwechselanregend	Suppen, gegrilltem Fleisch, Kräutersaucen, Kräuterquark
Knoblauch (frisch)	lauchartig, brennend, süßlich	schwefelhaltige Verbindungen, ätherisches Öl mit Alliin, Allicin,	senkt Blutdruck und Cholesterinspiegel	allen asiatischen, indischen Gerichten, Fleisch, Wild, Fisch, Quark und Gemüse
Kresse (frisch)	frisch und scharf	Senföle, Bitterstoffe, Vitamin C	antibiotisch, belebt den Kreislauf	Salaten, Quark-, Käse- oder Butterbrote, Kräutersaucen
Kreuzkümmel (getrocknet)	exotisch frisch, intensiv	ätherisches Öl mit Cuminal	entwässernd, beruhigend, verdauungsfördend	Currys, Käse-Spezialitäten, Suppen
Kümmel (getrocknet)	aromatisch-würzig, beißend	ätherisches Öl mit Limonen, Flavonoide	gegen Appetitlosigkeit, krampflösend, macht schwere Speisen verträglicher	Krautgerichten, Gebäck, Schweinebraten, Eintopf, Kartoffeln, Bohnen, Brot
Kurkuma (Pulver)	würzig, scharf, bitter	ätherische Öle, Farbstoff Kumarin, Bitterstoffe	antibakteriell, entzündungshemmend	Suppenhuhn, Eierspeisen, Senfsaucen
Liebstöckel (frisch)	sehr kräftig würzig, leicht zitronig	ätherisches Öl, Kumarin	entwässernd, krampflösend, magenstärkend, appetitanregend	Bohnen-, Kartoffelsuppe, Eintöpfen, Fleisch- und Fischrouladen, Saucen
Lorbeer (frisch oder getrocknet)	würzig, bitter	ätherisches Öl mit Cineol; Bitterstoffe	verdauungsanregend, verbessert den Gallenfluss	Fleischbrühen, Rahmsauce, Fischmarinaden, Wild, Sauerbraten, Sauerkraut
Majoran (frisch)	würzig, bitter und leicht brennend	ätherisches Öl mit Terpenen; Bitterstoffe, Kalzium	krampflösend, verdauungsfördernd, macht fette Speisen verträglicher	Schweinebraten, Pasteten, Gemüsesuppen, Kartoffelgerichten
Meerrettich (Paste)	scharf, brennend	Senföle, Glukosinolate, Vitamin C	antibiotisch, harnweg-desinfizierend, schleimlösend	Rindfleisch, Saucen, Tomaten, Roastbeef, Lachs, Huhn, Eiern, Rote Bete
Muskat (Nuss)	würzig	ätherisches Öl (Myristicin)	appetitanregend, vertreibt Blähungen, verdauungsfördernd	Saucen, Kartoffeln, Kohl, Spinat, Fleisch
Nelken (getrocknet)	würzig, brennend	ätherisches Öl mit Eugenol, Gerbstoffe	schmerzstillend, desinfizierend, regt den Darm an	Wild, Fischmarinaden, Schweinebraten, Rot- und Sauerkraut, Currys

	Geschmack	Was ist drin?	So wirkt's	Passt zu
Paprika (Pulver)	scharf	Capsaicin, Flavonoide	fördert Durchblutung, Verdauung und Darmtätigkeit	Hackbraten, Saucen, Eierspeisen, Huhn, Frischkäsezubereitungen
Petersilie (frisch)	würzig-mild	ätherisches Öl, Apiin, Vitamin C	regt die Nierentätigkeit an	Saucen, Kräuterbutter, Salaten, Eierspeisen, Quarkspeisen
Pfeffer (Pulver)	würzig, scharf, brennend	ätherisches Öl, Scharfstoff Piperin	hilft bei Magen-Darm-Störungen	Schwein, Rind, Lamm, Fisch, Suppen, Eierspeisen, Saucen
Pfefferminze (frisch)	erfrischend	Menthol	gegen Husten, Völlegefühl und Gallebeschwerden	süßen und salzigen Gerichten, Tee, Joghurt, Möhren
Piment (getrocknet)	würzig, scharf	ätherische Öle, Gerbstoffe	verdauungsanregend	Fleisch, Gemüse, Marinaden, Saucen, Fisch
Pul Biber (getrocknet)	scharf	Capsaicin, Flavonoide	fördert die Verdauung und Durchblutung	türkischer Küche, Gemüsegerichten
Rosmarin (frisch)	würzig, aromatisch	ätherisches Öl, Bitterstoffe, Gerbstoffe, Flavonoide	appetitanregend	Bratkartoffeln, Wild, Pilzen, Eintöpfen, dunklen Saucen
Safran (getrocknet)	würzig, leicht bitter	Farbstoffe, Bitterstoffe, ätherisches Öl	gegen Husten und Schlaflosigkeit	Reisgerichten, Fisch, Lamm, Muscheln, Süßspeisen
Salbei (frisch)	würzig-aromatisch	ätherisches Öl, Harze, Gerbstoffe, Bitterstoffe	gegen Schwitzen und bei HNO-Erkrankungen	fettem Fleisch, Bratkartoffeln, Leber
Schnittlauch (frisch)	mild, aromatisch	Senföle, Saponine	desinfizierend, harntreibend, verdauungsfördernd	Suppen, saurer Sahne, Kartoffeln, Quark, Eierspeisen
Senf (Paste)	brennend scharf	Senföl, Glukosinolate	gegen Verstopfung und Erkältung	Fleisch, Fisch, Saucen, Eiern, Rohkost, Dressings
Sesam (getrocknet)	ölig, nussartig	Sesamöl, Vitamin E	regt den Gallenfluss an	Salatöl, Brötchen, Brot, Gemüse
Sternanis (getrocknet)	brennend, etwas bitter	ätherisches Öl	appetitanregend, gegen Blähungen	Süßwaren, Gebäck, Punsch, chinesischer Küche
Thymian (frisch)	würzig, leicht bitter	ätherisches Öl, Gerbstoffe, Flavonoide	gegen Erkältungen, verdauungsfördernd	Suppen, Gemüse, Fisch, Eintopf, Fleisch, Wurst
Wacholderbeeren (getrocknet)	würzig, süß, bitter bis etwas herb	ätherisches Öl, Flavonoide, Gerbstoffe	entwässernd, appetitanregend	Sauerkraut, Wild, Marinaden
Zimt (Pulver)	würzig, süß, brennend	ätherisches Öl, Gerbstoffe	appetitanregend, gegen Blähungen und Durchfall	Süßspeisen, Gulasch, Punsch
Zitronengras (frisch)	zitronig, frisch, sehr aromatisch	ätherisches Öl	in Westafrika und Südostasien zur Behandlung von Malaria	Suppen, Gemüse, Currys, Geflügel, Krustentieren, Fisch, Marinaden
Zitronenmelisse (frisch)	zitronig	Bitter- und Gerbstoffe, Melissenöl	krampflösend, beruhigend	Salatsaucen, Obst, Currys, Quark, Suppen, Reis, Omelett
Zitrusschale (frisch)	je nach Sorte: zitronig, orangig	Bioflavonoide, Limonen	antioxidativ, antikanzerogen	Quarkspeisen, Gemüsegerichten

BIOAKTIVSTOFFE

	Das ist's	So wirkt's	Da ist's drin
sekundäre Pflanzenstoffe			
Flavonoide	Farbstoffe (gelb, blau, violett)	→ können Lungen-, Haut- und Brustkrebs vorbeugen → machen freie Radikale unschädlich → senken das Risiko von Herz-Kreislauf-Erkrankungen → stärken das Immunsystem → mildern Entzündungsreaktionen	Apfel, Zwiebel, Endivie, Sellerie, Paprika grüner Tee, Sojabohnen, dunkle Schokolade, Heidelbeeren, Cranberrys
Glukosinolate	Abwehrstoffe gegen Feinde	→ hemmen die Entstehung von Krebstumoren im Darm sowie in Brust bzw. Prostata → wirken antibiotisch und antimikrobiell → fördern die Verdauung → senken den Cholesterinspiegel	Senf, Kresse, Kohlgemüse, Meerrettich
Karotinoide	Farbstoffe (gelb, orange, rot)	→ fangen freie Radikale, schützen die Zellen vor Umwelteinflüssen → stärken die Abwehr und beugen Krebs vor → schützen die Augen	orange/gelbes/rotes Gemüse, z. B.: Tomaten, Möhren, Paprika oder Obst wie Grapefruit, Aprikose, Melone; grünes Gemüse, z. B. Brokkoli, Grünkohl, Spinat
Monoterpene	Aromastoff	→ können Krebs vorbeugen → wirken antimikrobiell → können das LDL-Cholesterin senken	Hauptbestandteile ätherischer Öle; Orangen, Kümmel, Fenchel, Minze
Phenolsäuren	Abwehrstoffe gegen Feinde	→ senken das Risiko für bestimmte Krebserkrankungen	Kaffee, Tee, Vollkornprodukte, Grünkohl, Weißkohl, Radieschen
Phytinsäure	Speichert Phosphat und Ionen	→ wirkt als Antioxidans → kann das Risiko für Krebserkrankungen senken → beeinflusst den Blutglukosespiegel	Hülsenfrüchte, Ölsaaten, Getreide
Phyto-Östrogene	Pflanzenhormone, die ähnlich wie das weibliche Sexualhormon Östrogen aufgebaut sind	→ können Krebs vorbeugen → helfen Beschwerden in den Wechseljahren zu lindern → schützen das Herz-Kreislauf-System	Sojabohnen, Samen, Hopfen, Obst und Gemüse
Phytosterine	Membranbaustoff; Pflanzenhormone, die ähnlich wie Cholesterin aufgebaut sind	→ hemmen im Darm die Aufnahme des Nahrungscholesterins und senken so den Cholesterinspiegel → mindern das Risiko für Herz-Kreislauf-Erkrankungen → schützen vor Dickdarmkrebs	Sonnenblumenkerne, Sesamsaat, Sojabohnen natives Sojaöl
Protease-Inhibitoren	Enzyme	→ fangen freie Radikale, machen sie unschädlich → können Krebs vorbeugen	Getreide, Kartoffel, Hülsenfrüchte, Sojabohnen, Reis, Erdnuss
Saponine	Komplexbildner mit Proteinen und Lipoiden	→ binden Cholesterin und Gallensäuren, hemmen dadurch die Entstehung von Dickdarmkrebs → senken den Cholesterinspiegel und den Blutzuckerspiegel → wirken antibiotisch, besonders bei Pilzerkrankungen → regen die Abwehrkräfte an, stimulieren das Immunsystem	Hülsenfrüchte und deren Sprossen, Spargel, Hafer, Spinat, Lakritze
Sulfide	Duft- und Aromastoffe	→ reduzieren das Risiko von Herz-Kreislauf-Erkrankungen → können das Wachstum von Bakterien, Pilzen und Viren unterdrücken → können die Blutgerinnung beeinflussen → senken das Risiko für bestimmte Krebserkrankungen	Zwiebel, Lauch, Knoblauch, Schnittlauch
was pflanzliche Lebensmittel noch liefern			
Ballaststoffe	Bestandteile der Zellwand und intrazelluläre Polysaccharide	→ regen die Verdauung an → beugen Dickdarmkrebs vor	Vollkornprodukte, Kleie, Leinsamen, Hülsenfrüchte
Milchsäure-Bakterien	Bakterien, die an der Fermentation von Lebensmitteln beteiligt sind	→ helfen bei der Bildung einer stabilen Darmflora, können so die Verdauung anregen und vor Darmkrebs schützen, → wirken antimikrobiell und stärken die Abwehr → senken das LDL-Cholesterin	gesäuerte Milchprodukte, besonders probiotischer Joghurt, Sauerteigbrot, milchsaures Gemüse (Sauerkraut, Gurken, Sellerie)

VITAMINE

			Tagesbedarf im Alter von ... Jahren			
	Natürliche Quellen	**Funktion im Körper**	**1–<4**	**4–<7**	**7–<10**	**Gut zu wissen**
A bzw. Vorstufe Beta-Karotin	gelbes & grünes Gemüse (Möhren, Spinat, Brokkoli, Grünkohl), Käse, Ei, Leber, Aprikose, Kaki	Teil des Seh-Purpurs, Erhaltung der Haut, als Beta-Karotin Schutz der Zellwand	0,6 mg	0,7 mg	0,8 mg	Vor allem aus gekochten Lebensmitteln gut verfügbar (z. B. Tomatenmark, Möhrensaft). Sie werden mit etwas Fett (z. B. 1 EL Öl im Möhrensalat) besonders gut aufgenommen.
B_1	Vollkorngetreide (Hafer), Sprossen, Schweinefleisch, Hülsenfrüchte, Austern, Sonnenblumenkerne, Sesam, Hefeflocken	Nervenzellen, Muskeln, Energiestoffwechsel	0,6 mg	0,8 mg	1 mg	Wird zum Kohlenhydratabbau benötigt. Eine kohlenhydrat- bzw. zuckerreiche Ernährung verbraucht viel davon. Sulfide (Nahrungs- oder Arzneizusätze) inaktivieren es.
B_2	Milch und Milchprodukte, Quark, Käse, Ei	Eiweiß-, Fett-, Kohlenhydratstoffwechsel	0,7 mg	0,9 mg	1,1 mg	Bei Milchunverträglichkeit ist Hefe, z. B. als Flocken im Reformhaus erhältlich, eine gute Quelle.
B_6	Vollkorngetreide, Weizenkeime, Soja, Fleisch, Seefisch, Banane, Kohl, Lauch, Paprika	Eiweißstoffwechsel, Wachstum, Nerven, rote Blutkörperchen, Gewebshormone	0,4 mg	0,5 mg	0,7 mg	Antibiotika und andere Arzneimittel können die Aufnahme behindern. Muss laufend aufgenommen werden, da es wasserlöslich ist und deshalb vom Körper kaum gespeichert werden kann.
B_{12}	Milch, Sauermilchprodukte, Fleisch, Ei, Käse, Lachs, milchsaures Gemüse (durch Mikroorganismen) kommt nur in Lebensmitteln tierischen Ursprungs vor	Zellaufbau, Blutbildung	1 µg	1,5 µg	1,8 mg	Problemvitamin bei veganer (rein pflanzlicher) Ernährung. Um schwere Mangelzustände zu vermeiden, sollten sich Veganer vom Hausarzt beraten lassen.
C	Gemüse (Kohl, Spinat, Paprika, Brokkoli, Fenchel, Mangold) Obst (Zitrusfrüchte, Beeren), Fruchtsäfte	Zellstoffwechsel, Bindegewebsbildung, Verbesserung der Eisenaufnahme, Immunabwehr	60 mg	70 mg	80 mg	Empfindlich gegen Licht, Hitze und Sauerstoff. Obst und Gemüse deshalb kühl, dunkel und kurz lagern. Wird in der Lebensmittelproduktion oft als Antioxidans eingesetzt.
D	fetter Seefisch, Eigelb, Pilze, Fleisch; wird in der Haut unter Einwirkung von UV-Strahlen gebildet	Bildung von Knochen und Knorpel	5 µg	5 µg	5 µg	Cremen Sie Ihr Kind nicht mit übertrieben hohem Lichtschutzfaktor ein. Das schränkt die Vitamin-D-Bildung nämlich erheblich ein.
E	pflanzliche Fette (Öl, Margarine), in Getreide, Nüssen, Mandeln, Leinsamen, Weizenkeimen, Hülsenfrüchten, Hering, Makrele	schützt andere Vitamine, z. B. Vitamin A und C, und ungesättigte Fettsäuren vor Abbau, Zellschutz, Schutz der Leber	6 mg	8 mg	10 mg	Sonnenblumenöl ist ein guter Lieferant. Das Öl an einem dunklen, kühlen Ort aufbewahren, denn Vitamin E ist sehr licht- und hitzeempfindlich.
K	grünes Gemüse (Spinat, Grünkohl, Blumenkohl), Leber; wird auch im Dickdarm gebildet	Blutgerinnung, Knochenbildung	15 µg	20 µg	30 µg	Fettlöslich. Deshalb etwas Fett oder Öl zum Essen geben, um es verfügbar zu machen. Bedarf steigt durch Antibiotika.
Biotin	Leber, Trockenhefe, Eigelb, Sprossen, Soja	Fett-, Eiweiß-, Kohlenhydratstoffwechsel	10–15 µg	10–15 µg	15–20 µg	Biotinmangel ist selten. Kann auftreten bei Genuss von rohem Eiweiß, das Biotin bindet.
Folsäure	Frischgemüse (Rote Bete, Kohlgemüse, Spinat, Fenchel, Kopfsalat, Lauch, Sellerie); Leber, Mungobohnen, Kichererbsen, Bäckerhefe, Frischobst (Orange, Erdbeeren, Kirschen)	Blutbildung, Zellteilung; Kinder nehmen zu wenig Folsäure auf	0,2 mg	0,3 mg	0,3 mg	Das Wachstumsvitamin. Es ist sehr licht- und hitzeempfindlich, deshalb regelmäßig rohes Obst und Gemüse essen. Mit Folsäure angereichertes Salz nehmen – es ist gelb.
Niacin	Vollkorngetreide, Hülsenfrüchte, Fleisch, Seefisch, Pilze, Kartoffeln	Energieumsatz im Körper	7 mg	10 mg	12 mg	Bei schwerem Durchfall kann der Bedarf erhöht sein.
Pantothensäure	Leber, Hefe, Eigelb, Vollkorngetreide, Melone, Brokkoli, Pilze	Fett-, Eiweiß-, Kohlenhydratstoffwechsel, Haarwuchs, Hautwachstum	4 mg	4 mg	5 mg	Da Pantothensäure in fast allen Lebensmitteln vorkommt, ist ein Mangel praktisch ausgeschlossen, außer es besteht eine generelle Unterernährung.

MINERALSTOFFE UND SPURENELEMENTE

	Natürliche Quellen	Funktion im Körper	Tagesbedarf im Alter von ... Jahren 1–<4	4–<7	7–<10	Gut zu wissen
Mineralstoffe						
Chlorid	Kochsalz, Backpulver, salzige Lebensmittel wie Brot, Käse, Wurst	wichtig für den Säure-Basen-Haushalt, Bestandteil der Salzsäure im Magen	450 mg	620 mg	690 mg	Negativ geladen, während Natrium und Kalium positiv geladen sind. Alle drei sind für den Elektrolythaushalt wichtig.
Kalium	Kartoffeln, Gemüse, Obst, Hülsenfrüchte, Getreide (Vollkorn), Nüsse und Samen	Druckregulierung in der Zelle zusammen mit Natrium, Erregbarkeit der Nerven und der Muskeln, Säure-Basen-Haushalt, Eiweißbildung, Energiestoffwechsel	1 g	1,4 g	1,6 g	Kalium ist vor allem in pflanzlichen Lebensmitteln enthalten und wirkt leicht entwässernd. Wird beim Kochen ausgeschwemmt, deshalb Gemüse lieber dünsten.
Kalzium	Milch und Milchprodukte, Käse, auch: Sesam, Nüsse, Hülsenfrüchte, grünes Blattgemüse, einige Mineralwässer	Aufbau von Knochen und Zähnen, Blutgerinnung, Herztätigkeit, Energiestoffwechsel; Nerventätigkeit; viele Kinder nehmen zu wenig Kalzium auf	600 mg	700 mg	900 mg	Die Kalziumaufnahme wird durch eine gute Vitamin-D-Versorgung gesteigert. Oxalsäure (Spinat, Sauerampfer, Rhabarber) und Phytat in Vollkorn bindet Kalzium.
Magnesium	Getreide (Vollkorn), Reis, Krustentiere, Hülsenfrüchte, Gemüse, Kartoffeln, Kakao, Nüsse und Samen	Bestandteil von Knochen und Muskeln, Energie- und Eiweißstoffwechsel, Muskelaktionen, Immunkräfte	80 mg	120 mg	170 mg	Krämpfe in Unterschenkeln und Füßen können auf Magnesiummangel hinweisen. Pflanzliche Lebensmittel und magnesiumreiches Mineralwasser (>100 mg/l) bevorzugen.
Natrium	Kochsalz (Natriumchlorid), Backpulver, salzige Lebensmittel wie Brot, Käse, Wurst	Zelldruck, Zucker- und Aminosäureaufnahme, Erregbarkeit der Muskeln und der Nerven	300 mg	410 mg	460 mg	Durch Schwitzen verliert der Körper viel Natrium. Nach dem Sport und im Hochsommer deshalb etwas kräftiger salzen.
Phosphor	Käse, Fleisch, Wurst, Nüsse, Getreide, Hefe, Fertiggerichte, Erfrischungsgetränke	Bestandteil von Zellmembranen, Knochen, Zähnen, Körpereiweiß, Energiestoffwechsel, Nerventätigkeit	500 mg	600 mg	800 mg	Zu viel Phosphor wurde für Hyperaktivität (ADS) verantwortlich gemacht – das konnte nie bestätigt werden. Auch der Ruf als Kalziumräuber ist unbegründet.
Spurenelemente						
Eisen	Fleisch, Innereien, Getreidevollkorn (Hirse), Hülsenfrüchte, Sesam, Aprikosen, Spinat, Kopfsalat, Kresse, Gartenkräuter	Blutbildung, Sauerstoffversorgung, Immunreaktion; viele Kinder nehmen zu wenig Eisen auf	8 mg	8 mg	10 mg	Dunkles Fleisch wie Rind oder Lamm enthält mehr Eisen als helles wie z. B. Geflügel und Schwein. Bei vegetarischer Ernährung viel Sesam, Mandeln, Nüsse und Samen essen und dazu Vitamin-C-reiches Obst oder Gemüse.
Fluorid	Trinkwasser, Fisch, Fleisch, fluoridiertes Salz, Zahnpasta	Härtung des Zahnschmelzes, stärkt Haare, Nägel, Haut, Bindegewebe und Bänder	0,7 mg	1,1 mg	1,1 mg	Fluoridiertes Salz nehmen. Fluor-Zahnpasta benutzen.
Jod	Trinkwasser, Seefisch, jodiertes Speisesalz, Algen	Bestandteil des Schilddrüsenhormons	0,1 mg	0,12 mg	0,14 mg	Europa ist Jodmangelgebiet. Deshalb Jodsalz nutzen und Brot essen, das mit Jodsalz gebacken wird.
Selen	Fisch, Fleisch, Sojabohnen, Getreide (Vollkorn), Kokosnuss	Bestandteil von entgiftenden Enzymen, antioxidativer Schutz	10–40 µg	15–45 µg	20–50 µg	Strikte Veganer haben ein erhöhtes Risiko, an Selenmangel zu leiden.
Zink	Fisch, Schalentiere, Fleisch, Milch und Milchprodukte, Getreide (Vollkorn), Nüsse und Samen, Eigelb	Eiweiß- und Kohlenhydratstoffwechsel, Immunsystem, Insulinproduktion, Stabilisierung der Zellwände, Wundheilung	3 mg	5 mg	7 mg	Eine fettreiche Ernährung hemmt die Zinkaufnahme, Vegetarier sollten viele Nüsse und Kerne essen.

GLOSSAR

ACETALDEHYD
Zwischenprodukt beim Abbau von Alkohol im Körper und im biochemischen Stoffwechsel. Da Acetaldehyd auch zur Herstellung von Kunststoffflaschen aus PET verwendet wird, kann es vorkommen, dass er teilweise ins Mineralwasser übergeht und es geschmacklich verändert. Eine Gesundheitsgefährdung geht von den nachgewiesenen Mengen jedoch nicht aus. Besonders häufig wurde Acetaldehyd bei weichen Einwegflaschen von Discountern gefunden, Mehrwegflaschen von Markenherstellern sind hingegen meist unbelastet. Bestätigt wurde dies durch eine Untersuchung von Stiftung Warentest im Juli 2008.

ACRYLAMID
Entsteht bei der Erhitzung von stärkereichen Lebensmitteln, also besonders in Getreide- und Kartoffelprodukten. Tierversuche zeigen, dass Acrylamid Krebs auslösen und das Erbgut schädigen kann. Die Acrylamidbelastung im Essen kann durch einfache Methoden gering gehalten werden: 1. Feuchtigkeit verhindert die Bildung, beim Kochen oder Dampfgaren entsteht es nicht. 2. Krusten von Brot, Kuchen und Pizza nicht zu dunkel werden lassen. Es gilt: Chips, Pommes, Kekse und Knäckebrot in Maßen essen.

AFLATOXINE
Aflatoxine sind natürliche Gifte, die von verschiedenen Schimmelpilzarten produziert werden. Versuche zeigen, dass Aflatoxine schon bei geringen Konzentrationen und wiederholter Aufnahme krebserregend wirken können. Belastete Lebensmittel sind häufig Nüsse, teilweise auch Getreide. Besonders bei Pistazien wurden in den vergangenen Jahren vermehrt Aflatoxine nachgewiesen, die Belastung ist jedoch seit 1999 sehr stark zurückgegangen. Kritische Werte gab es 2007 bei Maroni.

ALLERGIE
Eine Allergie ist eine Überempfindlichkeitsreaktion gegenüber verschiedenen Stoffen, z. B. Nahrungsmitteln, Pollen, Tierhaaren, Insektenstichen, Medikamenten usw. Der Körper sieht dann eigentlich harmlose Antigene als »gefährlich« an und reagiert mit Schleimhautschwellungen, Atembeschwerden, Hautauschlag, Übelkeit bis hin zum anaphylaktischen Schock, der lebensbedrohlich sein kann. Eine auf Lebensmittel ausgerichtete Allergie wird → Lebensmittelunverträglichkeit genannt.

ANTIOXIDANZIEN
Antioxidanzien machen aggressive Substanzen (freie Radikale) aus der Umwelt unschädlich, indem sie diese an sich binden. So schützen sie den Körper vor Krankheiten wie Krebs, Arteriosklerose und vorzeitiger Alterung. Zu den Antioxidanzien gehören einige Vitamine (A, C, E), verschiedene Mineralstoffe (Eisen, Zink, Kupfer, Mangan, Selen) und vor allem die sekundären Pflanzenstoffe.

AROMASTOFFE
Sind in vielen industriell hergestellten Lebensmittel enthalten. Man unterscheidet drei verschiedene Aromagruppen: Natürliche Aromen werden aus tierischen oder pflanzlichen Grundstoffen erzeugt und durch Extraktion oder Destillation gewonnen. Sie stammen also nicht aus dem natürlichen Produkt. Erdbeeraroma wird z. B. aus Holzspänen gewonnen. Naturidentische Aromen sind der chemischen Beschaffenheit der natürlichen Aromastoffe nachempfunden, werden jedoch im Labor hergestellt. Künstliche Aromastoffe werden ausschließlich synthetisch produziert und haben chemisch nichts mit ihren natürlichen Vorbildern gemeinsam. Da Aromastoffe dem Körper das Aroma sozusagen vortäuschen, stehen sie stark in der Kritik, das natürliche Geschmacksempfinden zu beeinträchtigen.

BALLASTSTOFFE
Sie sind kein »Ballast«, sondern sehr wichtig für eine gesunde Verdauung. Sie beugen Darmträgheit und Verstopfung vor. Ballaststoffe sind weitgehend unverdauliche Nahrungsbestandteile, die im Magen aufquellen und so für ein langes Sättigungsgefühl sorgen. Besonders viele Ballaststoffe sind in Vollkornprodukten, Gemüse, Obst und Hülsenfrüchten enthalten. Wichtig: Ballaststoffe brauchen Flüssigkeit, um ihre Wirkung zu entfalten, sonst stopfen sie. Deshalb genug trinken. Kinder nehmen zu wenig Ballaststoffe auf.

BENZPYRENE
Dies sind Substanzen, die überwiegend beim Räuchern, Grillen, Braten und Backen entstehen, aber auch in Zigarettenrauch und Abgasen vorkommen. Besonders hoch ist die Benzpyrenbildung beim Pökeln und Räuchern von fettem Fisch und Fleisch. Da Benzpyren im Verdacht steht, krebserregend zu sein, sollte man die so verarbeiteten Lebensmittel nur in geringen Mengen genießen.

BETA-KAROTIN
Ein natürlich vorkommender Farbstoff, der als bekanntestes Karotinoid zu den → sekundären Pflanzenstoffen gehört. Es wird auch als Provitamin A bezeichnet, da ein Beta-Karotin-Molekül in zwei Moleküle Vitamin A gespalten werden kann. Besonders viel davon ist in gelben, orangefarbenen und dunkelgrünen Obst- und Gemüsesorten enthalten, z. B. in Möhren, Kürbissen, Spinat, Kresse, Aprikosen, Mangos, Pfirsichen, Tomaten. Aus gegartem Gemüse ist Beta-Karotin besser verfügbar als aus rohem.

BIOAKTIVSTOFFE
Bioaktivstoffe sind Substanzen, die von Pflanzen gebildet werden und sich positiv auf den menschlichen Organismus auswirken. Rund 30 000 Wirkstoffe werden in Pflanzen vermutet, darunter 10 000 in essbaren. Zu den Bioaktivstoffen gehören verschiedene Gruppen, z. B. die sekundären Pflanzenstoffe, die Milchsäure und die Ballaststoffe. Letztere sorgen durch Aufquellen im Magen für ein langes Sättigungsgefühl, außerdem halten sie die Darmflora intakt und binden schädliche Stoffe. So schützen sie den Körper vor freien Radikalen, die durch Stress, Ozon, Smog und UV-Strahlen entstehen. Außerdem stärken sie das Immunsystem, Herz und Gefäße, stabilisieren den Stoffwechsel und senken das Risiko, an Krebs zu erkranken. Bioaktivstoffe kommen in Obst, Gemüse, Vollkorn- und Milchprodukten vor.

BIOLOGISCHE WERTIGKEIT
Die biologische Wertigkeit gibt an, wie effizient das Eiweiß aus Lebensmitteln in körpereigenes Eiweiß umgewandelt werden kann. Als Bezugswert dient das Vollei, es hat einen Wert von 100. Kartoffeln haben z. B. eine biologische Wertigkeit von 98–100, Kuhmilch liegt bei 88, und Mais bei 72. Kombiniert man mehrere hochwertige Eiweißprodukte miteinander, ist die Wirkung optimal. Ideal sind z. B. Kartoffeln und Ei als Omelett oder Getreide und Milch im Müsli.

BIO- ODER ÖKOPRODUKTE

Sie werden nach bestimmten Richtlinien und unter strenger Kontrolle rein biologisch hergestellt. Dabei werden Tiere artgerecht gehalten und Pflanzen nicht mit chemischen Dünge- oder Pflanzenschutzmitteln behandelt. Die Produkte werden im Handel besonders gekennzeichnet: durch verschiedene Gütesiegel, einer Kontrollstellennummer und den geschützten Worten »bio« oder »öko«. Stehen unklare Beschreibungen wie »alternative Haltung« oder »integrierter und kontrollierter Anbau« auf der Verpackung, sollte man vorsichtig sein – bei ihnen wird Bioqualität meist nur vorgetäuscht.

BIOSIEGEL

Gütesiegel des deutschen Verbraucherschutzministerium, das bei Produkten des ökologischen Landbaus Klarheit für den Verbraucher schaffen soll. Ein Lebensmittel, das dieses Siegel trägt, wurde nach den Vorschriften der → EG-Ökoverordnung hergestellt und kontrolliert.

CHRONOBIOLOGIE

Eine Wissenschaft, die sich mit der zeitlichen Organisation der Lebewesen unter Berücksichtigung von verschiedenen inneren und äußeren Faktoren befasst. Fragestellungen sind z. B., ob und welche biologischen Rhythmen es gibt, wie diese unterschiedliche biologische Abläufe beeinflussen und was der Auslöser dafür ist. Es wurde herausgefunden, dass es genetisch bedingt »Lerchen«, also Frühaufsteher, und »Eulen«, die später ins Bett gehen, gibt.

DICKSAFT

Ein stark konzentrierter, dickflüssiger Fruchtsaft wird als Dicksaft bezeichnet. Im Gegensatz zu Sirup wird er bei relativ geringer Temperatur (45-60°C) hergestellt und besitzt natürlicherweise einen höheren Anteil an Aromastoffen und Zucker als Fruchtsaft. Dicksäfte gibt es z. B. als Apfel-, Birnen- oder Agavendicksaft. Sie eignen sich besonders gut zum Süßen, da sie hauptsächlich Fruchtzucker enthalten.

DIREKTSAFT

Direktsaft wird sofort nach der Pressung und Kelterung in Verpackungen abgefüllt. Im Gegensatz dazu gibt es häufiger Fruchtsaft aus Fruchtsaftkonzentrat, wo der Saft nach dem Pressen konzentriert, in verschiedene Länder verschickt und das fehlende Wasser vor Ort wieder zugeführt wird. Außerdem gibt es noch Fruchtnektar, der 25-50 % Fruchtnektar enthält und das Fruchtsaftgetränk, das einen Fruchtsaftanteil von mind. 40 % bei Kernobst und Trauben hat. Beide haben einen sehr hohen Zuckerzusatz, daher sollte Saft aus 100 % Fruchtsaft bevorzugt werden.

EG-ÖKOVERORDNUNG

Die Verordnung legt die Qualität von biologisch erzeugten Lebensmitteln in Europa fest. Sie erteilt Vorschriften hinsichtlich Düngemittel, Schädlingsbekämpfungsmittel, Futtermittel und Zusatzstoffe sowie Reinigungs- und Desinfektionsmittel, damit eine ökologische Produktion sichergestellt wird. Lebensmittel, die gemäß diesen Anforderungen produziert wurden, tragen das EU-Siegel mit der Aufschrift »Ökologischer Landbau«.

ENZYME

Das sind Eiweißmoleküle, die als Biokatalysatoren dienen, d. h. sie beschleunigen biochemische Reaktionen im Stoffwechsel. Sie setzen Substrate (z. B. Laktose) über einen Enzym-Substrat-Komplex in Produkte (z. B. Glukose und Galaktose) um, damit die einzelnen Moleküle besser für den Körper zugänglich sind. Enzyme und Substrate passen immer wie Schlüssel und Schloss zueinander, d. h. es gibt für jedes Substrat ein entsprechendes Enzym, z. B. die Laktase für Laktose, die Maltase für Maltose.

FETTSÄUREN

Sie sind Hauptbestandteil von Fett. Es wird zwischen gesättigten und ungesättigten Fettsäuren unterschieden. Viele gesättigte und einfach ungesättigte Fettsäuren können vom Körper selbst produziert werden. Mehrfach ungesättigte sind jedoch essenziell, d. h. sie müssen mit der Nahrung aufgenommen werden. Sie kommen besonders in Seefischen, Nüssen und Öl vor.

FRUCHTSÜSSE

Sie wird aus verschiedenen Früchten, z. B. aus Äpfeln, Birnen oder Trauben gewonnen und besteht aus Fruchtzucker. Eine Studie mit Mäusen ergab allerdings, dass die Mäuse, die Fruchtzucker bekamen, deutlicher an Gewicht in Form von Körperfett zunahmen als Mäuse, die die gleiche Kalorienmenge mit Haushaltszucker aufnahmen.

FUNCTIONAL FOOD

Lebensmittel, denen bestimmte Substanzen zugesetzt werden, um einen positiven Effekt auf die Gesundheit zu erzielen. Zugesetzte Stoffe sind vor allem → Probiotika, → Prebiotika, → Omega-3-Fettsäuren, → Vitamine, → Mineralstoffe und → Ballaststoffe. Angereicherte Lebensmittel sind meistens Joghurt, Säfte, Brot und Margarine.

GEHÄRTETE FETTE

Gehärtete Fette kommen beispielsweise in gehärteter Margarine vor. Sie entstehen – wie der Name schon sagt – bei der Härtung von Fetten, die Öl in ein streichfähiges Produkt umwandelt. Dabei werden die Doppelbindungen der ungesättigten Fettsäuren aufgebrochen und zu Einfachbindungen umgewandelt, das Fett wird also gehärtet. Fette mit vielen gesättigten Fettsäuren haben einen hohen Schmelzpunkt, d. h. sie sind bei Raumtemperatur nicht so flüssig wie Öl. Das wirkt sich wiederum negativ auf unseren Körper aus, denn sie lagern sich schneller an den Blutgefäßwänden ab als Fette mit vielen ungesättigten Fettsäuren. Bei der Härtung von Fetten können → Transfettsäuren entstehen.

GLUTEN

Als Gluten bezeichnet man ein bestimmtes Getreideprotein, das in Weizen, Dinkel, Roggen, Gerste und in geringen Mengen auch in Hafer meist als Verunreinigung enthalten ist. Gegen dieses Protein besteht bei einigen Menschen eine Unverträglichkeit (→ Zöliakie). Bei dieser Erkrankung muss auf alle Lebensmittel verzichtet werden, die Bestandteile der oben genannten Getreidearten enthalten. Statt dessen wird Mais, Hirse, Buchweizen und Reis eingesetzt bzw. Spezialbrote auf dieser Basis.

GLYKÄMISCHER INDEX (GI)

Dies ist eine Größe, mit deren Hilfe man bestimmen kann, wie schnell die aufgenommenen Kohlenhydrate ins Blut gehen. Als Basis dient hierbei die reine Glukose mit einem Glykämischen Index von 100. Auf diesen Richtwert werden dann alle kohlenhydrathaltigen Lebensmittel bezogen. Je niedriger der Glykämische Index, desto langsamer werden die Kohlenhydrate der Lebensmittel aufgenommen. Einen sehr hohen GI haben Weißmehlprodukte, Süßwaren und andere kohlenhydratreiche Lebensmittel, einen niedrigen GI haben Vollkornprodukte, Hülsenfrüchte und frisches Obst und Gemüse.

INSTANTPRODUKTE

Nur noch Wasser zugeben, und schon ist eine Mahlzeit fertig – damit greift die Lebensmittelindustrie das Zeitmangelproblem in der modernen Arbeitswelt auf. Mit speziellen Verfahrenstechniken zur

Trocknung von Lebensmitteln werden Pulver für löslichen Kaffee und Tee, Suppen, Pudding und weitere Fertigprodukte hergestellt. Diese sind jedoch sehr stark verarbeitet, was ernährungsphysiologisch von Nachteil ist. Produkte mit Geschmacksverstärkern, Aromen und gehärteten Fetten sollten vermieden werden.

INSULIN

Hormon, das von der Bauchspeicheldrüse produziert wird. Es macht Zucker aus dem Blut für die Zellen verfügbar und senkt dadurch den Blutzuckerspiegel. Funktioniert dies nicht mehr, spricht man von Diabetes, was entweder genetisch bedingt sein kann (Typ 1) oder durch verschiedene Faktoren, z. B. Übergewicht und falsche Ernährung, hervorgerufen wird (Typ 2). Insulin ist auch für die Fetteinlagerung zuständig. Wird mehr Energie als benötigt aufgenommen, wird sie als Fett eingelagert.

KIGGS-STUDIE

Dies ist eine Studie zur Gesundheit von Kindern und Jugendlichen in Deutschland, die im Mai 2007 veröffentlicht wurde. Schwerpunkte sind dabei die körperliche Befindlichkeit, Krankheiten, psychische Gesundheit, Ernährung, Inanspruchnahme medizinischer Leistungen u. a. Neben Befragungen von Kindern und deren Eltern wurden auch körperliche Untersuchungen sowie Blut- und Urinproben durchgeführt (www.kiggs.de).

KONSERVIERUNGSSTOFFE

Konservierungsstoffe zählen zu den Zusatzstoffen und werden den Lebensmitteln zugesetzt, um sie länger haltbar zu machen. Dadurch wird der mikrobielle Verderb durch Bakterien, Hefen und Schimmelpilze verlangsamt. Dafür werden organische Säuren wie Sorbin-, Benzoesäure und Milchsäure oder Sulfite verwendet. Konservierungsstoffe müssen auf den Lebensmitteln besonders gekennzeichnet werden.

LAKTASE

Enzym zur Verwertung des Milchzuckers (Laktose). Laktase wird in der Dünndarmschleimhaut produziert, wobei die Bildung vom Körper nach und nach eingestellt wird, wenn man keine Milchprodukte zu sich nimmt. Bei Genuss von laktosehaltigen Lebensmitteln kann es dann zu starken Blähungen, Bauchkrämpfen und Durchfällen kommen. Regelmäßiger Genuss von Milchprodukten fördert die Laktasebildung.

LEBENSMITTELUNVERTRÄGLICHKEIT

Im Gegensatz zur Allergie versucht das Immunsystem bei einer Lebensmittelunverträglichkeit nicht, gegen einen eindringenden Stoff zu kämpfen. Trotzdem sind die Symptome ähnlich: Bauchschmerzen, Schleimhautschwellung, Durchfall und Übelkeit. Sie entstehen durch fehlende Enzyme im Körper. Eine häufige Lebensmittelunverträglichkeit ist z. B. die Laktose-Intoleranz, bei der das Enzym Laktase fehlt. Auch → Zöliakie gehört dazu.

MARINE STEWARDSHIP COUNCIL

Das ist eine unabhängige Organisation, die die Meere weltweit vor Überfischung schützen will. Fisch und Meeresfrüchte, die das MSC-Zeichen auf der Verpackung tragen, stammen aus Fischereien, die gefährdete Bestände und deren Ökosysteme schonen. Diesen Fisch kann man mit gutem Gewissen genießen!

MILCHEIWEISSALLERGIE

Milcheiweiß besteht aus fünf verschiedenen Eiweißkomponenten, darunter sind z. B. Casein und b-Lactoglobulin. Bei einer allergischen Reaktion gegen eine oder mehrere dieser Komponenten spricht man von einer Milcheiweißallergie. Meist beschränkt sich die Allergie auf Kuhmilchproteine. Nicht verwechseln darf man die Milcheiweißallergie mit der Laktose-Intoleranz, bei der nur der Milchzucker nicht verarbeitet werden kann.

MINERALSTOFFE

Wichtige Substanzen, die der Mensch mit der Nahrung zuführen muss. Sie sind unentbehrlich für den Ablauf zahlreicher Stoffwechselprozesse wie der Regelung des Wasserhaushaltes, dem Aufbau von Knochen, Zähnen, Blutzellen und Hormonen, der Reizübertragung im Nervensystem und der Aktivierung von Enzymen. Die Mineralstoffe lassen sich in zwei Gruppen einteilen: Es gibt Mengenelemente, die in höheren Konzentrationen im Körper vorliegen (z. B. Natrium, Magnesium, Kalzium) und Spurenelemente (z. B. Eisen, Jod, Zink) → siehe Mineralstofftabelle S. 176

NÄHRSTOFFDICHTE

Die Nährstoffdichte ist das Verhältnis von Nährstoffgehalt zu Energiegehalt. Mit dieser Größe lässt sich sagen, ob ein bestimmtes Lebensmittel qualitativ und gesundheitlich wertvoll ist. Je höher die Nährstoffdichte, desto besser. Die Nährstoffdichte spielt eine große Rolle bei einer Reduktionskost, bei der mit wenig Energie viele Nährstoffe aufgenommen werden. Beispiel: Schweinefilet hat in Bezug auf den Eiweißgehalt eine Nährstoffdichte von 0,21 g/kcal, Eisbein hat hingegen nur 0,10 g/kcal.

NITRAT

Dieses Molekül besteht aus den Elementen Stickstoff und Sauerstoff und kommt natürlicherweise im Boden vor. Aber auch als Dünger wird Nitrat häufig eingesetzt, da Pflanzen Stickstoff für das Wachstum benötigen. Daher sind einige Gemüsesorten auch mehr oder weniger stark mit Nitrat belastet, dazu gehört vor allem Salat, Spinat und Wurzelgemüse. Es gilt: Saisongemüse aus dem Freiland ist weniger belastet als Treibhausware (siehe auch Seite 166).

NITROSAMINE

Entstehen bei der Reaktion von Nitrit mit Aminen, vor allem bei starker Hitze und im sauren Milieu. Nitrat kommt im Grundwasser vor und ist deshalb auch im Gemüse, z. B. im Spinat, Salat usw., zu finden. Durch Wärme wird Nitrat in Nitrit umgewandelt. Amine sind eiweißhaltige Verbindungen, sie sind natürlicher Bestandteil von z. B. Fleisch, Wurst und Käse. Um Nitrosaminbelastung zu vermeiden, sollten gepökelte Produkte nicht stark erhitzt werden und mit Vitamin-C-reichem Gemüse und Obst verzehrt werden, da Vitamin C die Nitrosaminbildung hemmt.

NITRITPÖKELSALZ

Ein Gemisch aus Nitriten und Kochsalz, das zum Pökeln von Fleischwaren verwendet wird. Das Pökeln dient der Konservierung, da durch das Salz Wasser entzogen wird, und Mikroorganismen weniger Möglichkeiten haben, sich zu verbreiten. Außerdem sorgt Nitritpökelsalz für eine schöne rote Fleischfarbe sowie das typische »Pökelaroma«. Gepökelte Speisen sollten aufgrund entstehender → Nitrosamine nicht hoch erhitzt werden.

ÖKOMONITORING

Oberbegriff für spezielle Überwachungsprogramme im Bereich der ökologisch erzeugten Lebensmittel. Im Rahmen der amtlichen Lebensmittelüberwachung werden Bio-Lebensmittel auf Rückstände, Kontaminanten, Bestrahlung und Gehalt von gentechnisch veränderten Pflanzen untersucht. oekomonitoring. cvuas.de/

OMEGA-3-FETTSÄUREN

Omega-3-Fettsäuren sind essenzielle, mehrfach ungesättigte Fettsäuren, die der Körper nicht selbst bilden kann. Gute Quellen sind

Kaltwasserfische (z. B. Hering, Makrele, Lachs), pflanzliche Fette wie Lein- Raps- und Walnussöl und Nüsse. Sie sind wichtig zur Bildung von Botenstoffen und für das Immunsystem, außerdem verbessern sie die Fließeigenschaften des Blutes und helfen so, Arteriosklerose und Herz-Kreislauf-Erkrankungen vorzubeugen. Sie können bei Neurodermitis positiv wirken und scheinen die Intelligenz zu fördern.

OMEGA-6-FETTSÄUREN

Sie gehören wie die Omega-3-Fettsäuren zu den essenziellen ungesättigten Fettsäuren und konkurrieren mit ihnen um gleiche Abbausysteme. Zu viele Omega-6-Fettsäuren können die Omega-3-Fettsäuren blockieren. In der heutigen Ernährung nehmen wir deutlich zu viele Omega-6-Fettsäuren auf, das Verhältnis Omega-6- zu Omega-3-Fettsäuren sollte idealerweise 5 : 1 betragen. Ist dieses Verhältnis verschoben, können negative gesundheitliche Effekte die Folge sein. Daher sollte man regelmäßig Rapsöl und Seefisch verzehren. Auf Distelöl dagegen lieber verzichten.

PAK

Polycyclische aromatische Kohlenwasserstoffe entstehen bei unvollständigen Verbrennungsprozessen, also beim Braten und Grillen. Zur Gruppe der PAK gehören beispielsweise auch die Benzpyrene. Einige PAK sind karzinogen, sie können u. a. Haut-, Lungen- oder Darmkrebs auslösen.

PREBIOTIKA

Dazu gehören z. B. Inulin und Oligofructose. Prebiotika werden Lebensmitteln zugesetzt, um eine positive Wirkung auf den Organismus zu erzielen. Sie dienen den Darmbakterien als Nahrungsgrundlage, wodurch die Darmflora positiv beeinflusst wird. Natürlich kommen sie z. B. in Artischocken, Schwarzwurzeln und Radicchio vor.

PROBIOTIKA

Sind Bakterienkulturen, die in großer Zahl die Magensäure, Verdauungsenzyme und Gallensalze im Verdauungstrakt überstehen und das mikrobielle Gleichgewicht im Dickdarm positiv beeinflussen. Sie stehen nur zur Verfügung, wenn sie mit der Nahrung aufgenommen werden.

QUELLE-STUDIE

Eine repräsentative Studie der Firma Quelle GmbH, die im August 2008 veröffentlicht worden ist. Sie zeigt, dass die Küche der Lieblingsaufenthaltsort der Deutschen ist, wo man neben dem Kochen auch gerne telefoniert und Zeitung liest. Befragt wurden 1021 Personen ab 18 Jahren in deutschen Privathaushalten. → S. 9

SEKUNDÄRE PFLANZENSTOFFE

Während die Pflanzen Kohlenhydrate, Proteine und Fette im primären Stoffwechsel produzieren, werden sekundäre Pflanzenstoffe in ihrem sekundären Stoffwechsel in Form von Abwehrstoffen, Farb- und Duftstoffen sowie Wachstumsregulatoren gebildet. So ist die Pflanze optimal gegen schädliche Einflüsse geschützt. Auch wir können davon profitieren, denn z. B. die Karotinoide, Glukosinolate, Flavonoide und Sulfide wirken im menschlichen Körper antikanzerogen (krebshemmend), antimikrobiell und beeinflussen das Herz-Kreislauf-System positiv.

SOLANIN

Einige Nachtschattengewächse, z. B. Kartoffeln und Tomaten, enthalten in ihren grünen Pflanzenteilen Solanin. Dieser Stoff kann in großen Mengen zu Übelkeit, Durchfall und Krämpfen führen. Daher grüne Stellen an Kartoffeln und die Stielansätze bei Tomaten immer entfernen! Der Solaningehalt steigt durch Lichteinwirkung, Kartoffeln sollten auf jeden Fall richtig gelagert werden: dunkel und kühl. Durch Garen wird der Gehalt reduziert.

SUPPLEMENTE

Das sind Nahrungsergänzungsmittel, z. B. Vitamine, Mineralstoffe, Antioxidanzien. Häufig werden sie auch als Kombinationspräparate angeboten, um den täglichen Bedarf zu decken. Für gesunde Personen, die sich ausgewogen und vollwertig ernähren, sind Supplemente nicht notwendig, sondern können in Einzelfällen sogar schaden. Für Kinder sind Nahrungsergänzungsmittel laut Stiftung Warentest vom Juni 2008 überflüssig, teilweise können sie dem Kind durch Überdosierung sogar schaden.

SÜSSSTOFFE

Süßstoffe sind Verbindungen mit einer Süßkraft, die um das 10- bis 500-fache über der von Haushaltszucker liegt. Sie liefern jedoch keinerlei Kalorien. Aufgrund ihrer starken Süßkraft werden sie nur in kleinen Mengen eingesetzt, vor allem in brennwertreduzierten und diätetischen Lebensmitteln, als Tafelsüße oder in Getränken. Süßstoffe haben eine geringere Masse als Zucker und lassen sich deshalb nicht wie dieser verarbeiten. Für bestimmte Lebensmittel dürfen sie deshalb nur in begrenzter Menge eingesetzt werden. Kennzeichnung und Höchstmenge sind geregelt durch die Zusatzstoff-Zulassungsverordnung, EG-Richtlinie (94/35/EG).

TRANSFETTSÄUREN

Sie entstehen besonders bei der industriellen Härtung von Pflanzenölen. Die Transfettsäuren ähneln zwar den ungesättigten Fettsäuren, sie haben aber eine ungünstigere räumliche Struktur. Man findet sie in Backwaren, Margarine, Pommes, Chips und Fertiggerichten. Bei erhöhtem Konsum von Transfettsäuren steigt der Anteil des »schlechten« LDL-Cholesterins, was wiederum zu Arteriosklerose sowie Herzinfarkt und Schlaganfall führen kann.

VITAMINE

Vitamine sind Stoffe, die der Körper für den Erhalt lebenswichtiger Funktionen benötigt. Die meisten von ihnen kann der menschliche Körper nicht selbst herstellen, sie müssen also mit der Nahrung zugeführt werden. Vitamine sind beim Aufbau von Zellen beteiligt und stärken das Immunsystem. Es gibt wasserlösliche (alle B-Vitamine, Biotin, Folsäure, Niacin, Pantothensäure, Vitamin C) und fettlösliche Vitamine (A, D, E, K). Bei zu geringer Vitamin-Zufuhr können Mangelerscheinungen auftreten. → Vitamintabelle S. 175.

WCRF-REPORT

Der »World Cancer Research Fund« ist ein globales Netzwerk von Wissenschaftlern und Instituten, das sich der Krebs-Prävention widmet. Es erforscht die Wechselwirkung zwischen Ernährung, körperlicher Bewegung, Gewicht und Krebsentstehung. Im Report 2007 stellt der WCRF die zur Zeit wissenschaftlich belegbaren Risikofaktoren für Krebs vor. (www.dge.de/pdf/ws/WCRF-Report-sum mary-de.pdf)

ZÖLIAKIE

Bei Zöliakie wird das Klebereiweiß Gluten vom Körper nicht vertragen. Es handelt sich um eine Autoimmunerkrankung, die lebenslang besteht. Nur durch entsprechende Ernährungsumstellung kann der Betroffene beschwerdefrei leben. Gluten ist Bestandteil von Weizen, Dinkel, Gerste, Roggen und in kleinen Mengen auch Hafer. Deshalb wird »normales« Brot nicht vertragen. Stattdessen müssen glutenhaltige Speisen durch andere Produkte ersetzt werden, z. B. durch Mais, Hirse, Reis, Buchweizen oder Kartoffeln. Glutenfreie Lebensmittel sind im Handel gekennzeichnet.

ZUCKERAUSTAUSCHSTOFFE

Sie wurden für Diabetiker erfunden, weil für ihre Verarbeitung kein Insulin nötig ist. Diese Bedeutung haben sie verloren, weil nach heutigem Wissensstand Diabetiker dank Insulin auch Zucker in Maßen essen dürfen. Zuckeraustauschstoffe sind chemisch gesehen Zuckeralkohole. Sie sind nicht kalorienfrei, haben aber weniger Kalorien als Zucker. Der Geschmack von Zuckeraustauschstoffen entspricht dem von Zucker, ihre Süßkraft liegt in der Größenordnung von Zucker oder darunter. Zuckeraustauschstoffe werden verzögert in den Blutkreislauf transportiert. Deshalb können sie, in größeren Mengen aufgenommen, abführend wirken sowie Blähungen oder Durchfall verursachen.

	Sorbit (E 420)	Mannit 411 (E 421)	Isomalt (E 953)	Maltit (E 965)	Lactit (E 966)	Xylit (E 967)
Süßkraft[1]	0,5	0,7	0,5	0,7	0,4	1,0
Kalorien	2,4 kcal/g					
Toleranzwert[2]	30–50 g	10–20 g	50 g	40–50 g	40	30–50 g
Kariogenität	nein					
Glykämischer Index	– lassen den Blutzuckerspiegel im Gegensatz zu Zucker nur geringfügig ansteigen					
Bemerkung	– bei regelmäßigem Verzehr tritt ein Gewöhnungseffekt ein					

1 im Vergleich zu Saccharose

2 Ist die Menge an Zuckeralkoholen, die aufgenommen werden kann, ohne dass Verdauungsbeschwerden auftreten.

»Esspedition Schmecken«

Warum schmeckt Vollmilchschokolade nicht immer gleich? Warum mag ich keine Grapefruit wie Oma? Oder warum schmeckt Mineralwasser am besten gut gekühlt? Ein paar Antworten auf die Fragen und Rätsel von Seite 18/19 findest Du hier.

→ **1 Wusstest du,** dass in einem einzigen Glas Limonade 4 Teelöffel Zucker enthalten sind? Sicher fragst du dich jetzt, warum die Limonade gar nicht so süß schmeckt. Dafür sorgt Säure. Sie ist in der Limonade enthalten und macht den Zucker weniger süß. Man könnte sagen, sie versteckt den Zucker. Möchtest du echt so ein Zuckerwasser trinken?

→ **2 Beobachte dich selbst** Bist du nach dem Essen von Sauerkraut, eingelegten Gurken oder Johannisbeeren besser gelaunt? Den Grund hat man noch nicht herausgefunden. Vielleicht macht es deinen Magen glücklich, denn Säure hilft ihm, das Essen besser zu verdauen. Außerdem schützt Säure Lebensmittel vor schädlichen Bakterien und macht sie länger haltbar wie bei Sauerkraut, Essiggurken oder Mixed Pickles, auch ohne Kühlschrank. In vielen Lebensmitteln kommen Säuren ganz natürlich vor, z. B. die Fruchtsäuren in Obst, die Essigsäuren in Essig oder die Milchsäure in Joghurt. Sie werden aber auch künstlich, d. h. von der Industrie bei der Herstellung zugegeben, wie z. B. Zitronensäure oder Sorbin- oder Benzoesäure.

→ **3 Was schmeckt bitter?** Magst du Grapefruit oder Radicchio-Salat? Wahrscheinlich isst du lieber süßes Obst und Kopfsalat. Deine Bitter-Geschmackszellen auf der Zunge unterscheiden sich von denen der Erwachsenen – deshalb magst du diesen Geschmack noch nicht so gerne. Wahrscheinlich ist das ein Urinstinkt, der dich davor schützen soll, Giftiges in der Natur zu naschen.

→ **4 Ohne Salz** kannst Du nicht leben, es ist ein Baustein deines Körpers. Salzig gehört außerdem zu den fünf Geschmacksreizen (die anderen sind: sauer, bitter, süß, umami), die deine Zunge schmecken kann. Enthält dein Essen zu wenig Salz, schmeckt es fad. Aber Vorsicht: wenn du zu salzig isst, bekommst du Durst und musst viel trinken.

→ **5 Umami** heißt der würzige Geschmack und wurde in Japan entdeckt. Umami-Gewürze verbessern den Eigengeschmack von Lebensmitteln wie Fleischwaren. Zu den Umami-Gewürzen gehört auch Glutamat – es wird vor allem in der asiatischen Küche verwendet. Ob Lebensmittel Glutamat enthalten, kannst du in der Zutatenliste lesen, dort ist es als Mononatriumglutamat aufgeführt. Umami-Lebensmittel solltest Du nicht täglich und nicht in größeren Mengen essen, da sie krank machen können.

→ **6 Nach einem scharfen Essen** mit Chilischoten musstest du bestimmt auch schon einmal weinen. Oder beim Zwiebelschälen – probier's mal aus. Für Schärfe sorgen Inhaltsstoffe in den Lebensmitteln wie das Capsaicin in der Chilischote oder Allicin in der Zwiebel. Das sind Scharfstoffe, die uns helfen, gesund zu bleiben. So, wie deine Spucke und deine Tränen fließen, so fließen auch die Verdauungssäfte in deinem Magen – und das erleichtert ihm die Arbeit. Pflanzen bilden diese Scharfstoffe, um nicht gefressen zu werden.

→ **7 Lebensmittel schmecken intensiver,** wenn sie nicht kalt aus dem Kühlschrank kommen, sondern Zimmertemperatur haben. Das ist toll bei aromatischen Lebensmitteln und schlecht für Billigprodukte. Mach mal einen Schmeckvergleich bei Limo, Käse, Ananas oder Salami. Eine Portion stellst du in den Kühlschrank, die andere in die Küche. Nach 2 Stunden kannst du beide probieren.

→ **8 In der Natur** gibt es viele Pflanzen, die Samen haben. Aus diesen Samen wird Öl gepresst. Wird das Öl danach nicht gereinigt, schmeckt es wie die verwendeten Samen der Gräser, Bäume oder Sträucher. Das kannst du schmecken! Diese Öle werden als kalt gepresste Öle bezeichnet. Knabber Kürbiskerne oder tupfe ein Brotstück in Kürbiskernöl. Den Versuch kannst Du auch mit Olivenöl, Sonnenblumenöl Sesamöl, Walnussöl oder Lein(samen)öl machen. Bei Rapsöl und Sojaöl klappt es nicht, weil man die Samen nicht pur essen kann. Im Handel gibt es auch raffinierte Öle. Raffiniert bedeutet, dass das Öl gereinigt wurde – es hat keinen eigenen Geschmack mehr.

→ **9 Schokolade wird aus Kakaobohnen hergestellt.** Diese bestehen aus dem dunklen, aromatischen Kakaopulver und der hellen, fetten und geschmackslosen Kakaobutter. Das Pulver sorgt für das Aroma und die Butter für den Schmelz. Dunkle Schokoladensorten enthalten besonders viel Kakao, helle weniger. Helles Eiskonfekt enthält also wenig Kakaopulver, aber ganz viel Kakaobutter.

SACHREGISTER

A

B

C

D

E

F

G

H

I · J

K

L

M

N

O

P

Q

R

S

T

U

V

W · Y

Z

REZEPTREGISTER

A

B

C

D

E

M · N

O

P

IMPRESSUM

Die Autorin

Dagmar von Cramm Die Freiburger Diplomökotrophologin ist in Funk und Fernsehen gefragte Ernährungsexpertin und begehrte Teilnehmerin wissenschaftlicher Symposien. In zahlreichen Büchern und Zeitungen veröffentlicht sie rund um das Thema gesunde Ernährung. Ihre Spezialgebiete sind Kochen für Kinder, abwechslungsreiche Familienküche und Diäten. Wissenschaftliche Erkenntnisse praktisch und genussvoll umzusetzen ist ihr Anliegen. Dagmar von Cramm gewann zweimal den Journalistenpreis der Deutschen Gesellschaft für Ernährung und ist inzwischen Mitglied im Präsidium. In ihrem Team ist Dipl. oec. troph. Kathleen Peterka für die Redaktionsassistenz und Barbara Micucci für die Versuchsküche zuständig. (www.dagmarvoncramm.de)

Titelfoto: Buletten im Gemüsebett (S. 69)

Der Fotograf

Jörn Rynio arbeitet als Fotograf in Hamburg. Zu seinen Auftraggebern gehören nationale und internationale Zeitschriften, Buchverlage und Werbeagenturen. Alle Bilder rund ums Essen stammen aus seinem Studio. Tatkräftig unterstützt wurde Jörn Rynio dabei von den Foodstylisten **Petra Speckmann, Hermann Rottmann** und **Antje Küthe** sowie **Michaela Suchy** (Arrangements und Requisite).

Bildnachweis

Titelbild, U4 und Innenteil:
Jörn Rynio, Hamburg;
weitere Bilder:
agrar-portal: miglbauer S. 71; sp S. 165 li; krebs S. 166 oben
Corbis: Helen King S. 6; Michael Keller S. 9 re; Tim Kiusalaas S. 13 li; LWA-JDC S. 14 oben; Kevin Dodge S. 15 re; Gabe Palmer S. 56 oben; M. Rutz S. 57 re; Ed Bock S. 76 unten li; G. Baden S. 76 unten re; Anna Peisl s. 77 re; Simon Marcus S. 97 li; Jutta Klee S. 97 re; LWA-Sharie Kennedy S. 110 oben; Markus Moellenberg S. 111 li; Judith Haeusler S. 124 oben
DGE: S. 11
S. Poziombka: S. 21
Stockfood: Studio Lipov S. 2, S. 110 unten li; Foodphotographie Eising S. 4 oben, S. 8, S. 26 oben, S. 27 li, S. 57 li; Douglas Johns S. 5 unten, S. 145 li; Greg Elms S. 9 li, S. 98 oben; Per Magnus Perrson S. 14 unten li; Sandra Mohr S. 23 re; Wolfgang Schardt S. 26 unten li; Peter Rees S. 31 li; Renate Forster 34 oben; Sporrer/Skowronek S. 39 li; MohrImages S. 39 re, S. 56 unten re; Foodphotography (P) S. 40 oben, 41 re; Susie M. Eising S. 76 oben; Brigitte Sporrer S. 98 unten re; Dean Sanderson S. 99 re; Fotokia S. 110 unten li; Fotosmit Geschmack S. 157 li;

Programmleitung: Doris Birk

Leitende Redakteurin: Stefanie Wenzel

Redaktion: Stefanie Poziombka

Lektorat: Katharina Lisson

Korrektorat: Mischa Gallé

Layout, Typographie und Umschlaggestaltung: Sandra Gramisci und Claudia Ehrl für independent Medien-Design, München

Herstellung: Renate Hutt

Satz:
Knipping Werbung GmbH, Berg/Starnberg

Reproduktion:
Repro Ludwig, Zell am See

Druck: Firmengruppe APPL, aprinta druck, Wemding

Bindung: Conzella, Pfarrkirchen

ISBN 978-3-8338-1474-7

1. Auflage 2009

GRÄFE UND UNZER

Ein Unternehmen der
GANSKE VERLAGSGRUPPE